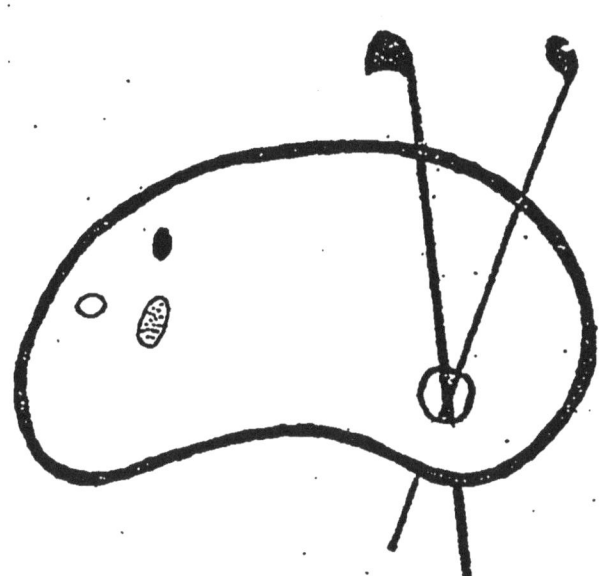

DEBUT D'UNE SERIE DE DOCUMENTS
EN COULEUR

MÉDAILLONS
ET
CAMÉES

PAR

CHARLES BUET

PARIS
NOUVELLE LIBRAIRIE PARISIENNE
E. GIRAUD ET Cⁱᵉ ÉDITEURS
18, RUE DROUOT, 18
—
1885
Tous droits de traduction et de reproduction réservés.

Il a été tiré dix exemplaires sur papier de Hollande numérotés à la presse.

A MON AMI

ALBERT SAVINE

———

Vous connaissez la manie que j'ai d'entasser les documents : j'en ai encombré plusieurs armoires, et ce sont des archives que je fouille souvent. C'est la manie du siècle, il faut la flatter. Et c'est pourquoi, sous une même couverture, j'ai réuni quelques études jusqu'ici éparses çà et là, un peu partout, dans les Revues, — ces tombeaux ! — dans les journaux, ces éphémères papiers qui meurent en naissant. Il y a, je le crois, un intérêt réel à rassembler ainsi des jugements inspirés par le caprice, l'actualité, la passion, par des colères ou des enthousiasmes dont il ne reste pas trace.

Je le fais, et ce n'est peut-être pas sans regrets, car enfin nos jugements ne sont pas stables : les années les modifient quand même. Les opinions d'un homme de quarante ans ont passé par bien des laminoirs. On les a fortement combattues, on les a ridiculement louées. Je les donne, telles qu'elles étaient quand je les avais, et sincères, car on est toujours sincère, sur le moment.

J'aurais pu compléter ce que j'appelle mes « Camées », en faire des « Médaillons », et, qui sait ? peut-être des statues. Je ne l'ai pas voulu. Qui, par exemple, aurait mieux connu que moi Maurice Rollinat dont la réputation, jusque-là restreinte aux cénacles pu quartier latin, est éclose en mon modeste logis, où pendant cinq années, il nous charmait chaque mercredi, — il vous en souvient ? — par ses poésies d'un si haut vol, et sa musique si étrangement pénétrante ? Et le philosophe Ernest Hello, si profond, si aigu, si subtil, vous rappelez-vous ses audacieuses conversations avec Barbey d'Aurevilly ?...

Mais j'ai voulu garder à ces courts chapitres la saveur de mes premières impressions, si saveur il y a. Je ne suis pas un critique : je suis un passionné : je vois vite, et j'ai la fatuité de croire que je vois bien. Ces Camées sont comparables à l'esquisse, au premier coup de crayon : incorrect, sans doute, hésitant un peu, mal venu parfois, mais presque toujours *attrapé*, comme disent les peintres.

Je les ai laissés tels qu'ils furent écrits, en des

temps anciens, lorsque personne ne pensait qu'un jour Alphonse Daudet refuserait d'être de l'Académie, et que Sarah Bernhardt jouerait *Théodora,* et qu'Émile Zola écrirait *Germinal.*

Et pourquoi, maintenant, ai-je choisi ceux-là, et non pas d'autres ? Ceci est le secret de ce livre, et je n'ai pas besoin de vous le dévoiler, puisque vous le connaissez. Parce que Barbey d'Aurevilly est mon maître et mon ami, une des plus hautes personnalités littéraires de ce temps, le plus noble caractère qui soit, chevaleresque, vaillant, tendre aux faibles, cruel aux forts... Parce que Paul Féval m'a appris le métier de romancier, — et que je le lui pardonne... Parce que Léon Gautier fut longtemps, à mes yeux, l'idéal de l'écrivain catholique, et que ce n'est ni de sa faute ni de la mienne si les illusions s'envolent, et si les intérêts mesquins troublent les plus douces amitiés. Parce que Louis Veuillot fut mon héros, dès le collège et surtout au collège, où notre professeur nous lisait le *Parfum de Rome* au lieu de nous détailler les splendeurs du *quadrupedante putrem sonitu...* Parce que George Sand a raffiné mes instincts d'artiste, en m'apprenant la musique avec *Consuelo,* le théâtre avec la *Floriani* et le *Château des Désertes...* Parce que j'ai vu le Père Monsabré à Notre-Dame, et dans sa cellule de moine, comme j'ai vu Sarah Bernhardt dans sa gloire, au théâtre, à son atelier, au bord de la mer.

Or je n'ai dit que ce que j'ai vu, ou ce que j'ai

pensé, loyalement, sans détours. J'aurais le droit de rééditer pour la millième fois le « livre de bonne foy » de Montaigne. Je m'en abstiens, me contentant d'offrir ce livre au public sous votre patronage, à vous qui, le premier avez arboré le drapeau du « Naturalisme catholique », deux mots qui semblent, ainsi accouplés, hurler l'un contre l'autre; mais vous et moi nous savons bien qu'ils se peuvent accorder.

Vous m'avez dédié votre premier livre, mon cher ami. Agréez que je vous dédie celui-ci, comme un gage de notre amitié, vieille déjà, et que rien de ce qui aurait pu l'abattre n'a jamais ébranlé, et ne découragera jamais.

Charles Buet.

Paris, ce 22 décembre 1884.

MÉDAILLONS

LES VIVANTS

―

JULES BARBEY D'AUREVILLY

Lamartine a caractérisé d'un mot l'écrivain dont nous inscrivons le nom glorieux en tête de cette étude : il a appelé M. Jules Barbey d'Aurevilly le *duc de Guise de la littérature*.

C'est en effet un jouteur et un lutteur. C'est un soldat de la plume, ayant flamberge au vent et feutre sur l'oreille. C'est une des intelligences les plus profondes, les plus complètes et les plus complexes de ce temps-ci, que cet homme qui aurait pu être à son gré un *condottiere* comme Carmagnola, un politique comme César Borgia, un rêveur à la Machiavel, un corsaire comme Lara, et qui s'est contenté d'être un solitaire, écrivant des histoires pour lui-même et pour ses amis, faisant bon marché de l'argent et de la gloire et, prodigue éperdu, semant à tous les vents assez de génie pour laisser croire qu'il en a le mépris.

Cet homme est un Protée qui revêt cent formes et apparaît toujours beau, toujours herculéen comme le géant auquel je le compare, mais avec des physionomies si diverses, qu'il faudrait pour le peindre tour à tour Zurbaran et Vanloo, Largillière et Goya, ou mieux encore les admirables primitifs de l'école florentine, dont les figures conservent la grandeur farouche des héros du xv° siècle.

« Il y a du Normand dans M. d'Aurevilly, a dit Paul Bourget, du pirate épris du combat. Catholique intransigeant jusqu'à soutenir qu'il aurait fallu brûler Luther, il a dans les veines du sang d'une famille qui a chouanné. A Valognes, sa ville, où il passe tous les ans les quatre à cinq mois d'automne, après les vignes, il n'a qu'à regarder les pierres des vieux hôtels pour se rappeler le souvenir des vieilles figures de soldats des landes, qu'il a connues durant son enfance. Il erre le long des rues pour ramasser ses souvenirs, et de temps à autre il coule ces impressions d'une histoire qui fut héroïque dans le moule de quelque roman, beau comme une épopée, qui s'appelle l'*Ensorcelée* ou le *Chevalier des Touches*.

» A Paris, le maître loge en plein faubourg Saint-Germain, rue Rousselet. Il cause, racontant des anecdotes avec une tournure de style qui vaut ses articles, chargeant la lâcheté contemporaine avec une furie de vieux ligueur, et, au demeurant, aussi finement et doucement aimable à ceux qu'il aime, — « il n'y a pas de foule, », comme disait Stendhal, — qu'il est âprement et cruellement sévère à ceux qu'il hait.

» Là sont venus tour à tour, attirés par le prestigieux feu d'artifice de mots de ce diable d'homme, Charles Baudelaire, qui l'appelait le « mauvais sujet » dans ses jours d'amitié, et le « vieux mauvais sujet », dans ses jours de mauvaise humeur; Théophile Silvestre, qui le surnommait « le laird », et lui amenait un jeune avocat du nom de Gambetta; Amédée Pommier et Hector de Saint-Maur, César Daly et le comte de Gobineau, François Coppée et Paul de Saint-Victor, Maurice Bouchor et Boussès de Fourcaud ; combien d'autres encore! »

Les autres étaient et sont encore Armand Hayem, Zacharie Astruc, Emile Levy, Maurice Rollinat, Léon Bloy, Georges Landry et celui qui signe ces pages.

Je ne parle pas d'un immonde bohême, qui publia naguère un livre effrayant de perversité contre la plupart des contemporains célèbres, et qui triture sans doute, dans l'ombre où il végète, — champignon sur son fumier, — quelque venimeux libelle contre celui qui le fit vivre quinze ans du pain de l'aumône. Ce Thersite, bien connu des gens de lettres, qui le reçoivent à l'antichambre, aura sa place dans une autre galerie, non pas celle des « artistes mystérieux », mais celle des « affamés ». Ce stipendié de la littérature n'a produit qu'une seule chose dans sa vie : la légende de Barbey d'Aurevilly, c'est-à-dire un chapitre plagié des mémoires de Casanova, et mis au point avec une certaine habileté. La calomnie, disait M. Viennet, est un charbon qui noircit tout ce qu'il ne brûle pas. Le triste hère que je ne prends pas la peine de nommer a débité beaucoup de charbon.

La biographie de M. Barbey d'Aurevilly ne sera

point faite de son vivant. Il est né, quelque part, à Saint-Sauveur-le-Vicomte ou à Valognes, au fond de cette belle Normandie qu'il aime tant, et peu importe en quelle année. Il débuta, m'a-t-on dit, mais je ne saurais l'affirmer, en 1825, par une brochure intitulée : *Aux héros des Thermopyles*, qui est du reste introuvable.

Il publiait en 1843 son premier roman : *l'Amour impossible*. Deux ans plus tard il donnait son fameux livre *du Dandysme et de Georges Brummel*, qui lui valait une lettre d'Alfred de Vigny, que voici :

« Je ne veux pas attendre que je vous revoie pour vous remercier de cette visite que j'ai reçue par vous de ce vieux fat de *Brummel*, que vous avez enterré dans son *Dandysme*, qui lui sert de linceul. Vous vous moquez de tous les deux avec un esprit charmant, et vous faites leur éloge à peu près comme Hamilton quand il louait les *vertus* des filles d'honneur de la reine d'Angleterre et surtout celles de mademoiselle Hyde, duchesse d'York, immédiatement après la confession de ses jeux innocents avec les jeunes lords ses amis.

» Vous connaissez l'Angleterre, ce me semble, aussi bien qu'Hamilton connaissait la France, et ni sa langue ni ses mœurs n'ont de mystère pour vous. Vous venez de vous amuser à donner une sorte d'importance à cet homme qui, j'en suis sûr, ne fut guère à vos yeux qu'un laquais pour accompagner le violon du prince de Galles avec le sien, et l'aider à dessiner la forme de l'habit du lendemain et des grosses cravates du soir, une sorte de poupée de cire, comme j'en ai vu beaucoup à Londres, se posant pour aller à Hyde Park (comme se pose le portrait d'Alfred d'Orsay, fait par lui-même), la canne sur le genou et n'osant pas plus se déranger qu'un horse-guard en vedette ne dérange sa carabine et la direction de son regard; — du reste, muet dans le monde et dans l'intimité, faute d'idées et de sentiments.

» En vérité, je crois que vous aimez encore mieux le maussade *cant*, qui du moins ressemble, d'un peu loin, à une idée religieuse et sérieuse; — haineuse, il est vrai par-dessus tout, mais enfin pouvant animer un être humain de quelque chose et d'autre chose que la froide manie de poser, en pivotant sur soi-même, comme un *Curtius* de cire, sous les glaces d'une boutique de coiffeur.

» Cet éloge moqueur que vous faites du *Dandysme* est le plus heureux persiflage du monde contre cette froide *vanité* de l'attitude, ce rôle de princes dédaigneux et de millionnaires blasés joué par des sots, qui n'ont ni naissance, ni richesse, ni talent, ni esprit, ni cœur.

» Cette nuit j'aime à causer ainsi d'avance, un peu, avec vous.

» Le vautour est parti ou endormi et n'a fait que m'éveiller à quatre heures, par une morsure comme à l'ordinaire.

» Puisque vous ne cessez d'être bon et d'envoyer, à un ami connu de vous, ce que vous écrivez aux amis inconnus, voyez s'il ne vous est pas possible de venir le voir *mardi* (27 mai à 2 heures après-midi).

» Si je cache mal quelque crise que je ne puis prévoir, vous me pardonnerez pour *l'amour du grec* qui a produit ce joli nom de *gastralgie* et qui m'a fait bien du mal dans ces quinze jours, et surtout *quinze nuits*, il faut que je l'avoue.

» Je désigne *mardi*, afin que vous ayez le temps d'en choisir un autre, si celui-là vous est pris pour quelque affaire ou quelque plaisir.

» Avec les plus véritables sentiments de sympathie et d'amitié, croyez-moi bien

» Tout à vous,

» Alfred de Vigny. »

Quelques années plus tard, M. Barbey d'Aurevilly publiait, dans le *Nain jaune*, une série de portraits à la plume, sous ce titre: les *Quarante médaillons de l'Académie française*. Quand on en aura lu quelques-uns, on ne sera point étonné qu'il n'ait pas franchi le seuil du palais Mazarin. Il n'est pas de ceux qui sacrifient leur indépendance à leurs ambitions.

Voici quelques-unes de ces esquisses burinées à l'eau-forte :

M. Cousin. — Marionnette effrénée.

M. Sainte-Beuve, dont la conversation est le contraire de ses livres, flatte dans ses livres M. Cousin, qu'il abîme dans sa conversation.

M. Sainte-Beuve attend la mort de M. Cousin pour aller, selon son usage, lever la jambe contre son tombeau et faire ainsi la seule oraison funèbre qui convienne à cet homme.

M. Saint-Marc Girardin. — Il fait son cours le chapeau sur la tête. Est-ce que, par hasard, il se croirait grand d'Espagne en littérature?

M. de Rémusat. — En France, maintenant, quand un esprit est sur le point de ne pas être, on dit qu'il est fin.

M. de Rémusat a vu jouer le billard chez madame de Staël et il s'est pris pour son coup de queue.

M. de Rémusat est un des ministres sans emploi internés à l'Académie, cette Salpêtrière de ministres tombés.

M. Dupin. — La petite vérole est la seule ressemblance qu'il ait avec Mirabeau.

M. Thiers. — A fait son *Histoire de la Révolution* et une révolution qui n'aura jamais d'histoire. Niché sur les faits colossaux de ce temps, le petit homme a paru aussi grand que les faits aux bourgeois qui ne sont pas forts en perspective.

M. Ampère. — Il n'a qu'un moyen d'être Tacite, c'est de se taire.

M. Viennet. — A fait un poème de douze mille vers; il faudrait vingt-quatre mille hommes pour l'avaler.

M. Empis. — On voit jouer une pièce qui est de tout le monde; eh bien! elle est de M. Empis.

M. E. Augier. — Un peu plus de gaieté en aurait fait un vaudevilliste.

M. Lebrun. — Comme Ponsard il a fait sa *Lucrèce*. Seulement, il l'a intitulée : *Marie Stuart*.

M. Patin. — On lit ses œuvres par le dos.

M. Ernest Legouvé :

Tombe aux pieds de ce sexe...

a dit son père. Le fils a obéi : il y est tombé.

✶ ✶ ✶

La *Vieille Maîtresse* fut publiée en 1851 ; l'*Ensorcelée* en 1854 ; le *Chevalier des Touches* et le *Prêtre marié* en 1864.

M. Joséphin Peladan a excellemment apprécié l'auteur de ces merveilleux romans, qui se délassait des œuvres d'imagination par les œuvres plus stériles du journalisme.

« Ses débuts de polémiste littéraire, dit-il, furent d'un fracas incroyable ; sa plume avait des éclairs d'épée. Homme d'action, né pour combattre à la Massoure, il écrit parce qu'il est dans un siècle de papier, où il n'y a plus rien de grand à faire que l'impossible enrayement de l'évolution moderne. Sa plume est tout, hors une plume : colichemarde embrochant les quarante médaillons de l'Académie, lourde épée à deux mains fauchant gallicans et libres penseurs ; masse d'arme rebondissant sur la dure tête des hégéliens ; stylet creusant férocement le cœur humain et y cherchant les fibres encore inconnues ; cravache comme dans *Goethe et Diderot*, où les phrases courtes et cinglantes se succèdent avec des sifflements de lanières. Paladin réduit à la plume, il arrache des étincelles au papier, il guerroie toujours sans regarder si l'adversaire vaut le combat. Théodore de Banville me disait : « Barbey foudroie indifféremment un mauvais acteur ou un hérétique. » Cela est vrai, sa main ne peut se faire au manche court de l'ironie bienveillante, cette fine dague de la polémique dédaigneuse et calme ; il frappe formidablement par nature, par besoin d'héroïsme. Quoique le rapprochement doive paraître étrange, certains éreintements me font penser à ce passage du *Petit Roi de Galice*, où Roland frappe comme la fatalité même, avec la majesté d'un devoir à accomplir. Il a eu des cris de Juvénal furieux, tels que le fameux : *Silence à l'orgie!* Dernier nabi catholique, il était bien l'écrivain des *Prophètes du passé*, où l'intolérance dogmatique a une allure à la Bossuet, et la foi, un accent papal de parole *urbi et orbi*. C'est du de Maistre avec autant de logique et une fougue de Bridaine. Le terrible Old Noll des *Quarante médaillons de l'Académie*, l'anonyme du *Musée des antiques* et des *Vieilles actrices* se retrouve dans les cinq volumes de *Les Hommes et les Œuvres*. Avec beaucoup de style endiablé et le caractère d'un Saint-Simon, il fait défiler romanciers, historiens, poètes, bas-bleus; et comme en ces danses macabres, que le moyen âge peignait aux murs des cimetières, où un moine dans une chaire dit à tous ceux qui passent devant lui, au pape et au mendiant, ses péchés et ses crimes, Barbey, avec le ton d'un justicier, fait une critique où passe le vent d'une chevauchée guerrière. Sur sa toge est écrite cette devise, à laquelle il n'a jamais failli : « *A outrance!* »

Mais que pense de M. Barbey d'Aurevilly, M. Barbey d'Aurevilly lui-même? Je ne crois pas me tromper en disant que le portrait qu'il a tracé de *Rollon Langrune*, dans l'introduction d'*Un Prêtre marié*, n'est autre que le sien. En tout cas, il me paraît ressemblant, et le voici :

« Rollon Langrune avait la beauté âpre que nos

rêveries peuvent supposer au pirate-duc qu'on lui avait donné pour patron, et cette beauté sévère passait presque pour la laideur, sous les tentures en soie des salons de Paris, où le don de *seconde vue* de la beauté vraie n'existe pas plus qu'à la Chine ! D'ailleurs il n'était plus jeune. Mais la force de la jeunesse avait comme de la peine à le quitter. Le soleil couchant d'une vie puissante jetait la dernière flamme fauve à cette roche noire.

» Dispensez-moi de vous décrire minutieusement un homme chez qui le grandiose de l'ensemble tuait l'infiniment *petit* des détails, et dressez devant vous, par la pensée, le majestueux portrait du Poussin, le Nicolas normand, vous aurez une idée assez juste de ce Rollon Langrune. Seulement l'expression de son regard et celle de son attitude étaient moins sereines... Et qui eût pu s'en étonner? Quand le peintre des Andelys se peignait, il se regardait dans le clair miroir de sa gloire, étincelante devant lui, tandis que Rollon ne se voyait encore que dans le sombre miroir d'ébène de son obscurité. De rares connaisseurs auxquels il s'était révélé, disaient qu'il y avait en lui un robuste génie de conteur et de poète, un de ces grands talents *genuine* qui renouvellent, d'une source inespérée, les littératures défaillantes, — mais il ne l'avait pas attesté, au moins au regard de la foule, dans une de ces œuvres qui font taire les doutes menteurs ou les incrédulités de l'envie.

» Positif comme la forte race à laquelle il appartenait, ce rêveur, qui avait brassé les hommes, les méprisait, et le mépris l'avait dégoûté de la gloire. Il ne s'agenouillait point devant cette hostie qui n'est pas toujours consacrée, et que rompent ou distribuent tant de sots qui en sont les prêtres !

» D'un autre côté, en vivant à Paris quelque temps, il avait appris bien vite ce que vaut cette autre parlotte qu'on y intitule la Renommée, et il n'avait jamais quémandé la moindre obole de cette fausse monnaie à ceux qui la font. A le juger par l'air qu'il avait, ce n'était rien moins que le Madallo du poème de Shelley, c'est-à-dire la plus superbe indifférence des hommes, appuyée à la certitude du génie autochtone, le génie du pays où il était né, et qui, jusqu'à lui, avait été à peu près incommunicable.

» Quelque jour Rollon Langrune devait être, disaient les jugeurs, le Walter Scott ou le Robert Burns de la Normandie, — d'un pays non moins poétique à sa façon et non moins pittoresque que l'Ecosse. »

Il l'est devenu, le Walter Scott de sa Normandie, et même il est quelque chose de plus, car il est lui-même. C'est un paroxyste, et des plus raffinés qui soient parmi les ciseleurs et les joailliers de notre littérature.

« Doué d'une puissance dramatique extraordinaire, il a poussé l'intensité de l'anxiété et de l'épouvante plus loin peut-être que Balzac. Il y a du Dante dans sa descente aux enfers passionnels; il y a du mage dans son intuition des lois psychiques, dit encore M. Peladan. « Loin d'être un esprit paradoxal, c'est un logicien qui déduit simplement, mais en partant des principes absolus qui étonnent notre époque sans principe ; son style magnétise et produit une sorte d'hypnotisme. *Sa phrase, ou se tord en un escalier à vis qui essouffle et fait anxieuse l'attention du lecteur, ou, comme un boa ses anneaux, enroule ses incidentes autour de votre esprit.* C'est de la fascination. Saint-Victor, qui se connaissait en écrivains, lui trouvait le paroxysme le plus fier, tour à tour brutal et exquis, violent et délicat, amer et raffiné ». Cela ressemble, concluait-il, « à ces breuvages de la sorcellerie où il entrait à la fois des fleurs et des serpents, du sang de tigre et du miel. Le nom de J. Barbey d'Aurevilly, qui est écrit sur le tombeau de Guillaume le Conquérant, l'est aussi sur le livre d'or du génie français ».

Cet écrivain si fécond, si laborieux et si admirable dans ses écrits est en même temps un des causeurs les plus spirituels de ce temps, qui en compte si peu. Sa conversation étincelante, semée à profusion de mots charmants, d'une finesse pénétrante, ou d'une rudesse à la Rivarol, qui emporte la pièce, est de celles dont on ne se lasse jamais. Il ne se répète point, et il parle volontiers.

Il est assurément la bienveillance même, car on trouve auprès de lui l'accueil le plus cordial, et ses amis savent qu'il n'a point l'amitié banale. Mais quand il cause, l'esprit de charité lui dicte rarement ses jugements, qui sont brefs, rapides et sans appel.

On ferait un volume des mots de Barbey d'Aurevilly. Le plus beau est celui qu'il dit chez moi, un soir qu'on devisait au coin du feu d'une androgyne presque fameuse, déjà célèbre par ses démêlés avec la police correctionnelle : « Ne me parlez pas de cette femme, s'écria tout à coup M. d'Aurevilly : *elle déshonore l'impudeur !* » — Une autre fois un journaliste fort connu lui disait à souper : « Je n'ai connu dans la littérature que deux hommes d'esprit... — Et quel est l'autre » ?

interrompit M. d'Aurevilly en se caressant la moustache par un geste familier.

Il se trouvait un jour, dans un dîner, le voisin de table d'un jeune astronome d'une taille exiguë, qui s'avise, au dessert, de vouloir lui expliquer, le crayon en main, le secret de la science céleste.

D'Aurevilly qui l'écoutait patiemment depuis deux heures, l'interrompit tout à coup et, de cette voix calme et majestueuse qu'on lui connaît :

« Je ne vous dissimulerai pas, cher monsieur, que vous m'ennuyez con-si-dé-ra-ble-ment.

— Monsieur... fit le petit homme furieux, en jetant là son crayon et se disposant à sortir.

— Dites-donc, cher monsieur, reprit d'Aurevilly en désignant le porte-mine, vous oubliez votre *canne !*

Un fantaisiste, — racontait un jour M. Albert Delpit, — avait voulu un jour faire se toucher les deux pôles : réunir dans un dîner un légitimiste-ultrà et un ancien membre de la Commune ! C'est une idée qui pouvait seulement venir à un détraqué. Donc, Barbey d'Aurevilly et M. Jules Vallès s'assoient un beau soir à la même table. Celui-ci veut étonner le preux royaliste. Il s'écrie tout à coup :

« Il me faut quatre-vingt mille têtes de bourgeois ! »

Et Barbey d'Aurevilly répond froidement :

« Moi, monsieur... celle de Sarcey me suffirait ! »

Causeur de premier ordre, M. d'Aurevilly est un épistolier des plus originaux. Mais il n'aime point que l'on publie ses lettres, aussi me contenterai-je d'en citer deux qui ont été rendues publiques. Dans la première, il se défend de répondre à M. Zola, qui l'avait très violemment attaqué, et qui lui infligeait, comme Flaubert, la ridicule épithète de bourgeois.

« Je vous remercie de mettre votre *Triboulet* à ma disposition, pour le cas où je voudrais répondre à l'article de M. Zola publié hier dans le *Figaro*, écrivait M. d'Aurevilly.

» Mais je ne profiterai pas de votre offre obligeante : je ne répondrai point à M. Zola. J'ai pour cela des raisons plus hautes que lui. Pourquoi lui répondrais-je ? Il ne discute pas mes idées sur Gœthe. Ce n'est plus Gœthe qui l'intéresse : c'est sa personne à lui, M. Zola, et la mienne ; la sienne pour la surfaire, la mienne pour la blesser. Seulement, il ne l'a pas blessée. Je suis de bonne humeur après l'avoir lu, et aussi calme que Frédéric de Prusse, qui disait d'un placard imbécile contre lui : « Mettez-le donc plus bas, on le lira mieux ».

« Je n'ai pas à me défendre des ridicules que M. Zola me trouve. Etre ridicule aux yeux de M. Zola c'est mon honneur, à moi ! Je ne suis pas dégoûté !... Parbleu ! je ne suis pas du tonneau qu'il aime ! je sens autre chose que ce qu'il brasse. Cul-de-plomb qui a de bonnes raisons pour haïr la souplesse, il me reproche d'être une espèce de clown en littérature, et il ne sait pas combien il me fait plaisir, en me comparant à un clown !

» Les clowns, il ne sait pas combien je les aime, moi habitué des samedis du Cirque, et qui trouve le Cirque beaucoup plus spirituel que le Théâtre-Français. Il ne sait pas combien je les admire ces gaillards-là, qui *écrivent* avec leurs corps des choses charmantes de tournure, d'expression, de précision et de grâce, que M. Zola avec son gros esprit ne décrirait jamais.

» Je refuse donc la passe d'armes dont vous m'offrez le terrain. Je ne veux pas renouveler la scène de Vadius et de Trissotin chez Philaminte, que refait toujours plus ou moins un auteur, quand il défend son amour-propre. Il n'y a que le public qui gagne à ces spectacles, parce qu'il se moque des acteurs. Ces combats de coqs des amours-propres, je les ai toujours haïs et méprisés. L'honneur, la dignité des duels, c'est le silence dont on les enveloppe. La galerie n'y vaut rien, et elle diminue toujours un peu ceux qui se sont battus pour elle. »

La seconde lettre met à la raison un critique assurément fort honorable, mais qui, vivant très loin de Paris, n'apprécie plus avec exactitude les hommes et les choses. La lettre que lui attira son feuilleton sur l'*Histoire sans nom* est trop curieuse pour n'être point citée dans ces pages.

Un journal avait publié un article signé l'*Ensorcelé*. M. d'Aurevilly le remercia en ces termes :

« C'est une flatterie ; mais l'article signé ainsi n'en était pas une... Il répondait à un article de la *Gazette de France*, signé Pontmartin, qui a paru je ne sais quel jour. D'habitude, je lis peu M. de Pontmartin, mais je n'ai été nullement étonné de l'attaque d'un homme qui, quand il s'agit de littérature, se met à parler politique, — comme il se mettrait à parler politique s'il s'agissait de littérature ! — Tout ce que je sais, c'est que, *hors de propos* d'un article, lointain déjà, publié par le *Gil-Blas* sur Mgr de Chambord, et dans lequel mon royalisme, absolument désespéré, exprimait le plus respectueux des regrets sur la politique qui a, depuis trente ans, cloué au fourreau une épée qu'une autre politique aurait pu en tirer, M. de Pontmartin ait eu la logique de me reprocher de n'avoir pas été *zouave pontifical ou franc-tireur* dans la guerre de 1870, comme si, littérairement, c'était là la question ! M. de Pontmartin n'est pas plus logicien qu'il n'est diable... Seulement, puisqu'il tient à savoir ce que j'ai fait en 1870, faites-lui dire par un de vos garçons de bureau, qu'alors j'étais à Paris, le fusil sur l'épaule : faisant mon service de garde national *volontaire*, sous les obus, qui ne manquaient pas dans mon quartier.

» On ne se vante pas de ces choses-là. C'est par trop simple. Je ne demande pas, moi, à M. de Pontmartin ce qu'il a fait en 1870. Cela ne m'importe pas, ni à la France non plus !

» Quant à la littérature de M. de Pontmartin, je n'en ai, jusqu'ici, parlé nulle part encore. J'ai pourtant publié déjà six volumes de critique intitulés *les Œuvres et les Hommes*, et dans lesquels, en attendant les autres qui vont suivre, j'ai relevé les hommes et les œuvres du xix° siècle... M. de Pontmartin n'y est pas. Pour l'y mettre, je lui ai donné le temps de croître, mais il n'a pas profité de la patience que j'y mettais. Aujourd'hui, les gens qui l'emploient lui trouvent du talent. Nous verrons, un jour, ce que c'est... Et, ma foi, puisque nous ne sommes jeunes ni l'un ni l'autre, et que la mort peut interrompre tous les comptes, je lui promets de ne pas le faire attendre bien longtemps... »

Ces anecdotes, ces mots, ces lettres, les citations que j'ai voulu faire, pour laisser à chacun la responsabilité de ses appréciations, peignent l'homme extraordinaire que le bohême Thersite s'amusera quelque jour à diffamer, au risque d'éprouver par lui-même ce que dit Victor Fournel dans un livre plein de verve du rôle des coups de bâton dans les relations sociales.

Depuis des années et des années qu'il est sur la brèche, M. Barbey d'Aurevilly n'a pas une mauvaise action à se reprocher. Rude aux forts, doux aux faibles, il a toujours offert aux *jeunes* l'appui de son expérience et de sa vigoureuse critique. Il n'est pas tendre, la plume à la main. Il est paternel quand il conseille, et s'il juge d'un trait un peu vif, il a souvent plus de patience qu'on n'en demanderait à un saint.

Que faudrait-il ajouter encore qui n'ait été dit ? Et à qui importe-t-il d'en savoir davantage ? L'écrivain se juge par ses œuvres, et ce sont les œuvres que nous allons maintenant feuilleter de concert, en nous rappelant, pour conclure, cette belle parole de Tertullien : « Une heure viendra où l'encre des écrivains sera payée le même prix que le sang des martyrs. »

*
* *

Chacun des livres peu nombreux publiés par M. Jules Barbey d'Aurevilly a été un événement littéraire ; la force, ou plutôt la violence de ce talent a soulevé des scandales.

Comment, dès lors, s'expliquer que M. Barbey d'Aurevilly, catholique ardent et l'un des critiques les plus hardis et les plus francs de notre époque, soit si peu connu et si peu aimé, surtout des catholiques ? Il y est parmi les oubliés ; ses admirateurs s'écartent de son chemin, et son école, si exclusive, mais si zélée aussi, ne compte qu'un petit nombre de fidèles. Il est parmi les dédaignés, car les journaux, qui ont de si beaux éloges pour tant de platitudes, parlent peu de ses livres audacieux.

Les œuvres capitales de M. Barbey d'Aurevilly sont *l'Ensorcelée, le Chevalier des Touches, Un Prêtre marié, la Vieille maîtresse, l'Histoire sans nom* et *les Diaboliques.*

L'Ensorcelée est la première en date. Ce roman est précédé d'une préface dans laquelle l'auteur voulant excuser certaines hardiesses, déclare que pour décrire les effets de la passion, il en a quelquefois gardé le langage. « Il a usé, dit-il, de cette grande largeur catholique, qui ne craint pas de toucher aux passions humaines, lorsqu'il s'agit de faire trembler sur leurs suites. Romancier, il a accompli sa tâche de romancier, qui est de peindre le cœur de l'homme aux prises avec le péché, et il l'a fait sans embarras et sans fausse honte. Les incrédules voudraient bien que les choses de l'imagination et du cœur, c'est-à-dire le roman et le drame, la moitié pour le moins de l'âme humaine, fussent interdits aux catholiques, sous le prétexte que le catholicisme est trop sévère pour s'occuper de ces sortes de sujets. A ce compte-là un Shakespeare catholique ne serait pas possible, et Dante même aurait des passages qu'il faudrait supprimer. »

M. Armand de Pontmartin réfuta avec une extrême vivacité la préface de *l'Ensorcelée.*

Mais on a bien le droit de ne pas admettre les théories jansénistes et gallicanes de cette école catholique soi-disant libérale, à laquelle appartient M. de Pontmartin. Les ravages des passions, l'étude psychologique profondément fouillée de leur influence sur l'âme et sur l'intelligence, sont un thème qui n'est pas interdit aux catholiques.

Il ne s'agit nullement de montrer la religion en accommodement avec la passion. La religion est le frein unique et nécessaire de la passion.

Est-il défendu de retracer les émotions d'un cœur que la conscience et la passion se disputent? Est-ce que les catholiques n'ont pas, pour lire jusqu'au fond de l'âme humaine, la lumière supérieure qui, seule, éclaire ses mystérieuses ténèbres : la foi? « Le catholicisme étant un système complet de répression des tendances dépravées de l'homme, est le plus grand élément d'ordre social, » a dit Balzac dans la préface générale de la *Comédie humaine*. Donc le catholicisme peut servir de base à une étude complète et parfaite de la société, et de même que le prêtre pour combattre le mal est obligé de le connaître, de même pour dompter le vice, il faut dévoiler ses tristes conséquences. Je crois que cette répulsion des catholiques pour ces œuvres puissantes où certains problèmes psychologiques sont expliqués et résolus, tient à un défaut d'optique.

L'Ensorcelée est un récit historique. En l'an VI de la République, le jour où le combat de la Force ruinait sans retour les espérances des Chouans, l'abbé Jehoël de la Croix-Jugan, ancien moine de l'abbaye de Blanchelande, qui se battait dans les rangs des royalistes se tire un coup de fusil dans le visage. Il est défiguré, mais il ne meurt pas. Une vieille paysanne le recueille, le soigne, panse ses affreuses plaies.

Quand on rouvrit les églises, l'abbé de la Croix-Jugan, absolument défiguré, mais guéri, revint à Blanchelande; il reprit sa stalle dans le chœur de l'église paroissiale. Il avait versé le sang, violé la loi de la charité, il était interdit. « Sous ce masque de cicatrices, il gardait une âme dans laquelle, comme dans cette face labourée, on ne pouvait marquer une blessure de plus. » Le premier jour où il vint à l'église, il excita la curiosité de tous les fidèles. Une femme, Jeanne le Hardouey, issue de l'illustre maison de Feuardent et qui avait épousé un paysan parvenu, pour ne pas traîner aux portes sa misère, reçut une effroyable commotion à la vue de ce prêtre qui n'était désormais qu'un étranger dans la maison du Seigneur. Elle eut peur en voyant la terrible tête encadrée dans son capuchon noir, elle eut un frisson, un vertige, « un étonnement cruel qui lui fit mal comme la marque de l'acier. Elle eut enfin une sensation sans nom, produite par ce visage qui était aussi une chose sans nom. » Ce fut une possession instantanée, une *possession* dans le sens théologique, et dont son auteur n'eut pas conscience. Elle devint ensorcelée; d'horribles perturbations physiques accompagnèrent le trouble et le désordre moral qui envahirent son âme: son visage s'empourpra, et les paysans qui la virent si subitement changée dirent qu'elle avait « le sang tourné ».

L'abbé de la Croix-Jugan n'aperçut rien, ne parla même pas à cette malheureuse et demeura impassible, morne, vivant dans la retraite la plus austère. Jeanne le Hardouey se mourait, broyée par une passion insensée ; elle cherchait des philtres, elle oubliait Dieu, et un jour, folle, épuisée par la souffrance, elle se réfugie dans la mort, elle se noie dans une mare. Ce suicide n'émeut pas le prêtre, qui garde la sérénité de sa conscience, et qui, fort de ses aveux, fort de la grâce, n'a pas daigné abaisser les yeux sur cette créature fascinée.

Quelques années plus tard, l'abbé de la Croix-Jugan, relevé de l'interdit, se prépare à célébrer la messe, pour la première fois, depuis bien longtemps. « Avec sa grande taille, la blancheur flamboyante de sa chasuble lamée d'or, que le soleil, tombant par une fenêtre du chœur, semble tout à coup embraser, il ne paraissait plus un homme, mais la colonne de flammes qui marchait en avant d'Israël et qui le guidait au désert. » Au moment où il élevait l'Hostie sans tache, de ses deux mains tendues vers Dieu, un coup de feu retentit : l'abbé de la Croix-Jugan tomba mort sur l'autel. L'assassin était le mari de Jeanne, Thomas le Hardouey.

Telle est, dépouillée de tous ses brillants accessoires, la fiction de ce livre : d'un côté, un prêtre chaste, pur, austère, repentant, pénitent ; de l'autre, une femme qui, mésalliée, n'aimant pas son mari, privée des joies de la maternité, pervertie par les pires influences, devient la proie d'une horrible maladie de l'âme.

Rien ne saurait rendre l'intensité dramatique du récit, l'épouvante qu'il produit, l'horreur qu'il inspire, Tous les personnages sont vivants, et tous sculptés dans le marbre, fouillés avec la patience du ciseleur, complets, absolus, logiques. On ne peut même analyser les diverses parties qui composent le récit, parler de chacune des scènes émouvantes et terribles qui se succèdent sans que le lecteur ait un instant de répit. Tout se tient, tout s'enchaîne avec une inexorable logique. On est séduit, invinciblement attéré, ensorcelé, — c'est le mot, — par ces pages ardentes, consacrées à des sentiments exceptionnels, à des situations anormales. Rien qu'au style de M. d'Aurevilly, — et abstraction faite des idées, — rien qu'au tour de sa phrase, à son emploi du mot, on le reconnaît tout de suite autoritaire : il prodigue les expressions hautaines, les comparaisons impitoyables ; — les substantifs, sous cette plume, prennent des airs souverains de commandement, et parfois de bravade. Quoique littéraire jusqu'au raffinement et ne versant jamais dans la banalité, il a l'emportement, le torrentiel de la parole oratoire. Il est vrai que le torrent se brise parfois contre des incidentes et des parenthèses qui le ralentissent mal à propos : cela vient de ce que l'auteur veut tout dire, fixer toutes les nuances. — Et à cela il est encouragé par la richesse d'analogies et de métaphores que lui fournit son imagination abondante. Mais il reste quand même un écrivain hors de pair pour ceux qui préfèrent le fier style de Saint-Simon, malgré ses rugosités, ses heurts et ses soubresauts, à la correction élégante et toujours égale de Buffon.

Ces défauts et ces qualités ne se retrouvent nulle part plus en vue que dans le *Chevalier des Touches*, œuvre moins tourmentée, moins passionnée que la précédente. « Le chevalier des Touches, gentilhomme d'une hardiesse, d'un sang-froid et d'un poignet incroyables, une des têtes, un des bras de la chouannerie, est tombé par trahison aux mains des républicains. Enfoui au plus profond de la prison d'Avranches, il n'en sortira que pour monter à la guillotine. Or la chouannerie tient au chevalier comme à sa tête: elle sent bien qu'elle serait guillotinée avec lui! Donc il faut sauver des Touches, l'enlever, l'escamoter au nez des Bleus. Douze héros du parti se dévouent à cette besogne impossible. Une première tentative sur la prison de Coutances, où le chevalier vient d'être transféré, réussit. — Comment? comme réussissent les coups de folie! Ces deux expéditions, voilà tout le roman ou plutôt le poème de M. Barbey d'Aurevilly. De quelle plume emportée il a tracé cette petite épopée, avec quelle rapidité vertigineuse il a fait défiler devant nous les épisodes où les hercules royalistes accomplissent ces tours de force, cela ne se peut dire. Il est réellement grisé par son sujet. »

Un Prêtre marié est l'œuvre la plus discutée, la plus sombre et la plus difficile à bien comprendre et à bien juger, qu'ait produite cet apologiste de l'autorité et de la force, qui va devenir le juge inflexible d'une conscience. En voici l'analyse succincte. Jean Gourgue *dit* Sombreval, est le fils d'un paysan normand qui a eu l'ambition de faire de lui un *monsieur* : élevé dans un séminaire, Sombreval devint prêtre, et il donna de grandes espérances: il devait servir l'Eglise plus par le cerveau que par le cœur, un docteur plutôt qu'un apôtre. En 1789, il partit pour Paris; il n'en revint pas. Le gouffre de la corruption, de la science, de l'athéisme le dévora. Il s'affola de chimie; il épousa la fille d'un chimiste qui ne savait pas que cet homme était un prêtre apostat Le père de Sombreval mourut de cette nouvelle. Lorsque la femme de Sombreval apprit que celui qu'elle croyait son mari appartenait à Dieu, elle mourut, « n'osant plus regarder l'homme qui l'avait si scélératement trompée ; » elle mourut « dans une honte immense et le plus amer désespoir ». Elle lui laissait une enfant, chétive et mal venue, qui devait être l'expiation et le châtiment : sur son front s'était marquée une croix, « la croix méprisée, trahie, renversée par le prêtre impie et qui, s'élevant nettement entre les deux sourcils de sa fille, tatouait sa face, innocemment vengeresse, de l'idée de Dieu ».

Calixte fut élevée par ce père, en qui survivait un seul sentiment, l'amour paternel. Il eut pour sa fille et dans son corps, et dans son âme, et dans son esprit, tous les genres de sollicitudes... hors une seule, hors un point fatal qu'il n'eut jamais le courage de dépasser. Il n'osait lui parler de Dieu.

Mais le jour où Dieu fut révélé à cette jeune fille, le jour où les premiers rayons de la religion de sa mère tombèrent soudainement dans son cœur, elle eut, comme les apôtres, la divine ébriété de cette langue de feu qui descendit sur elle : elle devint chrétienne avec emportement.

Le démon de la perversité, l'orgueil poussent Sombreval à revenir dans le pays où on le connut ministre du Dieu qu'il a renié. Il achète, lui, paysan enrichi, un château délabré, où il passera désormais sa vie qu'il occupe à chercher des remèdes dans les ressources de la chimie pour guérir sa fille, atteinte d'un mal inexplicable, affreux, qui ne pardonne point. Calixte, qui porte un bandeau rouge sur le front, pour cacher la croix dont son front est stigmatisé, a voué sa vie à racheter l'âme de son père : elle suit les règles du Carmel, elle a prononcé les vœux, elle a fait tous les sacrifices.

Un jeune gentilhomme du voisinage, Néel de Néhou, nature passionnée, fougueuse, intrépide jusqu'à la démence, voit Calixte et ne tarde pas à l'aimer éperdument. Calixte lui accorde une affection fraternelle: elle n'est plus de ce monde, la céleste créature. Le drame s'engage donc entre ces trois personnages : Sombreval sait que sa conversion peut sauver sa fille en lui rendant la paix du cœur; Calixte est résolue au sacrifice absolu de sa vie; Néel, âme de feu, se brise contre l'obstacle insurmontable. Puis un jour que la fille est si gravement malade que la science de son père désespère du salut, l'athée muré dans son athéisme criminel jusqu'au bout et sans rémission, part pour Coutances où il va se soumettre à l'évêque ; il joue de parti pris, froidement, comme un histrion sur la scène, une comédie sacrilège ; il feint de retourner à Dieu, conversion si ardemment désirée de la fille de son péché. Mais cet homme, aveuglé par l'endurcissement et l'impénitence, a révélé ses desseins à Néel, et Néel se tait, parce qu'il sait bien que si Calixte soupçonnait l'étrange tromperie dont son père est coupable, elle mourrait, foudroyée par la honte et la douleur. Un prêtre saint et vénérable qui s'est cru l'agent de cette conversion miraculeuse, l'abbé Méautis est choisi par la Providence pour empêcher une seconde profanation, une seconde et plus scélérate apostasie.

Ici, M. Barbey d'Aurevilly n'a pas craint de faire

intervenir directement l'action surnaturelle. Calixte, prosternée devant son crucifix, en voit jaillir du sang. L'abbé Méautis, qui assiste à cette vision, comprend tout, et, après un long et terrible combat, il révèle à Calixte l'épouvantable vérité.

L'enfant éperdue, aveuglée, embrasée, a la force d'écrire à Sombreval de revenir, puis elle s'affaisse, entre en agonie et meurt. Sombreval revient... il arrive le jour même où Calixte a été enterrée. Il croit à une léthargie... il viole la tombe de sa fille, saisit ce cadavre, reconnaît la mort, s'enfuit, fou de rage et de désespoir, et se précipite dans l'étang du Quesnay, où jamais son corps ne fut retrouvé.

Telle est la faible analyse de ce roman extraordinaire, qui arrache des larmes aux plus incrédules et qui laisse un souvenir ineffaçable d'angoisse et d'épouvante. Sombreval meurt dans l'impénitence finale, dans l'athéisme, dans sa rage contre Dieu. Il est conséquent avec son caractère. C'est une âme éperdue : ce n'est ni un fanfaron ni un lâche. Toute la contrée le méprise, le hait et l'outrage ; il se rend compte de l'effet de son infamie, du dégoût qu'il inspire, et qu'il est venu volontairement chercher ; il est formidable par la science et par la volonté ; il a épuisé la vie et les idées, et il est devenu un de ces indifférents de la terre dont parle Shakespeare ; il est l'orgueil incarné, l'orgueil jaloux et envieux ; mais il ressent toutes les douleurs de son apostasie. « Ce rocher de Golgotha qui pèse sur le monde, dit-il, et que je croyais avoir rejeté de ma vie comme un jonc brisé, y retombe, — et c'est la main de mon enfant qui le fait rouler sur mon cœur. » Cette figure farouche et sauvage, grandiose autant que celle d'un ange déchu, statue de bronze coulée tout d'une pièce ; cette âme noire, cette intelligence vaste, ce bourbier où rien ne surnage si ce n'est le sentiment *physique* de l'amour paternel ; ce caractère étrangement complexe et simple tout à la fois, ne se dément pas un instant.

Dans les œuvres de M. Barbey d'Aurevilly, les *Diaboliques* et *l'Histoire sans nom* ont été les plus contestées ; elles sont, en effet, dictées par une conception du mal excessive. Sans être janséniste, on peut souffrir de la violence des peintures que renferment ces deux livres, dont les beautés littéraires sont de premier ordre. Je ne connais rien, assurément, de plus terrible que *Le plus bel amour de don Juan* et le *Bonheur dans le crime*, qui renversent toute idée reçue, mais qui rappellent, malheureusement, des faits trop véridiques de la vie réelle.

On a reproché à M. d'Aurevilly d'avoir choisi pour héros principal de *l'Histoire sans nom* un capucin : le père Riculf, un de ces moines comme la fin du siècle dernier en vit naître, fatal et mystérieux personnage qui ne fait qu'apparaître, pour commettre le plus abominable et le plus inexplicable des crimes. On a dit que l'auteur commettait un outrage aux persécutés, et s'attaquait aux ordres religieux. C'est là une de ces bêtises comme il en échappe aux hommes de mauvaise foi.

* * *

M. Barbey d'Aurevilly n'aime point les femmes qui écrivent, il les traite avec un dédain fort cavalier. Cependant l'une d'elles, qu'on a souvent comparée pour l'esprit, la grâce et la vivacité du style, à ce spirituel vicomte de Launay qui s'appelait madame Emile de Girardin, l'une d'elles que je ne puis désigner que par son pseudonyme de Thilda, a écrit sur le maître une page que je veux citer tout entière.

« Voilà un homme à qui je dois beaucoup ; il m'a ouvert l'âme et il m'a appris à penser ; est-ce un grand écrivain ? Je l'ignore. J'ai toujours eu pour lui une admiration troublée, un sentiment fait de nerfs et quelquefois de larmes.

» On dit que ses romans sont faux ; c'est possible, seulement ils entraînent dans des tourbillons d'émotions si violentes, qu'on reste comme brûlé après les avoir lus!

» Son récit enflé est grandiose et superbe, un aigle qui, d'un vol lent, s'élève vers la lumière. Le mysticisme chrétien dont son âme est un tabernacle sincère, donne une saveur délicieuse à toutes ses héroïnes charmantes imbibées d'amour et marquées du fer rouge de la fatalité. Cœurs de vierges ou cœurs de filles, ce sont les mêmes désespérances, les mêmes flammes d'enfer. Qu'elles se tordent aux pieds du Christ ou aux pieds du diable, elles offrent leurs plaies saignantes, holocauste qui n'apitoie pas le romancier, pressé de les pousser dans l'abîme malgré le crucifix qu'il leur met sur les lèvres.

» Les femmes, les voilà ! elles passent avec leurs yeux qui flambent, elles ne pleurent pas, elles n'ont plus de larmes, la passion a tout desséché, tout tordu.

» C'est Jeanne, éprise de cette tête de prêtre labourée par les cicatrices ; le désir qui l'étouffe lui monte à la facé comme un flot furieux; elle en est à jamais tachée! Le suicide seul éteindra cette rougeur brûlante et rompra l'exorcisme.

» La touchante Hermangarde, ce lis au calice d'or, voit sa jeunesse fanée par la trahison de l'époux aimé trop religieusement ; elle meurt tous les jours, et moins heureuse que Martyre de Mendoze, ne peut se consumer jusqu'à perdre l'âme.

» La rivale, c'est-à-dire le chef-d'œuvre, le type vrai, Vellini! cette créature de chair portant au cou un collier comme une vassale d'Orient, c'est la succube antique, la magicienne dont les philtres donnent l'ivresse sans fin. L'inpudique est hardie, sûre d'elle: son entêtement d'amour est adhérent à sa race bohême, au breuvage bu dans la même coupe; pas de larmes, des coups de tonnerre, des éclairs qui montrent la passion entêtée, foudroyante.

» Je n'aime pas la fille du farouche Sombreval. Cette carmélite agonisante de névrose nous apparaît comme sainte Thérèse, pâmée d'amour divin; la croix sanglante qu'elle porte au front m'épouvante; l'amour enragé, quand même, du jeune gentilhomme mourant de sa mort, fait comprendre, après les possédés du démon, les possédés du paradis ».

M. Barbey d'Aurevilly est un maître en étrangetés, ses romans appartiennent presque tous aux sentiments violents et torrides. La brutalité dans la tendresse, la force nerveuse au service des sentiments et des caractères, un pittoresque barbare un peu cherché, mais d'une originalité que l'art a marqué d'un sceau inaltérable. Cette appréciation d'une femme d'esprit, est une sorte de transition pour arriver aux *bas-bleus* que le maître pourchasse d'une haine féroce, que je me garderai de lui reprocher.

Cathos et Madelon sont de bien insupportables pécores !

Molière avait deviné le bas-bleu, et l'incarnant dans les filles du bonhomme Gorgibus, il le livra à la risée de son public de marquis, lesquels marquis riaient à se tordre des péronnelles et d'eux-mêmes, mal déguisés sous les figures de leurs laquais.

« L'histoire ne fait pas toujours aux hommes, dit M. d'Aurevilly, l'honneur d'être sévère... Il est des décadences qui ne méritent que le rire de son mépris. Tomber n'est pas toujours tragique. Il y a pour les nations comme pour les hommes des chutes grotesques. Toutes n'ont pas la grandeur du vice, la poésie de la monstruosité. Il y a des petites décadences, disait Galiani. Mais je ne crois pas que, dans l'histoire, il y en ait une plus petite que celle qui nous menace. Je ne crois pas qu'il y en ait de plus honteuse que celle d'un peuple qui fut mâle, et qui va mourir en proie aux femelles de son espèce... Rome mourut en proie aux gladiateurs ; la Grèce, aux sophistes ; Byzance, aux eunuques ; mais les eunuques sont encore des débris d'hommes : il peut rester à ces mutilés une tête virile, comme celle de Narsès, tandis que nous, nous mourons en proie aux femmes, et émasculés par elles, pour être mieux en égalité avec elles.

» Beaucoup de peuples sont morts pourris par des courtisanes, mais les courtisanes sont dans la nature et les bas-bleus n'y sont pas ! Ils sont dans une civilisation dépravée, dégradée, qui meurt de l'être, et telle que dans l'histoire on n'en avait pas vu encore. Jusqu'ici les sociétés les plus avancées comme les plus sauvages avaient accepté ou subi les hiérarchies sans lesquelles les sociétés ne sauraient vivre, et maintenant on n'en supporte plus... C'est la gloire du progrès ! L'orgueil, ce vice des hommes, est descendu jusque dans le cœur de la femme, qui s'est mise debout pour montrer qu'elle nous atteignait, et nous ne l'avons pas rassise à sa place comme un enfant révolté qui mérite le fouet ! Alors, impunies, elles ont débordé... Ç'a été une invasion de pédantes au lieu d'une invasion de barbares. Du moins, les barbares apportaient un sang neuf et pur au sang corrompu du vieux monde ; mais les pédantes qui, dans la décrépitude de ce monde ont remplacé les barbares, ne sont pas capables, ces bréhaignes ! de le féconder. »

Et voilà pourquoi votre fille... n'est pas muette !

M. Barbey d'Aurevilly est terriblement dur aux malheureuses qui font argent de leur plume et vaniteux hochet de leur esprit. Cathos et Madelon n'étaient que bêtes et ridicules. Nos *bas-bleus* sont dangereuses, cyniques, flétries de vanité : elles débordent de fiel, de colère et d'envie. Mais toutes les femmes qui écrivent ne sont pas des *bas-bleus,* — heureusement, — et M. d'Aurevilly épargne du moins cette angélique Eugénie de Guérin, qui peut n'être pas du goût de tout le monde, mais qui, du moins, n'a pas de tache d'encre aux doigts.

Le *bas-bleu,* c'est madame George Sand, s'inspirant de Pierre Leroux, d'Agricol Perdiguier, d'Alfred de Musset, de beaucoup d'autres, hélas ! et se noyant, la triste déclassée, dans les flots de sa vie, qui découlèrent de ces lamentables romans ; *Elle et Lui, Lui et Elle.*

Que d'*Elle*, que de *Lui* se seraient reconnus dans ces pages effrayantes, où sont remués tant d'infâmes souvenirs, tant de douleurs honteuses, tant d'hypocrites repentirs et tant de larmes viles ! Voilà où le *bas-bleu* est odieux; c'est quand il salit une grande gloire, en montrant celui qui mérita cette gloire abaissé au niveau des pécheurs. Madame George Sand vilipendant Musset, madame de Saman diffamant l'auteur des *Martyrs*, n'est-ce pas assez pour faire prendre en dégoût ces livres de femmes, qui ne sont que des confessions cyniques, d'où la sincérité est bannie, où l'on se montre fanfaron de vice et de honte, comme l'on se targuerait d'être un phénomène de vertus !

* * *

Le poète moderne préféré de M. Barbey d'Aurevilly est Charles Baudelaire, ce profond sensitif, ce philosophe presque mathématicien, qui paraît s'incarner en Edgard Poë de telle sorte que l'un ne se comprend plus sans l'autre, tant ils se complètent, et peut-être sans s'être connus.

Charles Baudelaire, génie méconnu de son vivant, mais dont l'influence est actuellement toute-puissante sur la jeunesse, énervée par l'abus du paradoxe littéraire, intellectuellement, comme elle l'est, physiquement, par la précocité des jouissances et des sensations, Charles Baudelaire plaisait à M. Barbey d'Aurevilly par les raffinements exquis ou brutaux de ses conceptions, par la pureté de sa forme et « l'expressivité de son style, par ses tendances vers un spiritualisme presque sensuel, — étrange alliance de mots, mais plus étrange encore association d'idées ! — et vers un mysticisme violent

Charles Baudelaire avait plu à Louis Veuillot, qui vint le voir à son lit de mort, comme il avait plu à Barbey d'Aurevilly, et ces hommes si différents d'aspect et qui cheminaient tous les trois dans des voies si diverses, avaient de singulières affinités. Un jour peut-être les mettra-t-on en parallèle et les montrera-t-on tous profondément enamourés de l'art, séparés par des abîmes, et cependant réunis dans les mêmes admirations, si ce n'est dans les mêmes aspirations vers l'idéal.

En M. Barbey d'Aurevilly on ne connaît guère le poète, qui cependant est éblouissant. Le volume de vers, qu'il défend avec un soin jaloux contre les tentatives des éditeurs, et qui s'appellera *Poussière!* — titre digne de ce hautain indifférent et méprisant, — ce volume, dis-je, étonnera bien des lettrés, qui n'ont jamais lu les premières poésies publiées à Caen, chez Hardel, par les soins de G. S. Trébutien, l'ami intime du poète, qui lui écrivit, — le croira-t-on ? — dix-sept volumes de lettres ! Une fortune pour celui qui publiera cette correspondance.

La dédicace, datée du 15 août 1823, « *A mon très cher ami et éditeur Trébutien,* » est charmante de fière modestie.

« A qui dédier ces vers qui devraient être inédits ?... En vous les offrant je ne vous les donne pas : je vous les restitue. — Vous qui savez éditer comme Benvenuto Cellini ciselait, vous avez taillé des diamants et par là vous avez fait vôtres et presque précieuses ces pierres brutes, noires et couleur de sang, dans lesquelles, sans vous, la lumière n'aurait jamais joué. »

La pièce capitale du volume, la *Maîtresse Rousse*, est aussi célèbre que peu connue. En effet, sauf dans l'édition originale on ne la trouve nulle part.

« Cette *Maîtresse Rousse*, dit M. Jules de Marthold dans un feuilleton de *la Réforme*, cette *Maîtresse Rousse*, nullement une femme, mais bel et bien *l'eau-de-vie*, l'eau-de-vie qui tue Sheridan, Moreau, Edgard Poë et tant d'autres, est suivie d'une note pour ainsi dire aussi belle que le poème, page de ressouvenir où, fantômes entrevus, passent l'ennui, le désespoir, un isolement de cœur que les huit mille bras des quatre mille femmes du prince de Conti n'auraient pu empêcher, et les sombres heures brûlées à l'ivresse, cet inépuisable panorama de rêves qui tient dans les quelques gouttes d'un fluide.

» Entre les liqueurs et les pierres précieuses, dit le poète penseur, il y a une singulière intimité de rapports. Les liqueurs, selon la couleur qu'elles jettent, ressemblent à des dissolutions d'émeraudes, de rubis, de topazes. Rien qui fascine davantage et fasse plus longuement rêver.

» La voici en sa cruelle beauté, âpre, stridente, passionnée et désespérante, si un rayon d'amour consolateur ne la venait éclairer et purifier:

Je pris pour maître un jour une rude maîtresse,
Plus fauve qu'un jaguar, plus rousse qu'un lion !
Je l'aimais ardemment, — âprement, — sans tendresse,
Avec possession plus qu'adoration !

C'était ma rage, à moi, la dernière folie
Qui saisit, — quand, touché par l'âge et le malheur,
On sent au fond de soi la jeunesse finie...
Car le soleil des jours monte encore dans la vie,
    Qu'il s'en va baissant dans le cœur.

Je l'aimais ! et jamais je n'avais assez d'elle !
Je lui disais : « Démon des dernières amours,
Salamandre d'enfer, à l'ivresse mortelle,
Quand les cœurs sont si froids, embrase-moi toujours !
Verse-moi, dans tes feux, les feux que je regrette,
Ces beaux feux qu'autrefois j'allumais d'un regard !
Rajeunis le rêveur, réchauffe le poète,
Et puisqu'il faut mourir, que je meure, ô fillette !
    Sous tes morsures de jaguar. »

Alors, je la prenais dans son corset de verre,
Et sur ma lèvre en feu, qu'elle enflammait encor,
J'aimais à la pencher, coupe ardente et légère,
Cette rousse beauté, ce poison dans de l'or !
Et c'étaient des baisers !... Jamais, jamais vampire
Ne suça d'un enfant le cou charmant et frais,
Comme moi je suçais, ô ma rousse hétaïre,
La lèvre de cristal où buvait mon délire,
    Et sur laquelle tu brûlais !

Et je sentais alors ta foudroyante haleine
Qui passait dans la mienne, et tombant dans mon cœur
Y redoublait la vie, en effaçait la peine,
Et pour quelques instants en ravivait l'ardeur.
Alors, fille de feu, maîtresse sans rivale,
J'aimais à me sentir incendié par toi,
Sur un bûcher brillant comme Sardanapale,
Et voulais m'endormir l'air joyeux, le front pâle,
    Et le bûcher était en moi !

« Ah ! du moins celle-là sait nous rester fidèle,
Me disais-je, — et la main la retrouve toujours,
Toujours prête à qui l'aime et vit altéré d'elle.
Et veut, dans son amour, perdre tous ses amours ! »
Un jour elles s'en vont, nos plus chères maîtresses ;
Par elle, de l'oubli nous buvons le poison,
Tandis que cette Rousse, indomptable aux caresses,
Peut nous tuer aussi, mais à force d'ivresse,
    Et non pas par la trahison !

Et je la préférais féroce, mais sincère,
A ces douces beautés, au sourire trompeur,
Payant les cœurs loyaux d'un amour de faussaire !...
Je savais sur quel cœur je dormais sur son cœur !
L'or qu'elle me versait et qui dorait ma vie,
Soleillant dans ma coupe, était un vrai trésor !
Aussi, ce n'était pas pour le temps d'une orgie,
Mais pour l'éternité que je l'avais choisie
    Ma compagne jusqu'à la mort !

Et toujours agrafée à moi comme une esclave,
Car le tyran se rive aux fers qu'il fait porter,
Je l'emportais partout dans son flacon de lave,
Ma topaze de feu, toujours près d'éclater !
Je ressentais pour elle un amour de corsaire,
Un amour de sauvage, effréné, fol, ardent !
Cet amour qu'Hégésippe avait dans sa misère,
Qui vous tient lieu de tout quand la vie est amère,
    Et qui fit mourir Sheridan !

Et c'était un amour toujours plus implacable,
Toujours plus dévorant, toujours plus insensé !
C'était comme la soif, la soif inexorable,
Qu'allumait autrefois le philtre de Circé !

Je te reconnaissais, voluptueux supplice !
Quand l'homme cherche, hélas ! dans ses maux oubliés,
De l'abrutissement le monstrueux délice...
Et n'est, — Circé ! — jamais assez, à ton caprice,
    La bête qui lèche tes pieds !

Pauvre amour, — le dernier, — que les heureux du monde
Dans leur dégoût hautain s'amusent à flétrir,
Mais que doit excuser toute âme un peu profonde,
Et qu'un Dieu de bonté ne voudra pas punir !
Pour bien apprécier sa douceur mensongère,
Il faudrait, quand tout brille au plafond du banquet,
Avoir caché ses yeux dans l'ombre de son verre,
Et pleuré dans cette ombre, — et bu la larme amère
    Qui tombait et qui s'y fondait.

Un soir je la buvais, cette larme, en silence...
En replongeant mes lèvres entre ses lèvres d'or,
Je venais de reprendre, ô ma sombre démence !
L'ironie, et l'ivresse, et du courage encor !
L'esprit, — l'aigle vengeur qui plane sur la vie,
Revenait à ma lèvre, à son sanglant perchoir.
J'allais recommencer mes accès de folie,
Et rire de nouveau du rire qui défie !...
    Quand une femme en corset noir....

Une femme ?... Je crus que c'était une femme,
Mais depuis... ah ! j'ai vu combien je me trompais
Et que c'était un ange, et que c'était une âme
De rafraîchissement, de lumière et de paix !
Au milieu de nous tous, charmante solitaire,
Elle avait les yeux pleins de toutes les pitiés ;
Elle prit ses gants blancs, et les mit dans mon verre,
Et me dit en riant, de sa voix douce et claire :
    « Je ne veux pas que vous buviez ! »

> Et ce simple mot-là décida de ma vie,
> Et fut le coup de Dieu, qui changea mon destin !
> Et comme elle parlait, sûre d'être obéie,
> Sa main vint chastement s'appuyer sur ma main !
> Et depuis ce temps-là, j'allai chercher l'ivresse
> Ailleurs que dans la coupe où bouillait ton poison,
> Sorcière abandonnée ! ô ma rousse maîtresse !!!
> Bel exemple de plus, que Dieu, dans sa sagesse,
>   Mit l'ange au-dessus du démon !

Tel est le poète contenu en M. d'Aurevilly ou du moins tout ce que son dandysme nous en a voulu montrer, « trop discrètement indiscret ».

Mais il est une autre poésie, inédite celle-là, et que Sainte-Beuve aurait déclarée, comme il le dit de la *Maîtresse Rousse*, digne de figurer au premier rang dans l'Anthologie poétique du XIXe siècle, et que j'ai bien souvent entendu dire, en présence du Maître, par une artiste à la voix magnifique, vibrante et chaude, au geste puissant, très digne interprète de cette poésie âprement passionnée. Cette pièce est le *Vieux Soleil*.

> Hier j'étais debout derrière ma fenêtre,
> Contre la vitre en feu j'avais mon front songeur,
> Et je voyais là-bas, lentement, disparaître
> Un soleil embrumé qui mourait sans splendeur.
> C'était un vieux soleil des derniers soirs d'automne,
> Globe d'un rouge épais, de chaleur épuisé,
> Qui ne faisait baisser le regard à personne
>   Et qu'un aigle aurait méprisé !...
>
> Alors je me disais, en une joie amère :
> Et toi, soleil, aussi, j'aime à te voir sombrer !
> Astre découronné, comme un roi de la terre,
> Tête de roi tondu que la nuit va cloîtrer !

Demain, je le sais bien, tu sortiras des ombres !
Tes cheveux d'or auront tout à coup repoussé.
Qu'importe ! j'aurai cru que tu meurs, quand tu sombres :
  Un instant, je l'aurai pensé.

Un moment j'aurai dit : « C'en est fait !... il succombe
Le monstre lumineux qu'ils disaient éternel !
Il pâlit comme nous, il se meurt, et sa tombe
N'est qu'un brouillard sanglant dans quelque coin du ciel !
Grimace de mourir ! Grimace funéraire
Qu'en un ciel ennuité chaque jour il fait voir.
Eh bien ! cela m'est doux de la trouver vulgaire
  Sa façon de mourir, ce soir ! »

Car je te hais, soleil, oh ! oui, je te hais, comme
L'impassible témoin des douleurs d'ici-bas...
Chose de feu, sans cœur, je te hais comme un homme ;
Celle que nous aimons change, et tu ne meurs pas !
L'œil bleu, le vrai soleil qui nous verse la vie
Un jour perdra son feu, son azur, sa beauté,
Et tu l'éclaireras de ta lumière impie,
  Insultant d'immortalité !...

Et voilà, vieux soleil, pourquoi mon cœur t'abhorre !
Voilà pourquoi je t'ai toujours haï, soleil !
Pourquoi je dis, le soir, quand le jour s'évapore :
« Oh ! si c'était sa mort et non pas son sommeil ! »
Voilà pourquoi je dis, quand il fuit d'un ciel sombre :
« Bravo ! ses six mille ans l'ont enfin achevé !
L'œil du cyclope a donc enfin trouvé dans l'ombre
  La poutre qui l'aura crevé ! »

Et que le sang en pleuve, et sur nos fronts ruisselle
A la place où tombaient ses insolents rayons...
Et que la plaie aussi nous paraisse immortelle,
Et mette six mille ans à saigner sur nos fronts !

Nous n'aurons plus alors que la nuit et ses voiles.....
Plus de jour lumineux dans un ciel de saphyr !
Mais n'est-ce pas assez que le feu des étoiles
  Pour voir ce qu'on aime mourir ?

Pour voir la bouche en feu par nos lèvres usée
Nous dire froidement : « C'est fini ! laisse-moi ! »
Et s'éteindre l'amour qui dans notre pensée,
Allumait un soleil plus éclatant que toi !
Pour voir errer parmi les spectres de la terre
Le spectre aimé qui semble et vivant et joyeux,
La nuit, la sombre nuit est encore trop claire !...
  Et je l'arracherais des cieux.

La poésie contemporaine, à coup sûr, n'offre rien de plus magistral que ces vers superbement frappés, d'un si beau lyrisme, d'une ampleur cornélienne ; mais on ne saurait en comprendre les ténébreuses beautés si on ne les a entendu dire par le poète. Sa voix vibrante sonne comme si elle retentissait sur les champs de bataille où les preux chevaliers, ses ancêtres, maniaient l'énorme et lourde framée des Francs, martèle et burine ces vers majestueux, aux images hardies, et leur prête des accents d'une singulière puissance. Le poète est vraiment, alors, le barde inspiré des grandes épopées françaises, et la martiale éloquence de son verbe émeut et transporte tout ainsi que les anciens cris de guerre ou les mélancoliques strophes de nos antiques chansons de geste.

Le livre qui s'appellera *Poussière* est un recueil de chefs-d'œuvre, feuilleté par de rares confidents, mais que personne n'a lu en entier et qui produira une profonde sensation quand il sera publié, s'il l'est jamais, car il faut s'attendre à tout avec un homme du caractère de M. Barbey d'Aurevilly. Et l'on comprendra que ce poète ait été si sévère pour les poètes, lorsqu'on lira l'admirable légende du *Cid*, — un poème épique en quelques vers, — et cette élégie, si ardente et si triste, où reviennent tant de fois ces mots:

> Voilà pourquoi je veux partir.

C'est donc un poète que M. Barbey d'Aurevilly, et un poète d'une très large envergure, qui possède bien sa langue et sa forme, et qu'on ne pourrait pas plus comparer à Victor Hugo qu'à François Coppée, à Charles Baudelaire qu'à Théodore de Banville. Il n'est d'aucune école, si ce n'est de la sienne, dont il est seul. Il ne procède pas, il devance. Il n'imite point, il crée. Il aime ce qui est beau, il le dit, et personne ne le dit comme lui.

C'est une façon d'être poète qui en vaut bien une autre, et nul n'expliquerait plus noblement et plus « hautement » les douleurs de l'amour méprisé que le chantre de *Clara*.

.˙.

M. Jules Barbey d'Aurevilly, qui ne compte que bien peu d'amis dans notre monde littéraire, n'en sera pas moins une des physionomies les plus originales de cette époque, où il en est tant d'effacées. Il est, dans la plus belle acception du mot, le gentilhomme de lettres, dédaigneux de la popularité, indifférent à la gloire, et professant un mépris souverain de l'argent. Il aime les lettres pour le plaisir qu'elles lui donnent, et les lettrés parce qu'ils représentent à ses yeux toutes les merveilles et toutes les conquêtes de l'esprit humain. Jamais une œuvre ne lui est apparue comme un but de lucre ou de spéculation. Il n'a même point recherché les stériles honneurs de l'Académie. Indépendant en politique, en littérature, en art, il n'a servi que ses propres idées et ses propres inspirations. Il n'a donc point cessé d'être son maître, et c'est quelque chose dans un temps où tout le monde ambitionne de se mettre au cou le carcan des esclaves.

Romancier du plus puissant génie, M. Barbey d'Aurevilly ne s'est occupé des passions que pour les analyser à l'aide du flambeau de la foi, et pour les flétrir. Il n'a pas excité au vice, en le peignant sous les brillantes couleurs qui le rendent agréable et désirable. Il l'a disséqué, en philosophe à qui rien de ce qui est humain n'est étranger, et qui ne s'épouvante d'aucune de nos misères ; en anatomiste qui fouille un cadavre, dût chaque coup de bistouri en faire jaillir des légions de vers ; en poète qui n'ignore pas que le Beau, c'est l'interprétation, et non la copie du Vrai.

M. Barbey d'Aurevilly ne peut être comparé ni à Walter Scott ni à Balzac. Il est plus compliqué et, en même temps, plus simple. Il voit autrement et traduit aussi autrement. Il a d'autres calculs et d'autres prévisions, seulement parce qu'il est un peu théologien et peut-être un peu casuiste. Cet aristocrate excelle à peindre les mœurs des paysans, à portraicturer les vieilles servantes, à dépeindre les âmes tendres, les esprits sans détours, sinon sans finesse des « naturels » de sa Normandie. Ce héros des autres âges, qui conçoit des épopées, se joue aux pastorales.

Cependant il a en portefeuille deux ouvrages qui appartiennent aux drames de l'histoire : *Un Gentilhomme de grands chemins*, épisode de ces guerres de la chouannerie dont les récits bercèrent son enfance, et l'*An mil*, qui est la chronique sanglante et savante de cet âge de fer, où il tombait des pluies de sang, où les crucifix parlaient, où les morts effondraient le couvercle de leur cercueil, où le monde, éperdu, affolé d'effroi, attendait en frémissant l'immense cataclysme qui devait l'engloutir dans l'éternité.

S'il est romancier, c'est-à-dire historien des mœurs de son temps, Barbey d'Aurevilly est aussi critique, c'est-à-dire historien de la littérature de son temps. Et critique, il l'est à la façon de Don Quichotte, non pas du Don Quichotte espadonnant contre des moulins à vent, mais de ce hardi chevalier qui ouvrait les cages des lions et les défiait en champ clos. Vaillant à outrance, il a lutté pendant tout à l'heure un demi-siècle, en faveur de causes qui n'ont plus de partisans, et contre des idées que le monde courtise, parce qu'elles favorisent les convoitises du monde.

Dans cette lutte toujours inégale, s'il n'a pas toujours vaincu, il a tenu haut et ferme son drapeau, tandis que tant de ses voisins le mettaient dans leur poche. Il a clamé la vérité, comme ses ancêtres normands lançaient la clameur de *haro,* et c'est tant pis pour ceux qui n'ont pas voulu l'entendre. Fièrement seul, entre des coreligionnaires qui le reniaient et des ennemis acharnés qui se faisaient de tout arme contre lui, il a parlé son discours et dit ce qu'il avait à dire. Il l'a dit envers et contre tous, et sans nul souci de ses intérêts, ce qu'il faut louer aujourd'hui que le précepte latin *prima caritas sibi* est la règle de conduite des plus audacieux.

Poète exquis, d'une sensibilité féline, et d'une grandeur chevaleresque, il est en même temps érudit, héraldiste, chroniqueur, portraitiste, critique de théâtre et l'un des plus fins journalistes du siècle qui a connu Émile de Girardin, H. de Villemessant et Louis Veuillot, les trois grands maîtres de la prose au jour le jour, du mémoire secret, du pamphlet, de l'article et de la phrase. Je sais bien qu'il n'a pas ambitionné cette renommée, et qu'il s'en soucie fort peu... Mais il l'a.

Un portrait de lui, une eau-forte d'après une miniature, le montre, à seize ans, sous les traits de Byron, mais d'un Byron mâle d'avant les exploits de Missolonghi. Il avait alors la beauté des héros de roman : il m'a rappelé ce trop beau Lucien de Rubempré arrivant à Paris sous la terrible protection du roi du bagne. Aujourd'hui, ce n'est plus Byron, c'est Lara ou Manfred, un magnifique corsaire à la taille des œuvres qu'il a rêvées, et qui, avant de s'incliner comme les chênes gigantesque de nos vieilles forêts, sculptera de nouvelles statues, vivantes, admirables, indestructibles.

FRANÇOIS COPPÉE

I

Il y a bien des années déjà que, pour la première fois, par un beau matin d'hiver où le soleil luisait sur la neige, l'auteur de cette étude franchit le seuil du logis, où le poète des *Humbles* vit dans la paix sereine du foyer familial.

Il ne me connaissait pas. Je venais à lui, poussé par une invincible sympathie, ne lui apportant même pas un sonnet. J'étais à peine son cadet, je ne savais que lui dire. Il se trouva néanmoins que des affinités nous unissaient : les idées de présent et d'avenir, des goûts pareils, le « on ne sait quoi », qui, soudainement, lie des hommes jusqu'alors inconnus les uns aux autres.

François Coppée m'accueillit avec une aimable bienveillance, avec une affabilité un peu inquiète. Son fin sourire, bon et franc, me délassa de la morgue vaniteuse des grands pachas de la littérature et du journalisme, toujours enclins à la méfiance, toujours soumis à la nécessité de poser.

J'y suis retourné bien des fois depuis lors, et sans que rien n'ait jamais effacé l'agréable impression première, dans ce logis modeste et charmant, vrai nid de poète parisien, tout entouré d'arbres où piaillent des moineaux, tout adorné de nids d'hirondelles, sous les guirlandes de la vigne vierge et les spirales vertes de le clématite. La salle à manger, avec sa vaste armoire normande et son horloge en cercueil, est égayée par les ébats d'une multitude de chats, roulés en boule sur des sièges, ou perchés sur la fenêtre, luttant à coups de griffes, le poil hérissé, ou bien allongés avec nonchalance, l'œil mi-clos, devant le feu brillant sous la cendre.

Le salon n'est pas encombré de tentures en peluche, de bibelots hétérogènes, de draperies et d'astragales. On y voit un portrait de Coppée, jeune garçon, à mine éveillée, peint par sa sœur; de vieux pastels dans leurs cadres ovales: c'est l'aïeul et l'aïeule; des esquisses de Jules Breton et de Lefebvre; sur des meubles sculptés, quelques bronzes, des éléphants en faïence, en laque, en métal : l'éléphant est l'animal prédiligé du poète, qui professe pour lui un culte superstitieux; et, comme pour mieux rappeler les solitudes voisines du Gange, les forêts immenses de Ceylan, où l'énorme pachyderme erre d'un pas pesant, des dieux bouddhiques, dorés ou peints, s'alignent sur les tablettes de velours.

La bibliothèque de Coppée est une de celles où il y a des livres; il y en a beaucoup, habillés de cartonnages aux couleurs étranges, purée de pois, bleu-paon, orange; le buste du maître est là, un très beau bronze de Delaplanche, sur un socle d'ébène. Des fusains, une belle ébauche de Valadon; le bronze de la *Jeunesse,* de Chapu; des bols chinois pleins de tabac; tout ce qu'il faut pour écrire, encombrent la table et les meubles; en déblayant les sièges des journaux et des revues qui les chargent, on peut quelquefois s'asseoir. Ce joli réduit, aux rideaux d'étoffes anciennes, est bien le « retrait » d'un homme de travail, qui aime à s'enfermer avec les livres, les meilleurs des amis, puisqu'ils ne parlent pas. Cette maison, très moderne, élégante, sans faste, simple, jolie, austère et gaie, est la demeure d'un artiste laborieux, sage, tranquille, et qui eut toute sa vie l'horreur de la bohème. Il a même sacrifié au goût bourgeois, lui qui prétend que la musique est un bruit coûteux, jusqu'à posséder un piano, soigneusement voilé, d'ailleurs, d'un châle noir en crêpe de Chine, brodé de fleurs magnifiques.

Les fenêtres ouvrent sur un jardinet, que le poète a décrit avec un charme infini: « La maison est exposée au nord, en plein nord, et, même en été à midi, son ombre s'étend sur ce petit carré de fleurs. Celles qui sont au fond du jardin, en plein soleil, s'épanouissent et embaument dans l'air attiédi; mais les autres, les plus proches du mur, que jamais n'atteint un rayon, s'ouvrent à peine et ne donnent qu'un faible parfum.

» Souvent en me promenant dans l'étroite allée circulaire de mon petit jardin, je jette un regard de compassion sur ces œillets étiolés et sur ces roses maladives, car celles-là sont mes préférées, et un moment les bruits des maisons prochaines, en parvenant jusqu'à moi, me font songer, par une mystérieuse correspondance d'esprit, à certaines existences comparables à ces tristes fleurs. C'est la chanson monotone de l'ouvrière qui tire l'aiguille dans sa chambre haute; c'est le hoquet de la machine à vapeur voisine, où s'agite, dans l'enfer d'une forge, le peuple des artisans; c'est la cloche du couvent, où des femmes innocentes offrent à Dieu leurs souffrances et leurs prières pour ceux qui, comme beaucoup d'entre nous, ne savent ni souffrir ni prier; c'est enfin le clairon de la caserne, où de pauvres paysans, exilés de leurs champs et de leurs vignes, subissent les rigueurs d'une dure discipline, en attendant que la guerre éclate, qui les forcera de payer à la patrie le terrible impôt du sang. J'écoute ces bruits mélancoliques, je regarde ces roses languissantes, et ma rêverie unit dans une même pitié ces âmes et ces fleurs, à qui la destinée n'a pas accordé ce qu'elle semblerait devoir à tous, une place au soleil. »

La personne trahit les mêmes habitudes de régularité et de correction que le mobilier. Coppée, que rien au dehors, dans sa mise, ne fait remarquer, ne se permet chez lui qu'une seule fantaisie de costume : le veston rouge, sans revers, ni soie, ni soutaches. Il est assez grand, svelte, leste d'allures, toujours en mouvement. Ses traits sont bien connus. Que de fois l'a-t-on comparé à une médaille antique ! Ses cheveux noirs, rejetés en arrière, découvrent un front large, bien modelé; ses yeux, vert de mer, ont un regard doux et fier, très limpide, très profond, qui illumine le teint d'une chaude nuance de bronze florentin, très clair; le nez est droit, signe de force et de ténacité; la bouche, aux lèvres un peu minces, est railleuse, ironique, mais le sourire décèle une bonté sincère ; le menton, fort accusé, donne de l'énergie à cette figure que l'on a souvent comparée à tort, selon moi, aux portraits du Bonaparte de 1800.

Coppée n'a pas, en effet, l'expression violente, fatale et dure du Premier Consul, mais plutôt une expression de mélancolie rêveuse, parfois distraite, souvent animée par une gaieté d'adolescent espiègle. Son rire, vif, nerveux ne sonne jamais faux. Il aime la plaisanterie, le sarcasme familier, et même la « blague » d'atelier. Sa voix est fortement timbrée, avec je ne sais quel éclat métallique. Il dit admirablement les vers, surtout ceux de Victor Hugo, — l'ancien ! le poète d'avant les folies politiques. Un soir, chez moi, en famille, combien il nous émut avec la *Tristesse d'Olympio*, cette cantilène suavement amère du ressouvenir et des illusions perdues !

Quiconque n'a pas entendu causer François Coppée, dans l'intimité des soirées d'été, sous les arbres du Luxembourg, ou l'hiver au coin du feu, ne sait rien de l'esprit moderne et parisien. C'est un feu d'artifices de mots charmants, d'idées singulières, d'axiomes étonnants, de sentences imagées, de métaphores absurdes, de saillies inattendues. Et tandis que la voix volubile ne s'arrête point, gouailleuse, rapide, coupée de rires sonores, les doigts, sans cesse occupés, roulent une éternelle cigarette, hâtivement allumée, puis éteinte en deux bouffées.

La gloire est venue couronner ce poète, dans ce logis modeste, où je l'ai revu, après son élection à l'Académie française, aussi calme, aussi joyeux qu'auparavant. La gloire l'émeut, sans le troubler. Il demeure affable et souriant, avec la même douce ironie. Si sa mère était là !... Si elle voyait son Francis, maintenant arrivé aux plus hauts sommets de l'âpre montagne !...

A défaut de la mère, il a l'amie, la sœur. Mademoiselle Annette Coppée jouit du triomphe de son frère : elle a été à la peine, elle est à l'honneur. Sa tendresse dévouée, durant des ans et des ans, a environné le poète d'une sollicitude presque maternelle et lui a conservé ce foyer de famille, qui est, pour les âmes délicates, le plus précieux des biens. Qu'il me soit permis de saluer cette vaillante et courageuse confidente des joies et des douleurs du poète.

Cette élection de Coppée à l'Académie n'a pas été sans orages. On a remarqué que Victor Hugo n'a pas voté pour lui, et personne n'a ignoré que M. Alexandre Dumas fils menait vigoureusement la campagne contre ce candidat qui, paraît-il, avait critiqué *la Princesse de Bagdad*, dans son feuilleton de la *Patrie* et qui passait pour un réactionnaire farouche et pour un clérical, parce qu'il n'a jamais insulté la religion. Une première fois, on avait combiné l'élection de M. Edmond About. Une seconde fois, Coppée obtint vingt-quatre voix.

L'Académie française s'est honorée en appelant à elle un véritable poète, qui est en même temps un homme de bonne compagnie, ayant une parfaite dignité dans sa vie modeste, point orateur de carrefour, point journaliste de pacotille, rebelle aux bruyantes réclames, indemne de tripotages financiers, auquel on ne reprochera jamais de mettre sa gloire en actions, de monnoyer son génie, voire de plaider la cause de l'islam contre le christianisme pour complaire aux successeurs des pharaons. Coppée n'a été, et ne sera toute sa vie, qu'un homme de lettres, dans la plus large et la plus pure acception du mot. C'est beaucoup en un temps où les avocats font la guerre, où les généraux discutent les cas théologiques, où les ingénieurs sont appelés à régénérer les lettres françaises.

II

Un ami ayant demandé à Coppée sa biographie, le poète lui répondit par cette lettre : « Mon père était un modeste employé du ministère de la guerre ; la famille était nombreuse, on n'était pas riche : mais on s'aime mieux, à vivre à l'étroit, les uns serrés près des autres. Mon père avait une nature de rêveur, adorait les lettres, il m'apprit à les aimer ; et dès les premières années du collège, j'ai aligné des lignes inégales, avec des rimes au bout. C'était au lycée Saint-Louis, où je n'étais qu'externe. Le soir, je faisais mon thème, près de la lampe unique, sur la table, qui réunissait toute la famille autour d'elle.

» Je fis, d'ailleurs, des études médiocres et incomplètes. J'étais un enfant débile, un écolier paresseux, mais il y avait déjà des vers en marge de mes cahiers. Plus tard, j'ai été pris d'une fringale de lecture, et j'ai complété, tant bien que mal, mon instruction.

» J'étais encore bien jeune, quand une de mes sœurs se maria ; puis une autre mourut ; le père s'en alla à son tour, et je restai seul, avec ma mère et ma sœur aînée. Chef de famille à vingt ans! C'était dur et doux à la fois. A mon tour, j'étais devenu commis de la guerre, et, comme mon père, j'apportais mes appointements à la fin du mois, pour faire aller le ménage. J'écrivais toujours, et toutes sortes de choses; des nouvelles, du théâtre, des vers surtout. J'ai plus tard condamné tout cela. Il existe une petite revue, *le Causeur*, où l'on m'imprima quelques contes en prose. Qu'est devenue la comédie en trois actes que j'ai faite avec Charles Yriarte, que j'avais connu chez des peintres! En somme, une vie en famille, très calme, très retirée, aucune bohème...

» Quant à ma vie privée, elle est sans intérêt; il ne se passe rien dans l'existence du poète, que des rêves et des feuilles de papier noirci. Je ne me suis pas marié et je vis avec ma sœur aînée, ma chère Annette, qui est restée fille et qui a remplacé ma mère, morte il y a quelques années.

» J'habite au fond du faubourg Saint-Germain, dans une maison paisible, avec des livres et des fleurs. Comme j'ai continué à n'être pas riche, je sors de chez moi pour remplir les fonctions de bibliothécaire du Théâtre-Français et assister aux premières représentations, dont je rends compte dans le feuilleton de la *Patrie*. C'est le pain quotidien. »

C'est au numéro 9 de la rue de l'Abbé-Grégoire, que François Coppée naquit, en 1842, de parents parisiens, mais d'origine belge.

Il paraît qu'à Mons et aux environs, tout le monde s'appelle Coppée. C'est « du vieil français, » cela signifie « coupée, » une coupée de bois. N'importe, le nom est joli, sonne bien, rime richement avec épée, mot sublime. Il y a un Coppée de Mons, le parent du poète, peut-être? qui est fort riche, a une écurie célèbre, fait courir. Il signe *F. Coppée*, et d'aucuns prennent l'auteur du *Passant* pour un sportman, quand il n'a dans son écurie d'autre cheval que Pégase, « vieux style. » Du côté paternel, il y a une grand'mère qui a dans le sang de la vieille noblesse lorraine; de ce côté, on trouverait des gendarmes de la maison du roi et des chevaliers de Saint-Louis. Du côté maternel, le contraste est frappant. Le grand-père (Baudrit de son nom) est maître serrurier et, pendant la Révolution, forge des pics, pour armer les sections. La maison Baudrit existe encore. Le petit-fils, Auguste Baudrit, cousin germain de Coppée, est un serrurier d'art du plus grand talent. On pourrait conclure, si l'on voulait, d'après ces sources, que l'auteur d'*Olivier* est un aristocrate qui aime le peuple [1].

L'enfance et la jeunesse de Coppée n'ont pas d'histoire. Mais on peut comprendre ses impressions par cette page délicieuse sur Paris, qu'il lut un jour dans une conférence et qui fut vivement applaudie.

« Le vrai Parisien aime Paris, comme une patrie : c'est là que l'attachent les invisibles chaînes du cœur, et s'il est forcé de s'éloigner pour un peu de temps, il éprouvera, comme madame de Staël, la nostalgie de son cher ruisseau de la rue du Bac. Celui qui vous parle est un de ces Parisiens-là. Dans cette ville dont, comme s'en plaignait Alfred de Musset, il connaissait tous les pavés, mille souvenirs l'attendent dans ces prome-

---

1. Jules Claretie, *Célébrités contemporaines*.

nades au coin de tous les carrefours. Une paisible rue du faubourg Saint-Germain, dont le silence est rarement troublé par le fracas d'un landau ou d'un coupé de maître, lui rappelle toute son enfance; il ne peut passer devant une certaine maison de cette rue, sans regarder là-haut ce balcon du cinquième, sans se revoir tout petit, sur sa chaise haute, à cette table de famille, dont les places, hélas! se sont peu à peu espacées, et où il n'y a plus aujourd'hui d'autres convives que lui et sa sœur aînée, qui l'aime pour tous les morts et tous les absents. Il ne s'arrête jamais devant les librairies en plein vent des galeries de l'Odéon, sans se souvenir de l'époque, où, ses cahiers de lycéen sous le bras, il faisait là de longues stations, il lisait *gratis* les livres des poètes qu'il aimait déjà. Enfin, il y a quelque part, il ne dira pas où, une petite fenêtre qu'il aperçoit en se promenant dans un certain jardin public et qu'il ne peut regarder en automne, vers cinq heures du soir, quand le coucher du soleil y jette comme un reflet d'incendie, sans que son cœur se mette à palpiter, comme il le sentait battre, il y a longtemps, il y a bien longtemps, mais dans la même saison et à la même heure, alors qu'il accourait vers ce logis, avec l'ivresse de la vingtième année, et que la petite fenêtre, alors encadrée de capucines, s'ouvrait tout à coup et laissait voir, parmi la verdure et les fleurs, une tête blonde qui souriait de loin. »

Coppée, à cette époque, sortait du collège, qui n'avait pu faire de lui un bachelier : une de ses sœurs épousait le peintre-verrier Lafaye; le père mourait, le jeune homme, tout radieux d'illusions dorées, versait bien des larmes aux heures du découragement. Et, comme pour tenter la fortune qui n'aime pas les poètes, mais qui chérit celui-ci, il publia à ses frais son premier volume de vers : *le Reliquaire*. Le public ne fit pas grande fête à ce début. En ce temps-là, il était de bon ton de railler la poésie : on encensait Victor Hugo et Musset; on parlait de Leconte de l'Isle, comme d'un vieux druide excentrique et ennuyeux; on feuilletait en riant *les Odes funambulesques* de Banville: on achetait *les Fleurs du mal*, de Baudelaire, décapitées par la police. Mais Coppée? qui est-ce qui l'eût connu, hors du cercle de Parnassiens que tympanisaient, comme dit Balzac, les petits journaux?

Il fallut, pour le tirer de cette obscurité, où il souffrait si durement, que le dieu Hasard, qui se plaît parfois à ces générosités, le conduisît chez une tragédienne d'un grand talent, mademoiselle Agar, au bénéfice de laquelle le théâtre impérial de l'Odéon allait donner une représentation, et qui demanda au poète une saynète à deux personnages. Coppée écrivit pour elle et pour une jeune actrice encore inconnue, mademoiselle Sarah Bernhardt, ce délicieux *Passant*, que toute la génération d'avant la guerre applaudit avec enthousiasme, et qui fut le point de départ d'une célébrité désormais consacrée par les suffrages des Quarante immortels.

Nul ne se doutait, pas même le directeur de l'Odéon, M. de Chilly, que cette œuvre charmante obtiendrait un des succès les plus éclatants du théâtre contemporain. La salle, on me pardonnera ce cliché solennel! faillit crouler sous les applaudissements. Ce fut une victoire. Mais elle faillit être une victoire à la Pyrrhus, car dès lors François Coppée fut désigné partout comme l'*auteur du Passant*. Il accumulait poème sur poème, pièce sur pièce, et toujours il était poursuivi par cette malencontreuse périphrase, qui lui faisait presque regretter le triomphe, qui l'avait un moment dédommagé de tant de misères, si vaillamment supportées.

« Pauvre petit *Passant*, a-t-il écrit depuis, douce inspiration d'une heure radieuse de mes vingt-cinq ans, pardonne-moi les minutes d'impatience et de mauvaise humeur que m'a causé bien des fois ton nom, malignement prononcé pour déprécier mes créations nouvelles. Tu n'en es pas moins resté l'enfant bien-aimé de ma jeunesse, le rêve d'idéal, d'avenir, qu'on ne fait qu'une fois dans sa vie, et jamais je n'ai oublié, gentil chanteur de *Clair de lune*, que je te devais cette première récompense du poète, ce premier rameau de laurier qui fait pleurer de joie, et qui m'a donné pour toujours le courage et l'espérance. »

Oh! oui, le courage et l'espérance, qu'il faut aux vieux comme aux jeunes, aux disciples comme aux maîtres, pour courir à travers les âpres sentiers, jonchés d'épines, parsemés de cailloux, de cette carrière effroyable, dont les satisfactions sont toujours solitaires, dont les douleurs sont toujours incomprises, et qui ne laisse, comme le miel de l'Hymette, qu'un avant-goût de fade et nauséabonde amertume !

III

« Coppée est un des maîtres de la forme poétique à notre époque ; il possède les vers les plus savants, le s.

plus souples, les plus modernes qui existent ; dès lors, un poème n'est plus qu'un thème sur lequel il brode d'adorables variations. On n'étudie pas assez ces vers de Coppée, qui ont mis le frisson humain, dans la manière si parfaite et si sonore de notre jeune Parnasse. A la suite de Victor Hugo, à la suite de Leconte de l'Isle, le vrai chef, les poètes qu'on a nommés les Parnassiens ont poussé la perfection de la forme à un degré extraordinaire... Coppée, un des fidèles de la première heure, a donc mis des sanglots et des sourires dans cette poésie parfaite. De là son grand succès, ce succès soudain du *Passant* qui passionne. On fut pris par cette humanité, au sortir du bruit des cymbales qui sonnaient à nos oreilles les rimes richement accouplées du Parnasse. Enfin, on entendait une voix humaine ; ce n'était plus seulement un beau bruit : c'était une langue.

» Le vers de Coppée est toute sa force, car j'ai déjà regretté de ne pas lui voir employer cet outil merveilleux à de grandes œuvres. Ce vers, si personnel, a gardé la science parnassienne ; je veux dire qu'il est d'un fini précieux, d'une facture irréprochable, seulement il semble avoir profité de sa souplesse pour introduire dans la poésie toutes sortes d'idées et d'images, devant lesquelles Victor Hugo lui-même avait reculé. Étudiez un morceau de Coppée, et vous serez surpris des choses banales et courantes qu'il a trouvé le moyen d'y mettre en un langage poétique d'une simplicité parfaite pourtant. C'est là son triomphe : tout dire, un peu mollement quelquefois, et tout dire de façon à tout faire passer. Je ne juge pas, je constate. Il y a certainement là une transition très heureuse entre les effarements romantiques, le grandiose continu de nos poètes de 1830, et l'accent profond de vérité, la simplicité saisissante, que je me plais à rêver pour les poètes du vingtième siècle. »

C'est M. Émile Zola, qui juge ainsi, en François Coppée, le poète, et ce jugement de l'auteur de l'*Assommoir* et de *Pot-Bouille* ne laisse pas que d'être curieux. C'est bien là un document humain; il serait aisé de lire entre les lignes. M. Zola ne parle pas de la prose de Coppée. Cela me rappelle ce que l'on disait naguère de Maurice Rollinat. « Un poète remarquable ! » clamaient les musiciens ; « un musicien incomparable ! » ripostaient les poètes. Et les uns, les autres avaient raison. Ce doit être pour Coppée, qu'on a inventé ces mots de « modernisme » et de « modernité ». C'est par lui, le premier, que je les ai entendu prononcer. Il aime son siècle tel qu'il est, dans ses plus modestes manifestations : il en aime l'industrie, les tableaux un peu vulgaires, le langage précis et brutal, les mœurs libres et démocratiques, les tendances égalitaires, et par-dessus tout, sinon le scepticisme railleur, au moins l'indifférentisme égoïste, qui, dans une société où tout semble pousser à la collectivité, à l'association, individualise, au contraire et rejette les hommes dans l'isolement. Voilà de bien grands mots pour un très humble critique, et cette phrase que je viens d'écrire n'est pas sans m'épouvanter. Mais pourvu que je me sois fait comprendre, je me déclare satisfait.

C'est à cette manie de « modernisme » que nous devons le fameux *Petit épicier de Montrouge*, que l'on a tant reproché à Coppée, et ces ébauches d'intérieur, à la flamande, que Charles Cros a parodiés en de véritables caricatures poétiques aussi amusantes que spirituelles.

L'œuvre complète de Coppée comporte déjà plus de vingt mille vers, et ce serait faire acte de présomption que de vouloir analyser cette œuvre immense, qui suffirait à la gloire de tant de jeunes « nourrissons des Muses ». Les *Humbles*, les *Intimités*, *Promenades et Intérieurs*, sont l'expression la plus frappante de cette « modernité » qui est l'originalité du poète. Il aime les pauvres et les laborieux, ceux dont la vie s'écoule, inconnue des puissants de la terre, au fond des boutiques obscures, dans les mansardes délabrées. Il a erré dans les populeux faubourgs de ce Paris énorme, où l'observateur, à chaque pas découvre un tableau et recueille un souvenir; il a vu déjà ces familles réunies autour de la table frugale, ces fillettes, seules dans le grenier, où, quoi qu'en dise Béranger, on est fort mal, même à vingt ans. D'un trait de plume, il peint ces physionomies caractéristiques de notre temps, et sa prévoyance devine l'atome de poésie qui flotte au-dessus de ces existences, à l'insu même de ces épopées bourgeoises. *L'Enfant*, par exemple, est un chef-d'œuvre d'un sentiment exquis, et laisse une impression d'amère douleur : c'est l'expérience du savant d'autrefois : *in anima vili*.

François Coppée a été soldat pendant le siège. De là *la Lettre d'un mobile breton* et des autres pièces du *Cahier rouge*, où vibre l'amour de la patrie. Peut-être faudrait-il ne pas être obligé de célébrer le patriotisme d'un poète : où la poésie trouverait-elle des inspirations, si ce n'est dans cet invincible attachement au sol, dans le respect du drapeau, qui sont attachés au

4

cœur de tout être qui pense, qui sent, par d'infrangibles chaînes? Et pourtant, de nos jours, il faut consigner qu'un homme aime sa patrie, car il en est tant qui sont indifférents à cette idée grandiose, intimement unie à la religion, et qui satisfait l'intelligence, comme celle-ci satisfait l'âme.

Parmi les poèmes de Coppée qui sont devenus populaires, épopées familières ou drames rapides, tels que la *Veillée*, la *Grève des forgerons*, le *Naufragé*, l'*Épave*, la *Marchande de journaux*, il faudrait tout citer. Mais nous nous contenterons de deux pièces qui seront certainement appréciées par nos lecteurs, et montreront à quel point le sentiment religieux le plus pur est resté vivant dans l'âme du poète.

UN ÉVANGILE

I

En ce temps-là, Jésus, seul avec Pierre, errait
Sur la rive du lac, près de Génézareth,
A l'heure où le brûlant soleil de midi plane,
Quand ils virent devant une pauvre cabane,
La veuve d'un pêcheur, en longs voiles de deuil,
Qui s'était tristement assise sur le seuil,
Retenant dans ses yeux la larme qui les mouille,
Pour bercer son enfant et filer sa quenouille.
Non loin d'elle, cachés par des figuiers touffus,
Le maître et son ami voyaient sans être vus.

II

Soudain un de ces vieux dont le tombeau s'apprête,
Un mendiant, portant un vase sur sa tête,
Vint à passer, et dit à celle qui filait :
« Femme, je dois porter ce vase plein de lait
Chez un homme logé dans le prochain village.
Mais, tu le vois, je suis faible et brisé par l'âge.
Les maisons sont encore à plus de mille pas,
Et je sens bien que, seul, je n'accomplirai pas
Ce travail, que l'on doit me payer une obole. »

III

La femme se leva sans dire une parole,
Laissa, sans hésiter, sa quenouille de lin
Et le berceau d'osier où pleurait l'orphelin,
Prit le vase, et s'en fut avec le misérable.

IV

Et Pierre dit :
   « Il faut se montrer secourable,
Maître ! mais cette femme a bien peu de raison
D'abandonner ainsi son fils et sa maison
Pour le premier venu qui s'en va sur la route.
A ce vieux mendiant, non loin d'ici, sans doute
Quelque passant eût pris son vase, et l'eût porté. »
Mais Jésus répondit à Pierre :
      « En vérité,
Quand un pauvre a pitié d'un plus pauvre, mon Père
Veille sur sa demeure et veut qu'elle prospère.
Cette femme a bien fait de partir sans surseoir. »

Quand il eut dit ces mots, le Seigneur vint s'asseoir
Sur le vieux banc de bois, devant la pauvre hutte ;
De ses divines mains, pendant une minute,
Il fila la quenouille et berça le petit ;
Puis, se levant, il fit signe à Pierre, et partit.

Et, quand elle revint à son logis, la veuve,
A qui de sa bonté Dieu donnait cette preuve,
Trouva — sans deviner jamais par quel ami —
Sa quenouille filée et son fils endormi.

VINCENT DE PAULE

I

Monsieur Vincent de Paule, aumônier des galères,
Vieux prêtre humble de cœur et de mœurs populaires,
Quand il vient à Paris, demeure à l'hôpital
Du couvent qu'a fondé madame de Chantal.
Sa chambre n'a qu'un lit et deux chaises de paille ;
Et l'unique tableau, pendu sur la muraille,
Représente la Vierge avec l'Enfant Jésus,
Tout entier aux projets pieux qu'il a conçus,
Le saint prêtre est toujours en course ; il se prodigue,
Et revient tous les soirs, épuisé de fatigue.
Le zèle ne s'est pas un instant refroidi
De l'ancien précepteur des enfants de Gondi.
Quand il a visité la mansarde indigente,
Il s'en va demander l'aumône à la Régente,
Il sollicite, il prie, il insiste, emporté
Par son infatigable et forte charité,
Recevant de la gauche et donnant de la droite.
Pourtant il est malade et vieux ; et son pied boite.
Car, afin d'obtenir la grâce qu'il voulait,
Il a traîné six mois la chaîne et le boulet

D'un forçat innocent dont il a pris la place.
Déjà dans les faubourgs la pauvre populace,
Qui connaît bien son nom, et qui le voit passer
Le long des murs, alors qu'il vient de ramasser
Un nouveau-né jeté sur la borne et qu'il sauve,
Commence à saluer ce bonhomme au front chauve,
Et le suit en chemin d'un œil reconnaissant.

II

Mais, ce soir, vers minuit, le bon monsieur Vincent,
Regagnant son logis chez les Visitandines,
Au moment où les Sœurs sont à chanter matines,
Traîne son pied boiteux d'un air découragé.
Tout le jour, bien qu'il soit souffrant, qu'il soit âgé,
Sous une froide pluie il a couru la ville.
Certes, on l'a reçu d'une façon civile ;
Mais il demande trop, même aux meilleurs chrétiens,
Pour ses enfants trouvés et ses galériens ;
Et plus d'un poliment déjà s'en débarrasse.
Tout l'argent de la reine est pour le Val-de-Grâce,
Et Mazarin, si fort pour dire : « Je promets »,
Devient, en vieillissant, plus ladre que jamais.
C'est donc un mauvais jour ; mais enfin le pauvre homme
Revient en se disant qu'il va faire un bon somme,
Et se hâte, parmi la bruine et le vent,
Lorsque, arrivé devant la porte du couvent,
Il aperçoit, par terre et couché dans la boue,
Un garçon d'environ dix ans ; il le secoue,
L'interroge ; l'enfant depuis l'aube est à jeun,
N'a ni père ni mère, est sans asile aucun,
Et répond au vieillard d'une voix basse et dure.

« Viens ! » dit Vincent, mettant la clef dans la serrure.

Et, prenant dans ses bras l'enfant qui le salit,
Il monte à sa cellule et le couche en son lit ;

Puis, songeant qu'à minuit, en janvier, le froid pince
Et que sa courte-pointe est peut-être bien mince,
Il ôte son manteau tout froid du vent du nord
Et l'étend sur les pieds du petit qui s'endort.

III

Alors, tout grelottant et très mal à son aise,
Le bon monsieur Vincent s'accouda sur sa chaise,
Et, devant le tableau pendu contre le mur,
Il pria.
  Mais, soudain, la Madone au front pur,
Qui parut resplendir des clartés éternelles,
S'anima. Dans ses yeux aux profondes prunelles,
Brillèrent des regards qu'ils n'avaient jamais eus ;
Et, dégageant son cou des bras du doux Jésus
Qu'elle tenait d'abord serré sur son épaule,
Elle tendit l'enfant à saint Vincent de Paule,
Et, d'un accent rempli de céleste bonté,
Lui dit :
  « Embrasse-le. Tu l'as bien mérité. »

Quelques passereaux indiscrets ont chanté que le poème d'*Olivier* est une autobiographie. Ce n'est pas absolument exact. Il est plus vrai de dire que c'est l'œuvre dans laquelle le poète a mis le plus de lui-même. On le connaît gai, riant, enjoué, mais au fond l'incurable mélancolie le dévore, de cet isolement, de ce repliement sur soi-même, auxquels sont condamnés les poètes, ces beaux chanteurs, emprisonnés dans une cage d'or et dont les hymnes d'amour ravissent, mais qui, dans ce treillage enguirlandé de verdure, ont la nostalgie des branches feuillues, des frondaisons orgueilleuses et du ciel bleu si vaste.

Et puis que dire de soi-même à la foule curieuse des sensations d'autrui. A quoi bon laisser échapper une plainte? « Le poète, a dit Georges Rodenbach, dans une page qu'il faut reproduire, parce qu'elle est une assez vive expérience de psychologie, « le poète avait aimé et souffert, puisque, selon la belle expression d'Euripide, « l'amour est à la fois ce qu'il y a de plus doux et de plus amer. » Aussi se faisait-il illusion à lui-même, en croyant voir ses vers, planer et chanter comme des oiseaux, en plein ciel, au-dessus des agitations humaines; c'étaient, à la vérité, de tendres et plaintives colombes qui avaient porté des messages amoureux sous leurs ailes, comme celles d'Anacréon, ou qui avaient souillé leur blancheur, en se reposant sur les fenêtres et les toits de la grande ville. Le poète, avait souillé, lui aussi « les saintes blancheurs de son âme, » il s'était envolé au pays fabuleux, cherchant la contrée bienheureuse où l'on s'aime toujours, et, comme Moïse, il était redescendu plus pâle et plus triste de la montagne, après n'avoir qu'entrevu la terre promise. Et dans la poursuite ardente de sa chimère, il avait cherché la perle dans le fumier; il s'y était épuisé et flétri, et voici qu'à présent il avait honte, comme l'hermine qui va mourir dans son trou, parce que sa robe neigeuse est salie, ou plutôt, il veut se soustraire « à ces hideuses besognes qu'on fait à la fin malgré soi, » et se racheter par un chaste et original amour. C'est une note très caractéristique des poésies de Coppée. Il y a dans ce cœur une lutte incessante, un flux et un reflux; le prisonnier veut secouer ses chaînes, cette fois, il veut aimer, aimer avec le cœur, et s'agenouiller devant une blanche fiancée pour lui murmurer tout bas les choses des cœurs primitifs. Hélas ! bientôt le passé revient. Pauvre poète ! les amours idéales se sont toutes envolées, flétries, décolorées, en ne lui laissant qu'un peu de poudre d'or aux doigts. Mais la faute n'en est-elle pas aux papillons, qu'à peine atteint l'insecte perd son éclat, et le rêve sa magie ? Nous tous, les chercheurs de chimères, nous avons senti cette souffrance, et nous avons pleuré en comparant au bonheur qu'on atteint, le bonheur que l'on rêve [1].

Si poète parisien qu'il soit, sincère, bon homme, habile à peindre la vie et les spectacles urbains, François Coppée a voulu, comme Victor Hugo, Leconte de l'Isle et Vigny, écrire, dans ses Récits épiques, la légende de l'histoire. Il y a révélé de nouvelles qualités de science, de force, d'énergie. *Le Pharaon* est vraiment un bas-relief égyptien d'une couleur étonnante ; l'*Evangile*, que nous venons de citer, a la simplicité douce et grave de la Bible ; la *Vision de saint Vincent de Paul* est un délicieux fabliau ; le *Liseron*, la *Tête de la Sultane*, ont l'ampleur et le lyrisme superbe des plus belles inspirations d'Hugo. L'*Exilée*, la *Prise de voile*, *Jeunes filles,* nous ramènent à la poésie de sentiment, d'un ton moins farouche et plus agréable sans doute à ceux qui veulent s'attendrir. Mais nous aimons par dessus tout les rois à la barbe fleurie, les despotes hiératiques, les visions des âges les plus reculés, les guerriers bardés de fer, le moine Ephrem, le reître Gunter, et cet impassible Sennachérib, que ses fils égorgent. Il y a là une grandeur romantique, un accent

---

1. GEORGES RODENBACH, *La Jeune France.*

de brutale énergie qui nous enchante, et nous eussions voulu que même après la *Légende des siècles*, Coppée continuât de suivre cette voie, où un caprice d'un instant l'avait engagé.

Quand j'aurai dit les titres de quelques pièces de circonstances, la *Bataille d'Hernani*, la *Maison de Molière*, *Plus de sang*, et du recueil des *Poésies modernes*, j'aurai nommé à peu près toute l'œuvre poétique du maître, et je pourrai, avant d'aborder son théâtre, parler un peu de sa prose, car il est aussi prosateur, et sinon des plus maniérés, du moins des plus fins et des plus pénétrants. Il a écrit un roman, *Une Idylle pendant le siège*, et deux volumes de *Contes*. Sa langue n'a pas les raffinements étranges que les Goncourt imposent à la leur, la sécheresse et la brutalité de celle de Zola, ou les recherches brillantes des romantiques du second empire, épaves de 1830. Elle est simple, claire, forte; elle évite les épithètes redondantes, les équivoques précieuses, les ellipses bizarres. Moins pimpant que le style de Daudet, préoccupé de charmer les femmes, le style de Coppée a pourtant ce charme délicat, cette harmonie élégante, qui plaisent à tous les jeunes, épris de la forme. Il met ces qualités au service d'idées justes, positives; ses fictions touchent à la réalité, et s'il n'est pas naturaliste, il ne cesse pas d'être naturel. Il aime néanmoins les faits héroïques, les caractères d'exception, et tel de ses contes est d'une observation très profonde, ne serait-ce que cette lamentable aventure d'une fillette éprise du comédien Saint-Amand.

Coppée n'est pas journaliste... heureusement. On lui a reproché avec beaucoup d'aigreur, et malgré les excellentes raisons qu'il en donnait, d'avoir abandonné, après son élection à l'Académie, le feuilleton dramatique de la *Patrie*. On n'a pas compris qu'il voulait désormais se consacrer à des œuvres plus littéraires, plus hautes. Le métier de critique n'a rien qui puisse séduire une âme bienveillante ou un esprit sceptique. Il faut être passionné comme Barbey d'Aurevilly, ou curieux d'analyse comme Claretie, ou tout à fait épris de sa fonction comme La Pommeraye et Sarcey, pour exposer cinquante-deux fois par année, et durant des années, son opinion sur les drames qui se succèdent, chaque semaine, sur la scène de nos vingt théâtres. Qu'un poète se condamne à cette besogne, d'ailleurs infiniment honorable et utile, mais qui veut de la conviction, autrement que pour s'initier aux arcanes de l'art dramatique, et pour se trouver dans la mêlée des compagnons d'armes, on ne le comprendrait pas. Il n'y a eu certes, dans cette retraite de Coppée, aucun dédain, pour ce travail qu'il avait souhaité naguère : il y a eu quelque lassitude, et aussi la volonté de ne plus juger autrui parce qu'il veut être jugé lui-même.

En effet, personne n'ignore que François Coppée a remporté un des plus grands succès dramatiques de ce temps, à l'Odéon, avec *Severo Torelli*. L'Italie et Florence lui portent bonheur. Le *Passant*, le *Luthier de Crémone*, *Severo*, sont des œuvres italiennes par le charme de la pensée, par la grâce des personnages, par la sonorité du vers, par la puissance enfin de la situation dramatique. Assurément, on pourrait hardiment critiquer, et surtout dans *Severo*, certaines défaillances, et je ferais ici volontiers quelques réserves. Mais il y a des taches au soleil !

Avec *Madame de Maintenon*, avec *Fais ce que dois*, les *Deux Douleurs*, l'*Abandonnée*, le *Trésor*, avec la *Guerre de Cent ans*[1] qui n'a jamais été jouée et ne le pourrait être, paraît-il, voilà déjà bien des œuvres à la scène. Aucune, mieux que *Severo*, n'avait montré ce que peut être Coppée, comme auteur dramatique, et je conçois qu'il ait résolu de se vouer entièrement à cet art du théâtre, qui transporte les foules, et paye le succès, argent comptant.

Peut-être même, prépare-t-il dès maintenant, un grand ouvrage, qui consacrera pour jamais son talent, et qui unira, aux péripéties héroïques des actions légendaires, la grâce et la netteté de la langue poétique moderne[2]. Notre théâtre a bien assez vécu des tragédies creuses, ampoulées, fantastiques, de l'école de 1830. On veut aujourd'hui plus de vérité, ce qu'on appelle, je crois en Italie, le *vérisme*. La convention a fait son temps, les niaiseries sentimentales sont démodées, les thèses solennelles sont ridicules : nous voulons voir palpiter, sous nos yeux, des passions, des sensations, des joies, des souffrances *vraies* ; et la société actuelle offre assez de sujets complexes, terribles ou comiques, aux investigations d'un observateur, aux railleries d'un Aristophane, aux colères et aux terreurs d'un Sophocle.

1. En collaboration avec M. Armand d'Artois.
2. *Les Jacobites*.

IV

Plus heureux que la plupart de ses contemporains, François Coppée n'a jamais eu rien à démêler avec la politique, cette ennemie acharnée et farouche de la littérature. Il n'a point voulu entrer en lice et combattre sous le drapeau d'un parti. Son esprit se refuse aux combinaisons du parlementarisme : il a le bonheur de n'être qu'un Français aimant la France, et point soucieux du triomphe de telle ou telle faction. Il est demeuré fidèle aux principes d'ordre social, de respect aux lois, de patriotisme militant qu'il a, dès l'enfance, appris à honorer. Il ne voit pas plus loin, et ne se tourmente guère des luttes stériles, où notre pays s'agite, sans gloire et sans progrès, depuis tant d'années.

Qu'importe, au surplus ! La poésie console de toutes les misères publiques. Juvénal et Martial gravaient-ils chaque matin, sur des tables de bronze, les satires qu'ils avaient forgées pendant l'horreur des nuits de la Rome antique ? Après eux, ces pages vengeresses ont survécu à travers les siècles. Et peut-être verra-t-on, quelque jour, surgir une Némésis nouvelle. Ce n'est pas Coppée qui brandira le fouet du satirique. Il est ironique et railleur, il ne l'est pas assez, pour cingler de ses vers les corruptions qui nous empoisonnent.

Mais il fait école, et parmi tous les disciples qui viennent saluer en lui un maître, et s'en retournent ayant conquis un ami, peut-être se trouvera-t-il le poète sans pitié, le méprisant assez haut qui flagellera cette fin de siècle si morne, si turpide, si hésitante dans le bien, si féroce dans le mal, qui voit sombrer tant d'espérances, avorter tant de nobles idées, périr tant d'illusions!... Ce vengeur des croyances éternelles, insolemment bafouées par des multitudes stupides, on l'attend!

François Coppée est le poète des jeunes, qui vont à lui et qu'il encourage, qui l'entourent, qu'il défend, qui le lisent et qu'il enchante, qu'il arrache un moment aux déceptions amères d'une existence sans espoir et sans but. Il leur parle de foi, de patriotisme, d'amour, et ne craint pas de laisser monter à ses lèvres le nom de Dieu, proscrit de la langue officielle. Il leur enseigne le respect des croyances et ne les jette pas dans le vertige des incrédulités niaises ou présomptueuses. Il leur apprend à regarder en haut. *Sursum!* Telle est sa devise, un mot qui ordonne et qui prie.

Généreux et bon, il accueille tous ceux qui viennent à lui, ne refuse ni un service, ni un conseil : il n'a pourtant pas un seul ennemi. Aussi est-il véritablement le poète et le maître de la jeunesse française, qui salue en lui

L'accord d'un beau talent et d'un beau caractère!

LÉON GAUTIER

> « *Estote misericordes sicut et Pater vester misericors est!* »

Si je mets au frontispice de cette étude ce précepte, c'est que le trait distinctif de la physionomie littéraire que je veux esquisser est la miséricorde. De quelque façon que vous regardiez M. Léon Gautier, que ce soit comme savant, comme polémiste, comme lettré, comme écrivain, vous reconnaîtrez que c'est un *miséricordieux*. On le lui a cruellement reproché : on lui en a fait pour ainsi dire un vice; bien plus : un péché ! On s'est écrié que sa miséricorde est « une certaine miséricorde, qui n'est pas à la mesure surhumaine et splendide de la miséricorde catholique » ; qu'elle est « un peu facile à larmoyer et à se scandaliser ». Je ne veux pas me souvenir du nom de celui qui a porté ce jugement; il est un ami de celui qu'il accuse, un ami[1] et un compagnon de route, — j'allais dire un compagnon de bataille. On lui a pardonné cette sévérité dictée par un désir peut-être exagéré de plaire à une école où l'on se fait de la miséricorde une idée par trop « surhumaine et splendide ».

Un des plus charmants esprits de ce temps, Alphonse Karr, a formulé — est-ce le mot ? — la doctrine qui domine le caractère de M. Léon Gautier, dans le joli quatrain que voici :

> De leur meilleur côté, tâchons de voir les choses :
> Vous vous plaignez de voir les rosiers épineux ?
> Moi, je me réjouis, et je rends grâce aux cieux
>   Que les épines aient des roses !

Est-ce à dire que notre « miséricordieux » soit de ceux qui veulent et qui peuvent tout pardonner ? qui refusent le combat ? qui enveloppent amis et ennemis dans une tendresse commune, et perdent leur temps à vouloir concilier l'eau et le feu ?... Que non pas ! M. Léon Gautier est un polémiste, et s'il joute à armes courtoises, il n'en frappe pas moins rudement ; il a désarçonné plus d'un adversaire, et — ce qui est infiniment plus difficile — démoli plus d'un préjugé.

C'est une âme aimante : c'est aussi un esprit courageux. Il a en lui un sentiment qui dépasse tous les autres : l'amour de l'Eglise et l'amour infini de la France. Si vous examinez son œuvre déjà considérable, il n'est pas une page que vous ne trouviez marquée de l'empreinte profonde de ce double amour. Quand on aime à ce point, c'est qu'on a désappris de haïr : alors on plaint ses adversaires, on lutte contre eux, on les combat sans trêve ni repos, mais on ne les écrase pas, et tout en frappant, on se rappelle incessamment la grande parole du Maître : « Il y a plus de joie au ciel pour un pêcheur qui se repent, que pour quatre-vingt-dix-neuf justes qui persévèrent. » Et voilà comment et pourquoi mon personnage est miséricordieux.

Il est à peu près impossible de juger un écrivain sans le connaître autrement que par ses écrits. On ne met dans ses livres, si habile soit-on, qu'une bien faible partie de soi-même. On ne traduit jamais sa pensée tout entière; on ne rend pas exactement ce que l'on a conçu. Or ce qui reste ainsi dans l'âme, dans le cœur et dans l'esprit, n'est pas enfoui : on l'épanche par le regard, par le sourire, par la parole, et le peintre devant qui l'écrivain pose sans le savoir, complète par l'examen de l'homme l'analyse de l'œuvre. De telle sorte que si le peintre a du talent, il pourra porter son portrait au modèle, et lui dire, en plagiant Platon : « Reconnais-toi toi-même ».

Je crois donc qu'il est nécessaire, avant d'étudier les nombreux travaux du savant artiste de présenter sa courte et rapide biographie.

M. Léon Gautier est jeune encore : il est né, le 8 août 1832, dans cette ville affairée et commerçante que François Ier établit à l'embouchure de la Seine, qu'il appela *Ville-Françoise* et que le peuple voulut nommer le Havre de Grâce.

Il fit ses études au lycée de Laval, et fut sans doute un écolier comme tous les écoliers, préférant le jeu au travail, la paume à la plume, la « narration » au thème. Il s'est bien rattrapé depuis. Sa vocation pour l'étude se manifesta de bonne heure, unie à un fougueux enthousiasme pour les choses du passé. Il vint à l'Ecole des Chartes, qui n'était pas encore à la mode. Nous l'y trouvons à vingt ans.

L'Ecole des Chartes est une création de la Restauration. Elle fut instituée en 1821, sur la demande du baron de Gerando. On y apprend à connaître les sources de l'histoire, en étudiant avec un soin scrupuleux toutes les sciences qui s'y rapportent et qui en sont les étais et les soutiens : la paléographie, la géographie du moyen âge, le droit coutumier, les langues romanes, la numismatique, le blason, la sigillographie. On s'y imprègne d'un respect sans bornes pour le parchemin et le vieux papier ; on y contracte l'habitude de hérisser de notes, d'appendices, de tables, d'errata, le moindre petit opuscule. Ce n'est pas au moins par moquerie que je répète ces menus propos. Je me contente de penser avec le fabuliste que l'excès en tout est un défaut.

Après avoir soutenu sa thèse — c'était une *Histoire de la poésie latine au moyen âge,* — M. Léon Gautier quitta l'Ecole en 1855 avec le diplôme d'archiviste-paléographe. Il fut chargé par le ministre de l'instruction publique de deux missions en Suisse et en Italie : l'une avait pour but de recueillir la copie des chansons de geste conservées dans ces deux pays ; l'autre de déchiffrer les tablettes de cire de la dépense de l'hôtel du roi Philippe le Bel ; les résultats de cette dernière mission sont consignés dans le tome XXII des *Historiens de la France.* Mais ces travaux et ces voyages ne faisaient que préparer l'entrée en carrière du jeune érudit. Il fut nommé archiviste du département de la Haute-Marne, et après avoir passé deux ans à Chaumont, il entra comme archiviste aux archives de l'empire — devenues archives nationales en 1870.

L'hôtel des archives, l'ancienne et somptueuse demeure des princes de Soubise, est trop voisin de l'Ecole des Chartes pour que M. Léon Gautier n'éprouvât pas souvent la tentation de revoir les bancs où il s'était assis, et les petites salles dont l'atmosphère est saturée de ce parfum de vieux papier si cher aux archéologues, et qu'ils osent préférer aux suaves émanations des fleurs de nos jardins. Il y revint en effet : il y remplit cinq suppléances ; il y fit des cours de diplomatique pontificale, de diplomatique française, de poésie latine. Ces cours furent très remarqués, très suivis, parce que la parole de M. Gautier est chaude, imagée, véhémente, qu'elle possède cette éloquence cordiale qui naît de la conviction. Une chaire lui fut offerte, et peu de temps après les terribles événements qui s'étaient déchaînés sur la France, l'Ecole des Chartes comptait M. Léon Gautier, un de ses meilleurs élèves, au nombre de ses meilleurs professeurs. Il enseigne la paléographie, ce qui n'est pas toujours amusant pour un profane, mais qui enchante sans trêve le savant toujours charmé de déchiffrer les hiéroglyphes de nos pères.

Cette année même, il entrait au Comité des travaux historiques.

Dans cette carrière d'un quart de siècle, M. Léon Gautier a eu l'honneur d'être six fois couronné par l'Académie des inscriptions et belles-lettres : il a obtenu trois fois le second prix Gobert, et le grand prix pour son plus important ouvrage: *Les Epopées françaises*. le second prix Gobert pour la *Chanson de Roland;* le prix Guizot pour l'ensemble de ses travaux sur ce même sujet et récemment enfin le grand prix Gobert de l'Académie française pour *La Chevalerie.*

Il ne manque donc à son profond savoir, à son aimable talent qu'une seule consécration ; mais il l'aura, sans doute, avant qu'il soit peu, car les membres de l'Institut tiendront à honneur d'admettre parmi eux, le vrai et modeste savant dont l'autorité en matière historique est reconnue même par les adversaires de l'idée religieuse. et qui a déjà sa place marquée sous la coupole du palais Mazarin,

Ce qui est prodigieux, c'est que M Léon Gautier, tout en remplissant les devoirs de sa charge aux archives, en préparant et faisant ses cours à l'Ecole des Chartes, ait trouvé le temps de publier vingt-cinq volumes, d'écrire dans le journal *le Monde* plus de six cents articles, de collaborer à la *Revue du Monde catholique*, dont il fut l'un des fondateurs, à la *Revue des Questions historiques*, dont il a été le chroniqueur durant plusieurs années, à la *Bibliothèque de l'Ecole des Chartes*, au *Croisé*, au *Foyer*, à divers autres recueils littéraires ; de s'occuper avec assiduité des œuvres ouvrières, des conférences, de la propagande, enfin de prendre une part si active au mouvement catholique.

Cette existence représente donc une somme énorme de travail, de ce labeur acharné pour lequel on donne comme type le religieux bénédictin. Seulement le bénédictin vit paisiblement au fond de son cloître, entouré de ses livres, les seuls amis qui ne trahissent pas, n'ayant aucun des soucis que font naître les dures nécessités de la vie parisienne, souffrant pour lui-même quand il souffre, et non de la souffrance de tous ceux qui lui sont chers. Tandis que l'homme qui vit dans le monde, assujéti aux lois du monde, obligé à des luttes continuelles, entouré d'enfants qu'il faut élever, d'une famille qu'il faut maintenir au rang où Dieu l'a placée, obligé de remplir ses devoirs de chrétien, d'époux, de père, de chef, de citoyen, doit dérober à la nuit ses heures tranquilles et les dépenser en veilles fécondes, se reposant des fatigues d'une pénible journée, par l'écrasante fatigue de la tâche nocturne. Aussi quand vous rencontrerez un de ces ouvriers de la pensée qui ne quittent pas d'un instant l'opiniâtre labeur dont ils vivent, saluez-le : il y en a si peu parmi tant d'oisifs!

L'œuvre de M. Léon Gautier est complexe : elle comprend des ouvrages d'érudition, d'histoire proprement dite, de critique littéraire, de littérature, de vulgarisation populaire. C'est donc là tout un édifice, et nous avons à examiner aussi bien l'érudit que le poète, l'historien que l'artiste, le lettré que le polémiste. Essayons-nous hardiment à cette tâche ardue. On nous pardonnera notre insuffisance en faveur de notre bonne volonté.

Le but principal que s'est proposé M. Léon Gautier a été la défense de l'Eglise, dans le sens apologétique. Cette idée domine son œuvre tout entière; elle y est passionnément exprimée, et le moins clairvoyant des lecteurs l'y trouve à chaque page. Il s'est proposé, en tant qu'érudit, de faire connaître le moyen âge qu'il aime au delà de ce qu'on peut exprimer, et de vulgariser ces deux grandes et belles choses du moyen âge : la poésie, la prière. Pour la poésie, il a choisi les deux genres les plus considérables : l'épopée romane et la poésie latine liturgique. Il leur a consacré ses deux livres les plus importants : *Les Epopées françaises*, et un ouvrage qui paraîtra plus tard : l'*Histoire de la poésie liturgique*.

Les Epopées françaises sont une longue et savante étude des origines et de l'histoire de la poésie nationale. Elles comportent trois énormes volumes de grand format et se divisent en trois parties : *Origine et histoire; légende et héros ; esprit des épopées françaises*. Dans la première partie, l'auteur raconte les destinées de nos chansons de geste, depuis leur origine jusqu'à nos jours. Il cherche de quels pays elles sont sorties, quelle fut leur formation à travers les siècles, quelles vicissitudes elles ont successivement traversées, sous quels aspects divers elles nous apparaissent dans le passé. Les trois grandes périodes de formation, de splendeur et de décadence servent de subdivision à cette première partie et donnent leurs noms à ses trois livres. Le complément est une liste détaillée de tous les travaux auxquels les épopées de la France ont donné lieu depuis le commencement de ce siècle. Dans la seconde partie sont racontés tous nos romans de chevalerie, toutes nos chansons de geste, d'après les meilleures éditions, surtout d'après les manuscrits, et dans l'ordre le plus logique.

Or, pour faire comprendre l'importance de ce travail, il suffirait de donner ici la nomenclature de ces poèmes populaires, qui réunissent un peu plus de DEUX MILLIONS de vers.

Tout d'abord, une vingtaine d'épopées, dont l'ensemble est appelé la *Geste du Roi*, forment un groupe, une sorte de cycle poétique autour des hauts faits de la famille de Charlemagne, le héros épique par excellence ; je citerai entre autres.

Berte aux grans piés, Fierabras, Otinel, Gui de Bourgogne, la Chanson de Roland, Gaidon, Anséis de Carthage, Acquin ou la Conquête de la petite Bretagne, Jehan de Lanson, Simon de Pouille, le Voyage à Jérusalem, la Chanson des Saisnes ou Vitikind de Saxe, Huon de Bordeaux.

Vient ensuite la *Geste de Garin de Montglane* qui comprend, avec d'autres :

Garin de Montglane, Girart de Viane, Aimeri de Narbonne, la Prise d'Orange, Aliscamps, Foulque de Candie.

Neuf ou dix épopées seulement composent la *Geste de Doon de Mayence*, et parmi celles-ci :

Doon de Mayence, Gaufrey, Aye d'Avignon, Gui de Nanteuil, Parise la Duchesse, Maugis d'Aigremont, Vivien l'amachour de Monbranc, les Quatre fils Aimon, ou Renaud de Montauban.

En dehors de cette savante division on pourrait placer :

Le *Cycle de la Croisade*, la *Geste des Lorrains*, la *Geste du Nord*, la *Geste bourguignonne*, la *Geste anglaise* et plusieurs autres encore. M. Gautier fait connaître exactement les péripéties principales, toute l'action et tous les héros des épopées françaises. Il indique leurs sources historiques, suit à travers les temps les déformations de la légende primitive, signale enfin tous les rapports qui existent entre la vérité et la poésie.

La troisième partie analyse l'esprit, les idées des

épopées françaises, toutes leurs doctrines religieuses, politiques, morales.

Je suis à peine parvenu à donner une faible esquisse de ce livre admirable qui, à lui seul, suffirait à placer M. Léon Gautier au premier rang de nos érudits, de nos critiques, de nos littérateurs. C'est un monument élevé à nos gloires chevaleresques. Il expose, en un style chaleureux et brillant, l'histoire littéraire de quatre siècles, qui avaient toujours paru, aux ignorants de notre époque, plongés dans les ténèbres épaisses d'une barbare ignorance.

Mais il ne suffisait pas d'apprendre aux Français qu'ils possèdent une poésie nationale contemporaine des premiers temps de leur histoire. Il fallait en donner un modèle, et c'est alors que M. Léon Gautier publia la *Chanson de Roland*, qui obtint un si beau succès qu'en outre des éditions de luxe, magnifiquement ornées, on a dû en faire une édition classique, destinée aux étudiants, car le poème de Roland est rapidement devenu classique, au même titre que l'*Iliade*, l'*Odyssée* et l'*Enéide*, quoiqu'il eût été oublié durant trois ou quatre cents ans. Ce poème est le récit de la mort de Roland, qui, après avoir donné lieu à des chants lyriques populaires, se condensa, vers la fin du onzième siècle, en un poème épique. En voici le sujet :

Le 15 août 778, dans un étroit défilé des Pyrénées, non loin du lieu qui est encore aujourd'hui connu sous le nom de Roncevaux, se déroula un drame terrible, dont la chrétienté tout entière devait longtemps garder la mémoire. Le roi des Francs, Charles, revenait de cette expédition d'Espagne où il n'avait été qu'à moitié vainqueur. Dans son arrière-garde, on voyait toute l'élite de sa cour : le comte du palais, Anselme ; Eginhard, le prévôt de la table royale ; Roland, le préfet de la marche de Bretagne ; et cent autres.

La grande armée était passée sans encombre.

Mais, au moment où l'arrière-garde arrivait en cet endroit de la montagne* qu'indique la petite chapelle d'Ibagneta, des milliers d'hommes sortirent tout à coup des bois touffus dont cette partie des Pyrénées est couverte, et se jetèrent à l'improviste sur les soldats de Charles. Ces agresseurs inattendus, c'étaient les montagnards gascons, que tentait l'espoir d'un gros butin. Ils précipitèrent les Francs dans le petit vallon qui est là, tout près, afin de se donner la joie de les égorger plus à l'aise, et ils les massacrèrent jusqu'au dernier.

L'histoire ajoute que ce crime demeura impuni, et que Charles en ressentit une longue et cruelle douleur. Mais après l'histoire, vint la légende, qui se mit, tout aussitôt, à travailler sur ce fait profondément épique. Elle commença par en exagérer les proportions, qui étaient déjà considérables. Elle supposa ensuite que les Français avaient été trahis par un des leurs, et inventa un traître auquel fut un jour attaché le nom de Ganelon. Elle établit des rapports de parenté entre Charlemagne et ce Roland, dont elle fit décidément le héros de tout le drame. Puis elle perdit de vue les véritables vainqueurs, qui étaient les Gascons, pour mettre cette victoire sur le compte des Sarrazins, qui étaient peu à peu devenus les plus grands ennemis du nom chrétien. Et, enfin, ne pouvant s'imaginer qu'un tel crime fût resté sans châtiment, la légende raconta tour à tour les représailles de Charles sur les Sarrazins et sur le traître Ganelon ; car, dans une épopée comme dans un drame, il faut, de toute nécessité, que l'innocence soit récompensée et le crime puni.

La *Chanson de Roland* est sortie tout entière de ces huit mots d'Eginhard : *In quo prælio Hurolandus, limitis Britanici præfectus, interficitur.* Telle qu'elle nous est parvenue, on peut affirmer qu'elle est postérieure à la conquête de l'Angleterre par les Normands (1066), et antérieure à la première croisade (1096). Le manuscrit auquel M. Gautier a pris le texte de la *Chanson* est conservé à la Bibliothèque Bodléienne, à Oxford.

Dans l'édition classique de notre grande épopée, M. Léon Gautier est arrivé à restituer la véritable *Chanson de Roland* normande, en rétablissant le texte du vieux poème, d'après les lois de la phonétique, de la grammaire et de la versification : il l'a ramenée à l'unité orthographique et a comblé, par d'immenses recherches, les lacunes du manuscrit d'Oxford. Il a mis en regard du texte une traduction française en prose, et au bas de chaque page, a placé un *commentaire* réservé à toutes les observations historiques, archéologiques et littéraires. Il ajouté à cet énorme travail, quatre *éclaircissements* qui ont pour but la légende de Charlemagne ; l'histoire poétique de Roland, le costume de guerre, et la géographie ; plus un *Glossaire* et une grammaire. C'est donc là une œuvre complète, parfaitement vulgarisatrice, et qui restera comme le type du bon ouvrage classique.

La publication des *Epopées françaises* et de la *Chanson de Roland* a été, pour ainsi dire, une révélation. Ce siècle, qui sera nommé celui de la révision historique, aura mis au jour les plus précieux documents de notre littérature nationale. Beaucoup de lettrés ne voulaient pas remonter au delà du dix-septième siècle, et ne voyaient nos écrivains que dans ce merveilleux cortège dont Bossuet, Corneille et Racine ont entouré le grand Louis XIV ; quelques-uns daignèrent reconnaître la pléiade qui régna avec les Valois ; mais nul ne voulait traverser l'obscurité compacte des siècles de fer, et admirer ces poètes du moyen âge que M. Léon Gautier et l'école dont il fait partie ont tout à coup remis en lumière. C'est un service immense rendu aux lettres, c'est un bel acte de patriotisme que d'avoir, battant les préjugés, ressuscité nos épopées, nos chansons de geste, de les avoir audacieusement comparées aux épopées d'Homère et de Virgile ; d'avoir dit, enfin, combien il est honteux que la France, lasse du poète grec et du poète latin, mais s'obstinant à les célébrer par routine, ignorât des œuvres aussi puissantes, aussi inspirées que les leurs, et dont sa propre histoire avait fourni les éléments. M. Léon Gautier a donc été l'un des chefs de ce mouvement, qui ne fait qu'augmenter ; l'un des précurseurs — le mot est juste — de tout un nouveau système littéraire.

En parallèle de la *Chanson de Roland*, le plus beau poème épique du moyen âge, M. Léon Gautier a publié les œuvres d'Adam de Saint-Victor, le plus grand poète liturgiste du moyen âge. Avoir trouvé le secret d'enrichir la langue latine d'une nouvelle versification brillante, sonore, originale, et, quand cette langue avait déjà produit une poésie fondée sur la *métrique* ou la *quantité* des syllabes, la forcer pour ainsi dire, en sa forte vieillesse, à en produire une seconde sur le *syllabisme* et la rime, c'est-à-dire sur des caractères tout opposés à ceux de l'ancienne poésie; avoir ainsi contraint le même arbre à se couvrir tour à tour de deux moissons de fruits qui n'eurent ni la même apparence, ni la même saveur, voilà ce que firent les poètes du douzième siècle, achevant les essais de ceux du onzième; et comme on peut dire, avec dom Guéranger, qu'Adam de Saint Victor a été le prince de ces poètes, voilà ce qui fait la gloire singulière de celui auquel le savant professeur a consacré deux volumes, qui sont presque l'histoire de la poésie latine au moyen âge.

Dans tous ces ouvrages, qu'il serait téméraire de vouloir analyser, M. Léon Gautier s'est préoccupé infiniment de rendre l'érudition facile et agréable : un de ses rêves est de mettre les femmes et les enfants à même de lire les textes : il est passionné pour la vulgarisation, et s'efforce de rester clair et lisible même au milieu d'une forêt de notes et de commentaires. Chose étonnante! il y réussit. Il a beau être savant, il reste poète; il ne nous fait grâce d'aucune explication, et toujours il est artiste; sa phrase est limpide, précise, mais élégante et souvent riche. Il rappelle Michelet, qui fit des six premiers volumes de son *Histoire de France* autant de chefs-d'œuvre.

M. Gautier a consacré une étude intéressante à l'idée religieuse dans la poésie épique du moyen âge. Il y compare, à ce point de vue, nos épopées à l'épopée grecque et surtout à l'épopée indienne, dont les nôtres se rapprochent le plus. Après avoir particulièrement retranché ce que ces différentes poésies avaient pensé de Dieu, avaient pensé de l'homme, il conclut que la comparaison tourne à l'avantage de nos vieilles chansons, le premier essai de poésie populaire qui mérite d'être signalé dans le monde ancien depuis près de deux mille ans, et dans l'Occident latin depuis le triomphe de l'Eglise. Chez les Grecs, on constate un polythéisme révoltant et ridicule, à côté d'un fatalisme dont le bon sens d'Homère n'a pas triomphé complètement. Chez les Indiens, ce sont bien d'autres ténèbres : un polythéisme dégradant, des obscurités laides, et pour couronner tant d'erreurs haïssables, le dogme niais et honteux de la métempsycose. Donc, au point de vue religieux et philosophique, nos épopées ont sur celles de la Grèce et de l'Inde une supériorité incontestable. La raison n'en est pas difficile à trouver : c'est qu'elles sont chrétiennes.

En histoire, M. Léon Gautier a pour double objectif l'Eglise et la France ; il les a étudiées toutes deux, avec amour, dans leurs époques de transition.

Dans ses *Etudes historiques pour la défense de l'Eglise*, livre trop court, qui renferme pour ainsi dire la synthèse de l'enseignement historique de notre école, il donne une très belle définition de l'histoire : « *L'histoire*, dit-il, *est le récit des rapports mutuels de Dieu et de l'homme dans le passé.* » Il résulte de cette définition qu'avant de commencer l'étude de cette science, il faut bien connaître ces deux termes nécessaires de toute histoire : Dieu et l'homme. Sans la science de ces rapports surnaturels, les faits se succéderont stupidement devant nous, sans se relier à rien, sans se relier entre eux. La théologie et la philosophie catholiques sont les prolégomènes nécessaires de tout livre d'histoire. En tête de chacun de ces livres, il en faudrait écrire au moins les principes divins : avec eux nous aurons la lumière, et sans eux le chaos. Après avoir examiné quel est le but de Dieu relativement à l'homme, nous arrivons à cette seconde partie de la définition de l'histoire : « *L'histoire est le récit des efforts de Dieu pour sauver tous les hommes et les conduire à l'éternelle béatitude.* »

M. Léon Gautier a appliqué ces principes dans une biographie de Benoît XI, qui est en même temps et surtout une étude sur la papauté au commencement du quatorzième siècle. Il fait précéder cette étude d'une esquisse du règne de Boniface VIII, dans laquelle il réfute vigoureusement M. Henri Martin, qui n'a pas voulu voir que, suivant le mot de lord Byron : « La vertu reste immobile comme le soleil, et tout ce qui tourne autour d'elle en reçoit la vie, la lumière et l'éclat. »

Attaché à la rédaction du *Monde* depuis 1860, c'est-à-dire au moment où le gouvernement impérial frappait d'ostracisme MM. Louis et Eugène Veuillot et supprimait l'*Univers*, M. Gautier publia successivement : *Etudes littéraires pour la défense de l'Eglise;* — *Etudes et controverses historiques ;* — *Portraits littéraires;* — *Portraits contemporains et questions actuelles;* — *Lettres d'un catholique.*

Il serait difficile d'analyser tous ces livres, dont l'intérêt est pourtant considérable, puisqu'ils sont absolument l'histoire littéraire de notre temps. Mais nous devons en retenir deux, qui ont un intérêt spécial, en ce sens qu'ils déterminent précisément les tendances de M. Léon Gautier. En effet, celui-ci, depuis 1866, s'est nettement séparé de plusieurs de ses collègues sur un certain nombre de points, comme par exemple la distinction de la religion et de la politique, l'amour de notre temps, la place faite à l'ordre naturel, la pratique de la science, et la miséricorde à l'égard des personnes. M. Léon Gautier, en restant ce qu'il a toujours été, un ultramontain, un infaillibiliste de la veille et de l'avant-veille, ne manque jamais à exprimer ces idées ; il n'y manque dans aucun de ses articles : c'est son but principal, ardemment désiré, et il poursuit cette lutte avec un courage digne de sa cause.

Mais ces sentiments se trouvent plus fortement accentués dans l'Introduction des *Portraits littéraires*, et surtout dans les *Lettres d'un catholique*. « Malgré tout, j'aime mon siècle, s'écrie-t-il ; j'aime ce qu'il y a de légitime en ses aspirations et en ses désirs ; j'aime, par leurs grands côtés, la science, la poésie et l'art contemporains, et je souhaiterais les réconcilier avec la sainte Eglise romaine, ma mère, que j'aime bien plus encore et par dessus toutes choses. *Ultramontain de la veille*, j'ai toujours mis quelque obstination à rester en dehors de tout parti politique et littéraire. Je n'ai jamais voulu et ne veux être que catholique : catholique très romain, fort vivement épris de la charité, respectant le passé et espérant en l'avenir. »

Le catholique ne doit pas seulement aimer la science, affirme M. Léon Gautier : il doit se passionner pour elle, car il est par excellence « l'homme universel », et ce noble nom de catholique n'a jamais eu d'autre signification. Aucune question ne saurait être étrangère à notre foi, puisque la science n'est autre chose qu'une participation au Verbe éternel. « Penché sur les chroniques et sur les chartes, le catholique doit toujours avoir l'esprit en éveil et se tenir obstinément au courant des dernières découvertes de la science, et surtout des dernières harmonies qu'on a solidement établies entre la doctrine de l'Eglise et tant de découvertes merveilleuses.

» Assuré que l'Eglise ne peut errer, le catholique pousse de véritables cris de joie quand il lui est donné de constater une fois de plus le parfait accord, souvent caché, toujours réel, qui existe entre la science et la foi. Il vit au milieu du siècle de la critique, il le sait, ne s'en désole point et n'hésite pas à proclamer très haut que le dernier mot de la critique sera Dieu. Jamais il n'est troublé dans sa foi par le langage des érudits ; s'ils affirment quelque chose de contraire à sa croyance, il lève les yeux au ciel, raffermit son courage, et se dit que tel est en réalité l'état actuel de la science, mais que la science varie et que peut-être elle en viendra demain à adorer ce qu'elle brûle aujourd'hui. Puis il se remet à ses labeurs d'un front absolument tranquille et n'en aime moins vivement ni la science, ni les savants. Il attend, il espère, il est certain ! »

Combien ce langage est éloquent ! Mais à qui en a M. Léon Gautier?

Est-il un seul catholique dont ces idées ne soient les idées ! Assurément, il n'en est aucun qui ne partage des opinions aussi élevées et véritablement dignes d'un esprit chrétien. Je serais peut-être moins facilement de l'avis de M. Léon Gautier, lorsqu'il se déclare partisan d'un nouveau système d'éducation, qui ferait de nos jeunes filles des *blue stocking*. Il voudrait les instruire davantage : leur apprendre non pas l'histoire seulement, mais encore la philosophie de l'histoire, les sciences physiques et naturelles, que sais-je? Sans doute l'âme de la femme est devant Dieu l'égale de celle de l'homme, et rien n'est moins démontré que son infériorité intellectuelle. Mais n'est-ce pas incliner vers les fâcheuses tendances d'un siècle qui a voué un culte par trop exclusif à la femme, que de se préoccuper à ce point d'agrandir outre mesure le cercle de l'éducation des filles, alors que nous avons sur ce sujet le plus admirable de tous les traités, celui de Fénelon? L'Ecriture sainte, en nous donnant le sublime portrait de la femme forte, a donné à la fille, à la mère, à l'épouse chrétienne le meilleur modèle dont elles se puissent inspirer. Leur rôle est tracé : elles n'ont besoin, pour s'y conformer, ni de grec ni de latin (encore que M. Gautier veuille qu'on apprenne le latin aux jeunes filles ;) que leur esprit soit suffisamment cultivé pour qu'elles tiennent convenablement leur place au foyer de la famille, dans le rang où Dieu les a placées, c'est assez.

Plus loin M. Léon Gautier dit encore :

« Certains catholiques montrent je ne sais quelle timidité à entrer dans le riche domaine de l'histoire ; leurs yeux y sont douloureusement frappés par le spectacle de quelques scandales, de quelques abus qu'ils hésitent à publier, dont ils n'osent pas faire un aveu trop public. Je trouve dans leur hésitation l'occasion de signaler la sincérité absolue comme le second caractère du journalisme catholique. Oui, nous devons tout dire. »

La pensée de M. Gautier est enfin complète, ou plutôt résumée par ce programme : « Concilier avec les doctrines romaines les plus pures, avec l'obéissance la plus entière à l'Encyclique et au *Syllabus*, tout ce qu'il y a de légitime dans les tendances et les aspirations de notre temps. Pourquoi n'aimerions-nous pas notre siècle, pourquoi lui préférer soit les périodes les plus ingrates du moyen âge, soit le siècle de Louis XIV. En réalité, quel siècle a désiré, a cherché la vérité avec une ardeur plus douloureuse et souvent plus méritoire? Quel siècle a jeté de plus profonds, de plus beaux soupirs vers cette vérité libératrice que nos contemporains ont eu le malheur de ne pas toujours découvrir, hélas! et de méconnaître trop souvent? Quoi qu'il en soit, le mauvais rire du siècle dernier a été remplacé dans nos âmes agrandies par une noble anxiété au sujet de la lumière que nous nous obstinons à vouloir conquérir.

» Est-il un siècle où le mouvement religieux ait été plus universel et plus grand? où les missions aient été plus nombreuses, plus utiles, plus satisfaisantes par les résultats? Au point de vue scientifique, est-il admissible qu'on le puisse seulement comparer aux siècles précédents? Les merveilles de la nature sont analysées avec une prodigieuse exactitude; la grandeur, la sagesse et la providence de Dieu éclatent de plus en plus vivement dans les yeux mêmes qui se fermaient le plus obstinément pour ne les point apercevoir. La géologie élève la voix et confirme la Genèse; l'histoire élève la voix et glorifie l'Église... La littérature et l'art étaient jadis une fiction, un passe-temps, un plaisir destiné à faire agréablement passer une heure ou deux ; quelques esprits privilégiés, ceux des princes et des Mécènes, étaient seulement appelés à jouir de ce luxe, de ce superflu. Aujourd'hui l'art et la littérature sont universellement considérés comme l'expression du beau au service du vrai. Le poète n'est plus regardé comme un amuseur : il a charge d'âmes. « Dire ce que l'on pense, écrire ce que l'on dit », voilà désormais la loi du style. La convention et le séparatisme ont été bannis d'une littérature qu'ils ont trop longtemps déshonorée. Au lieu de dix esprits d'élite qui se plaisaient aux lettres, nous en avons aujourd'hui plus de mille qui s'en occupent et les comprennent. »

Je me suis trop longuement étendu sur l'introduction aux *Portraits littéraires* pour pouvoir parler longuement des *Lettres d'un catholique*, qui en sont d'ailleurs le développement, et qui méritent d'être lues et méditées, car elles renferment d'excellentes idées. Il y a là un vrai bouquet de pensées généreuses, d'aspirations vers le bien, de beaux et nobles sentiments, exprimés avec cette verve cordiale qui a dicté à M. Gautier deux de ses livres les plus charmants : *Le voyage d'un catholique autour de sa chambre*, et l'*Amour chrétien dans le mariage*.

Celui-ci est une réponse à l'*Amour*, de Michelet. On y sent une âme épanouie aux rayons de l'éternelle beauté, toute vibrante des sensations intimes, tout émue des délicatesses du cœur. Il y a là une poésie à la fois ardente et gracieuse, qui sait tout dire, et faire aimer tout ce qu'elle aime. Cette partie de ma tâche m'est la plus difficile : je comprends mieux que je ne puis traduire, et je ne vois pas que le critique de pareils livres puisse faire autre chose que les offrir au lecteur. Ces pages attendries, imprégnées de je ne sais quels doux parfums, évoquant des souvenirs heureux, ouvrant le cœur aux tendresses permises, profondément empreintes du sentiment religieux, ne laissent pas que de troubler, de même que l'odeur pénétrante de l'œillet et du lis finit par étourdir. Ces tableaux pleins de grâces, qui révèlent les joies pures de l'amour chrétien, n'ont de hardi que l'apparence. Mais quels beaux rêves ils font naître, et comme ils reposent des peintures vicieuses auxquelles se complaisent les littérateurs qui ont osé traiter de l'amour !

Il me reste à dire quelques mots des œuvres populaires de M. Gautier. Il s'est occupé beaucoup des Cercles d'ouvriers, des œuvres de charité. Il a fait de nombreuses conférences, dont quelques-unes ont été fort remarquées, entre autres l'*Appel aux gens de bien*: mentionnons aussi des brochures de propagande : l'*Histoire de la charité*, l'*Histoire des corporations ouvrières*, l'*Église et la misère*, l'*Église et l'Ignorance*. Dans chacun de ses opuscules, on rencontre ce vif désir de prosélytisme, cette ardeur à faire connaître et aimer l'Église, cette éloquence vive et passionnée, qui sont les caractères distinctifs de son talent.

M. Léon Gautier, comme érudit, est une des gloires de l'Ecole des Chartes ; il est, comme historien, un des meilleurs apologistes du catholicisme ; en tant que poète et critique, il fait honneur à la presse catholique. Une longue et belle carrière s'ouvre devant lui : il est à l'âge où l'on a la pleine possession de soi-même, où l'on possède la maturité de jugement, le savoir, l'autorité nécessaire pour concevoir et exécuter de grandes œuvres.

PAUL FÉVAL

Loin du bruyant Paris des boulevards, du Paris artiste du parc Monceau, du Paris financier de la Bourse, du Paris savant du Quartier Latin, du Paris aristocratique de ce faubourg Saint-Germain que le baron Haussmann fit éventrer, avec le secret espoir d'éventrer aussi les vieilles fidélités et les antiques souvenirs, — loin du Paris ouvrier, qui travaille, du Paris orphelin et pauvre qui prie, s'élève la montagne des Martyrs, d'où saint Denys aspergea la plaine sillonnée par la Seine, du sang vermeil jaillissant de sa tête fraîchement coupée.

C'est au sommet de cette colline chargée de maisons que Paul Féval a choisi son logis. Un riant pavillon, entre cour et jardin sans ombrage et sans fleurs. On accède à la maisonnette par un perron de quelques marches. Si vous sonnez à la porte, c'est une Bretonne, vêtue de son costume national qui vient entr'ouvrir l'huis.

On vous fait traverser un couloir jadis tendu de vieilles tapisseries, puis un salon jadis de style Louis XIV, orné de deux beaux portraits, puis un petit oratoire, tendu de velours cramoisi, tout illuminé de cires et parfumé de fleurs, et l'on vous introduit enfin dans un vaste cabinet de travail.

Cette pièce révèle aussitôt les goûts et le caractère de celui qui l'habite. Les rideaux et les portières en velours cramoisi sont bordés de larges bandes sur lesquelles une main patiente a brodé, en laines de couleurs vives, et sans faillir aux règles de l'art héraldique, les écussons de toutes les familles nobles de cette illustre et vénérée terre de Bretagne qui tient si fort au cœur du maître de céans. De toutes? Non. Il faudrait avoir à soi les salles des Croisades de Versailles. Mais vous y reconnaîtrez les neuf mâcles de Rohan, les chevrons d'argent de Machecoul, le lion de Clisson, les écus d'Avaugour, de Malestroit, de Goazvenon, de Beaumanoir, de Laval, de Goulaine, de Guébriant, de Kerven, de cette foule enfin de gentilshommes aussi nobles que Bretagne, et comme chacun sait, Bretagne valait Bourbon! Les sièges offrent les mêmes écussons brodés sur un velours rouge qu'encadre richement le vieux chêne sculpté. Dans des vases de faïence bleue et blanche, s'entassent des touffes de genêt.

C'est donc un patriote qui habite là.

Mais des livres nombreux garnissent les rayons de deux beaux meubles sculptés; une table énorme chargée de papiers et de livres, et d'épreuves, et de cartons, et de journaux, occupe le centre de la pièce.

Le patriote est donc un travailleur.

Aux murs sont suspendus des tableaux, des statuettes, des faïences; des objets d'art se montrent partout : le travailleur est un artiste.

A la place la plus apparente, on voit un crucifix de bois, modeste, une relique de famille, sans doute; une branche de buis béni, à demi desséchée, s'entrelace au bois sacré ; l'artiste est un catholique.

Ce patriote, ce travailleur, cet artiste, ce catholique, c'est Paul Féval.

A l'époque où le feuilleton régnait sur le journalisme, Paul Féval partageait avec Alexandre Dumas les faveurs du public et jouissait d'une immense popularité. L'abondance de ses productions, l'originalité de son talent lui donnaient la première place. Tel de ses romans mettait Paris en émoi. Livres, drames, conférences, il abordait tout avec un égal succès. Le *Bossu* menait aussi grand tapage que l'*Assommoir*, et la fameuse querelle avec Victorien Sardou passionnait la foule au même degré que les célèbres volées de bois vert distribuées si libéralement par Louis Veuillot.

C'est que Paul Féval possède les dons séducteurs : l'invention qui enfante : l'imagination, reine des facultés artistiques, qui revêt l'idée de la vie et de la couleur. Il voit juste et bien, il est varié, il a de l'entrain, de la verve. Il sait tour à tour épouvanter, émouvoir, charmer. Il a le don du rire et le don des larmes. Franc, gai, amusant, il est le sarcasme et l'ironie incarnés.

Il n'a pas écrit une seule ligne hostile à l'idée religieuse ; tout au contraire, il respectait autrefois le sentiment religieux qu'il possède pleinement aujourd'hui. Jamais il n'a perdu la foi... « Etes-vous heureux d'avoir la foi ! » me disait un jour M. Octave Feuillet, avec un accent de regret et d'indicible amertume.

L'évêque de Maurienne, feu Mgr François-Marie Vibert, un des cœurs les plus tendres et des esprits les plus délicats que j'aie connus, auquel je faisais lire un jour, quelques pages sur le prêtre et son rôle social, prises dans un des récits du romancier s'écria :

« Paul Féval est des nôtres : *il agonise du désir de croire!* »

Le romancier, encore préoccupé qu'il fût de ne point pervertir, sacrifiait pourtant aux exigences de la mode. Il fit comme ces voyageurs qui, traversant une forêt, au lieu de suivre la route battue, s'engagent dans les sentiers ombreux où les fleurs sont plus odorantes, le gazon plus velouté, mais où l'on s'égare, en s'attardant à y cueillir des bouquets. Puis au soir de sa vie, après des luttes désespérées, il revint au grand chemin de la vérité et de la justice L'heure sonne toujours, où l'esprit et le cœur veulent une consolation et un réconfort que rien d'humain ne peut donner. Cette heure vint, pour l'éminent écrivain : il l'attendait, et depuis longtemps déjà. Il lui advint un grand malheur, un malheur à peu près irréparable, et quand il l'annonça à la vaillante compagne de sa vie laborieuse, cette noble femme ne lui fit pas d'autre réponse que celle-ci :

« Tant mieux! car désormais rien ne vous sépare de Dieu!... »

Alors une douce fillette, Madeleine, la plus jeune des huit enfants de Paul Féval, se jeta à son cou, l'embrassa; les prières de la mère, les larmes du bébé consolèrent ce pauvre grand cœur tout gonflé de douleur, et la pensée du Dieu qui guérit tous les maux entra en lui, ce soir-là, pour y rester toujours.

Le lendemain, il exprimait à un ami, qu'il estimait — parce que la franchise du Savoyard s'allie volontiers à la franchise du Breton — il exprimait en termes chaleureux son regret amer d'avoir trop longtemps vécu loin de l'Eglise, et son désir ardent d'y rentrer, non plus seulement fidèle, mais soldat militant. Il voulait dire à Dieu ce qu'un poète de mon pays rappelé de l'exil, disait au roi Charles-Albert :

Sire, voici ma plume, elle vaut une épée !

Un jour donc, — il y a déjà quelques années, — nous nous dirigions vers la demeure hospitalière du romancier. Nous sonnions à sa porte, et la servante bretonne, après nous avoir ouvert, nous conduisit à ce nid charmant où sont écloses tant d'œuvres originales. Le maître était là, le visage entre ses deux mains, pâle, fatigué, plongé dans une méditation douloureuse. Ce n'est pas trahir le secret d'un hôte que de révéler les généreuses pensées dont il nous fait le confident. A notre inquiétude, à notre sollicitude, il répondit avec un accent que nous ne saurions oublier jamais :

— « Qu'est-ce que le travail ? Qu'est-ce que les livres ? Qu'est-ce que l'intelligence ? Tout n'est rien, quand on fouille sa vie, qu'on revoit le passé, qu'on revient sur ses pas. Il ne s'agit plus de croire, mais de pratiquer; la loi ne suffit pas, il faut les œuvres. J'ai été honnête : ai-je été chrétien? j'ai beaucoup écrit, ai-je consolé, soutenu, encouragé quelqu'un? Ah! Religion, c'est toi que l'on abandonne toujours, et c'est toujours à toi qu'il faut revenir! »

Et c'était, je vous l'assure, un spectacle touchant que l'émotion de cet homme, si profondément attendri par les souvenirs de son enfance, dévoilant avec la rude franchise des gens de son pays, l'amer regret de n'avoir pas toujours vécu selon sa foi, prêtant à cette foi le plus sublime langage, et s'humiliant, dans sa grandeur, devant ce Dieu qu'il avait toujours adoré, et que peut-être il n'avait pas toujours servi !

C'est que ce retour, espéré et prévu chez celui dont nous parlons est plus rare qu'on ne pense parmi ceux qui ont pu sonder la profondeur des abîmes du cœur humain, qui ont connu toutes les misères, analysé toutes les passions, disséqué bien des consciences et rencontré sous leurs pas le mal plus souvent que le bien.

A ce métier de peintre des folies humaines, on devient parfois sceptique; l'esprit satirique étouffe la sensibilité, le froid examen anéantit l'enthousiasme ; l'observation, sans cesse prolongée, engendre l'habitude du mépris. Il n'y a que la foi qui sauve, et combien la perdent, à vivre loin d'elle, ne connaissant des hommes que leurs vices, leurs travers et leurs fautes, ne connaissant, hélas! du Créateur, que la créature, admirée pour elle, et non pour lui.

Peu de temps après cette entrevue, on le vit parmi les pèlerins du Sacré-Cœur; il communia avec eux, il chanta l'hymne d'actions de grâces avec eux, et quelques jours plus tard, entraîné par cet amour de la vérité dont il garda le culte toute sa vie, il écrivait sur sa conversion une page éloquente, vrai chef-d'œuvre inspiré par les plus nobles sentiments. Il y disait simplement qu'il venait de se convertir.

« Mes yeux et mes oreilles se sont ouverts... J'éprouve, en approchant de Dieu, une angoisse et une joie qui m'empêchent de rien voir, hormis Dieu lui-même, à travers l'immense bonheur de mes larmes. » Et il terminait par cet élan superbe : « Au moment où je sortais, Paris, malgré le grand soleil, disparaissait derrière une brume; image frappante du combat qui, incessamment, se livre en ce lieu illustre et fatal, entre les ténèbres et la lumière. Une seule lueur perçait le linceul du brouillard, c'était l'étincelle arrachée par le baiser du jour, à une croix d'or au sommet d'une église. *O crux, ave!* ô lueur, salut ! *Spes unica!* rayon sans pareil ! il suffira de toi, symbole de l'humilité qui éblouit et de la victoire dans la mort, phare allumé par Dieu même pour guider notre France aveuglée vers les clartés de l'avenir.

» Cela est. J'y crois. — Pendant que je regardais à mes pieds Paris, le géant vautré dans son ombre, j'entendais au-dessus de ma tête votre voix inspirée, mon Père, qui implorait comme on ordonne, répétant au souverain cœur de l'Homme-Dieu : Ayez pitié, ayez pitié, ayez pitié ! — Ayez pitié de la France ! »

Lorsque ce *manifeste*, — on eut l'ironie de l'appeler ainsi, — parut dans un modeste journal et fut ensuite reproduit par tous les autres, il y eut quelque émoi dans le monde littéraire où Paul Féval tenait une si grande place, que du reste il n'a point perdue, tant s'en faut! — Et M. Francisque Sarcey disait à un journaliste, avec une indignation bien divertissante:

« J'ai beaucoup aimé Féval, il est mon ami, mais le voici *perverti, il a mal tourné :* jamais plus je ne parlerai de lui. »

Le pauvre homme! Il a gagné Dieu, mais il a perdu M. Sarcey!

Au dire des Marseillais, — et c'est peut-être vrai, — Paris, s'il avait la Cannebière, serait un petit Marseille. Si la Bretagne n'existait pas, mon pays serait le plus beau du monde. Mais la Bretagne existe, ou du moins il en survit les glorieux souvenirs et les héroïques légendes, qui consolent un peu des misérables défaillances de l'heure présente.

La Bretagne des nobles ducs et des bonnes duchesses, la Bretagne des Rohan, des du Guesclin, des Beaumanoir et du chêne de Mi-Voie, la Bretagne des Alain, des Yaume et des Barbaïc, des pierres de Carnac, des Korrigans et des fées!...

D'aucuns y croient encore, à cette Bretagne rugueuse de poésie celtique. Mais les Bretons, civilisés au souffle de nos modernités, n'ont plus peur des lavandières qui tordent la nuit, au bord des mares, le suaire des trépassés, de la brouette de la Mort, des lutins, farfadets et gnômes qui peuplaient naguère les vastes landes désertes.

Le fusil de l'aïeul chouan se rouille au clou de la cheminée, et nul ne se souvient des ménagères du temps jadis, qui filaient assez de lin pour emplir d'or une tonne, afin de racheter à l'Anglais le bon connétable, capturé par ces malandrins!

De la vieille Armorique, il reste une belle histoire, à nous hébéter de mélancolie ; il reste la mélodie aigre du biniou. la bouillie de sarrazin, — et, de plus, le bataillon des vicomtesses lettrées qui empoisonnent le feuilleton contemporain de romans à dormir debout.

On avait autrefois le respect de ces vicomtesses, maintenant dédaignées. Aux jours troublés de la qûinzième année, quelles émotions délicieuses on cherchait dans ces récits de Bretagne, tout pleins de fantômes, de guerriers, de gentes châtelaines, de pages espiègles qui faisaient fortune, de pastourelles qui devenaient baronnes pour le moins, ou même vicomtesses, — et sans littérature.

Le maître sur maître, le maître sur tous de ce valeureux peuple de héros et d'héroïnes était — il est encore — Paul Féval, à qui je dus les plus pures illusions, les plus doux enchantements d'une jeunesse enfouie dans le rêve et les chimères, — que les tempêtes de la réalité ont vite repoussées hors de la porte d'ivoire !

Un jour, un enfant de dix-huit ans vint voir le romancier célèbre qui habitait au fond d'un quartier populeux d'ouvriers, l'ancienne *Folie* d'un financier de l'autre siècle, un pavillon coquet, dans un jardin ombreux, derrière un rempart de masures.

L'enfant tremblait d'une émotion inexprimable. Il s'imaginait comparaître devant un dieu : il s'inclina devant un homme, très bon homme et très malin, point tendre à autrui, mais qui fut indulgent aux poétiques fictions dont s'était repu le naïf garçonnet.

Ce fut la première entrevue. Elle date de loin. Les

années ont passé, lentes à s'écouler, rapides quand il n'en reste que la mémoire. Le petit disciple n'a pas fait grand honneur à son maître, mais l'amitié est venue, de l'un à l'autre, et n'a jamais été dérangée, pas même par l'acharnement des vicomtesses littéraires qui soufflent du biniou, grattent le papier, et font de leurs jupes tachées d'encre les aimables couvertures de leurs contes plus bretonnants que jamais...

*
* *

Paul Féval est né à Rennes, le 28 novembre 1817. Sa haute taille est à peine courbée; sa barbe grise encadre les traits accentués, un peu durs, du type celte, puissant et robuste. Le regard est tantôt vague, profond, allant *par-delà*, — un regard en dedans, — tantôt pétillant de malice. La bouche est sarcastique; l'accent est joyeux, vibrant, moqueur. L'homme est un railleur, éternel et féroce. Il se défend volontiers d'être artiste parce qu'il a horreur de la bohème.

M. de Buffon, qui se mettait en habit de cour pour ciseler ses phrases merveilleuses, assure que *le style c'est l'homme*, aphorisme d'une vérité parfaite pour un grand nombre de bas-bleus. L'écriture, c'est le caractère: le vice dominant, la passion maîtresse, l'incertitude, la force de volonté, la faiblesse ou la grandeur s'y retrouvent. Car, enfin, les êtres intelligents n'écrivent pas sottement à l'instar du *vulgum pecus*. Ils ont leurs manies. A tout cerveau qui produit et crée, il faut un excitant. Paul Féval, dit la légende, se déguisait en paysan breton, perruque sur le chef, sabots aux pieds, quand il écrivait ses jolis récits de la Bretagne bretonnante. Son écriture menue, menue, nette, pointue, trahit la malice, la raillerie, ce joyeux sarcasme, si amer, que prodiguait un peu le maître, avant que la Foi l'eût mis en relations avec la Charité.

Mais c'est toujours la même verve, soit qu'il narre ses aventures, soit qu'il raille « les preux de l'écritoire
» caracolant sur leurs biques blanches dans le désert,
» et qui, lorsque le roi parle français, trinquent en
» bas breton et croient qu'il suffit de boire beaucoup
» d'esprit pour en avoir un peu. »

Et ce finale d'une lettre à un désabusé : « Allons, Beau-
» manoir, bois ton sang, mais avec la confiance que
» c'est un cordial souverain, et que Dieu regarde les
» pochards du cette liqueur-là. Les *audaces quos for-*
» *tuna juvat* sont ceux qui sourient à Dieu : une
» risette! »

Paul Féval appartient à une ancienne famille de robe ; M. Lebaron de Létang, son grand-père, avait été procurenr général à la Cour de Rennes ; son père, savant jurisconsulte, mourut en 1827, conseiller à la même cour. M. Féval nous en a laissé un admirable portrait dans le *Drame de la Jeunesse,* le livre dont il est le plus fier et qu'il regarde comme la meilleure de ses œuvres, sans doute — qu'il nous pardonne cette indiscrétion -- parce qu'elle est, dans beaucoup de ses parties, une autobiographie. « Mon père me paraissait être un homme doux et froid, pressé toujours de quitter les bruits du foyer pour se réfugier dans le travail. Les jeudis, quand je sortais du collège, où l'on m'avait obtenu une demi-bourse, il me donnait une tape sur la joue en me promettant une longue promenade pour le jeudi suivant. Le vrai jeudi de la promenade n'arriva jamais. Je n'ai pas connu mon père de son vivant. Quand je m'agenouille devant son souvenir, c'est que je le vois au travers des récits de ma mère. — Un soir, pourtant, il me ramena lui-même au collège. Comment exprimer cela? Il prononça seulement quelques paroles, et il me semble que c'est maintenant une longue et mélancolique histoire. Il me dit: « Fernand, ne vous endormez pas sur votre examen de bachelier. Cela coûte de l'argent, et nous ne sommes pas à l'aise. » Les choses modérément exprimées me frappent à l'excès. Si mon père avait parlé de pauvreté, j'aurais eu le cœur moins gros. *Nous ne sommes pas à l'aise!* Cette larme furtive qui s'échappe d'un œil fier ne touche-t-elle pas bien plus que le torrent banal. Toujours prêt à s'échapper de certaines paupières? »

Dans les trop courts chapitres de ce roman « vécu », l'auteur parle de la famille comme un chrétien seul en peut parler; c'est de son cœur que se sont échappées ces pages brûlantes, où il décrit tour à tour les joies calmes du foyer, ses espiègleries d'enfant, les tristesses de la médiocrité, pire que la misère, noblement supportée néanmoins, tout ce qui encadra enfin son enfance austère, studieuse, un peu mélancolique. On voit défiler toute cette galerie de famille, la mère, humble, sainte et candide: « Je n'aime pas parler longuement de ma mère, *peut-être parce que je pense à elle toujours!* » Les sœurs, qui ne veulent point « se marier dans le commerce », un peu fières de la noblesse de leur parenté; les frères, simples et bons.

Au moment de la révolution de 1830, Paul Féval était au collège ; il y manifesta hautement des croyances royalistes. Sa mère l'emmena dans un vieux château du Morbihan ; là, il entendait narrer chaque jour les chroniques et les légendes de la terre natale. On lui parlait de ces guerres héroïques soutenues contre la Révolution française par cette poignée d'hommes que Napoléon appelait, non sans quelque jalousie, un *peuple de géants ;* on lui parlait des siècles passés, de ces grands ducs bretons, si indépendants et si bons princes ; on lui contait leur histoire tragique, et il voyait passer tour à tour, dans ses rêves d'enfant, le petit Arthur de Bretagne, égorgé par son oncle Jean Sans-Terre, le terrible du Guesclin, batailleur intrépide, le maréchal de Raiz, l'homme *à la Barbe-Bleue,* — tous ces héros, tous ces soldats, ces meurtriers, ces fantômes qui se succèdent dans les pages brûlantes des annales armoricaines.

Lorsque notre collégien de treize ans, conte M. de Mirecourt, quittait la veillée pour monter à sa chambre, il avait la tête remplie de terreurs et se couchait avec la fièvre. Si la servante emportait la lumière, Paul sentait un frisson courir par tout son corps ; ses dents claquaient ; il lui semblait voir son lit entouré de spectres, et des voix lamentables récitaient à son chevet les versets funèbres du *De Profundis.* Chose bizarre, une de ses cousines, qui occupait avant lui cette même chambre avait eu des visions analogues. A minuit sonnant, elle apercevait sept chandelles disposées en croix au point central du parquet. De profonds soupirs s'échappaient des murs. Elle croyait entendre un commandement de l'autre monde. Jeune, belle, riche, aimée, elle se fit religieuse.

Récemment encore, la famille a eu le bonheur de donner à Dieu deux servantes, car les deux filles aînées du romancier sont entrées au couvent.

Quoi qu'il en ait été de ces visions, que le biographe a peut-être inventées, il est certain que Paul Féval n'a pu se soustraire à cet attrait, à cette curiosité mêlée d'effroi que le monde surnaturel inspire aux imaginations un peu ardentes. On trouve dans tous ses livres la trace de ses frayeurs d'enfant et comme un reflet de l'esprit superstitieux de sa terre natale. Il aime les fantômes, les fées, les lutins, les êtres innommés, qui, la nuit, peuplent les landes désertes, les forêts pleines de ténèbres.

Dans le *Drame de la Jeunesse*, le héros, qui s'appelle Fernand, fait un aveu bien candide : il confesse l'amour immodéré qu'il a de la *pose*, la vanité sotte et puérile qui lui dicte toutes ses actions ; il jouait, dit-il, un rôle de comédien, ramenant tout à son thème. Les jeunes gens ne sont-ils pas tous ainsi, un peu plus, un peu moins? Paul Féval n'a pas eu assez de compassion pour Fernand Leprieur : il l'a trop sévèrement jugé. Combien est touchante la scène où l'on voit ce jeune homme quitter sa famille pour aller à Paris! Il n'est personne qui ne verse des larmes sincères, en lisant ces quelques pages qui rappellent à tous un souvenir. Féval, comme Fernand, vint aussi à Paris. On le voulait avocat, et quel avocat il eût fait, demandez-le à ceux qui ont subi, deux heures durant, le charme de sa parole éloquente, imagée, vive, un peu railleuse, bonhomme en apparence et si fine, si spirituelle, si polie!

Mais il perdit la première cause qu'il plaida. Il jeta l'épitoge aux orties.

Paris le tentait.

« Paris, mon Paris! autel splendide où je voulais m'agenouiller devant toutes les gloires! Patrie de ma jeune passion! Argos dont je me souvenais sans l'avoir vu! Paris, mon pays, mon paradis! Ecoutez! Toutes ces poétiques paroles rendent bien la poésie de mes désirs, mais elles ne disent pas tout, et il faut un dernier trait qui est peut-être de la prose. Dans ce lointain où je cherchais Paris, à cet horizon poudroyant et lumineux, je voyais quelque chose comme un gigantesque mât de cocagne, autour duquel se rangeait la multitude des combattants de la vie. Les forts montaient, les faibles tombaient. Au couronnement de l'arbre mystique, il y avait tout ce que l'homme adore sur la terre. »

Mais pour première étape dans la voie des honneurs et de la gloire, notre héros dut se contenter d'une maigre place chez un banquier; il ne tarda pas à être congédié.

« On lui saisit un jour entre les mains un livre de Balzac, ouvert à un chapitre abominable. Notre grand peintre de mœurs osait y donner une analyse très exacte, très vive et surtout très satirique des *commissions* et des *comptes de retour*. Chez un banquier, jugez de l'esclandre! A la vue de ces pages sacrilèges, le chef de correspondance pâlit, le teneur de livres se voile la face, le caissier fait un geste d'épouvante, et les expéditionnaires croient à la fin du monde [1]. »

---

1. Mirecourt.

Pendant quelque temps, il essaya de divers moyens de gagner sa vie, mais chacun d'eux ne le conduisait qu'à mourir de faim. Trompé, dupé, joué par d'habiles industriels, sans amis, sans argent, sans espérances et presque sans illusions, il arriva bien vite au bout de ses ressources. Il essaya alors de la littérature, mais ce fut d'abord sans aucun succès.

Un jour, il rentra chez lui, l'âme brisée, l'esprit découragé, complètement abattu, et le corps fatigué par les plus pénibles privations. Il monta donc, chancelant, faible, à la mansarde qu'il occupait, rue de la Cerisaie, aux environs de la Bastille. Le lendemain, on ne le vit pas descendre.

On grimpa l'escalier, on écouta à la porte, on n'entendit aucun bruit, et finalement on pénétra dans la misérable retraite, où l'on vit Féval gisant, inanimé, un livre entre les mains. Ce livre, c'était l'*Imitation de Jésus-Christ*, seul et dernier bien que le pauvre n'eût point vendu. Aussitôt, comme il arrive à Paris, où la foule rit du moindre accident, mais où vingt mille bras s'offrent pour porter un enfant malade chez le pharmacien, aussitôt l'on s'émeut; on court chercher un médecin, et le médecin déclare que ce jeune homme se meurt d'inanition.

Le reste se devine. Des amis improvisés soignèrent le malade : l'aventure fit du bruit dans le quartier, et, peu de jours après, Paul Féval faisait le premier pas de sa vie littéraire, en débutant, comme correcteur, au journal *le Nouvelliste*.

En ce temps-là régnait sur le feuilleton le citoyen Eugène Sue qui publiait, dans le *Journal des Débats*, *les Mystères de Paris*, cet immonde roman où l'auteur a donné libre carrière à son imagination dépravée, et qui obtenait un succès immense, précisément à cause du scandale qu'il renouvelait chaque jour.

Paul Féval, — qui venait de publier une nouvelle fort originale, *le Club des Phoques*, dans la *Revue de Paris*, *les Chevaliers du Firmament*, dans la *Sylphide* et le curieux récit intitulé *le Loup Blanc,* dans le *Courrier Français*, — vit un matin entrer chez lui M. Anténor Joly qui s'était créé la profession lucrative d'entrepreneur littéraire, et qui, du reste, rendait de véritables services aux débutants.

Cet habile négociateur, qui se chargeait de la fourniture des bons auteurs et des bons romans, les uns portant les autres, lui proposa d'écrire *les Mystères de Londres*. On voulait opposer une concurrence sérieuse au mercantilisme du socialiste Sue, et le *Courrier Français* exigeait, coûte que coûte, dix volumes de *Mystères*. Un auteur anglais chargé de les écrire, avait broché une œuvre lourde et indigeste.

Paul Féval publia une quinzaine de chapitres, et ce fait, accompagné de secrétaires, escorté d'un train de maison complet, il partit pour Londres où il termina ce premier récit de longue haleine, qu'il signait *sir Francis Trollope*, et qui lui fit une réputation bien méritée. *Les Mystères de Londres* sont, au dire d'un critique « une œuvre considérable par ses dimensions, bien conduite et bien soutenue. Paul Féval s'y révèle avec toutes les qualités et tous les défauts de son talent. Ecrivain d'une imagination vive, colorée, puissante ; conteur habile, chatoyant, intarissable, il est maître de tous les fils de sa trame, et tient en main, comme un réseau dont il enveloppe le lecteur, les mailles les plus serrées de l'intérêt. »

Paul Féval, n'a pas, comme Georges Sand, écrit des romans de toute espèce : il n'a fait que des histoires de cape et d'épée, ou des récits d'aventure ou encore d'excellentes études de mœurs. Il ne s'est jamais soucié de la politique, encore moins des questions sociales; il n'a pas grand goût aux choses champêtres, ni aux dissertations esthétiques, non plus qu'aux peintures des mauvaises mœurs. Il aime l'action, le combat, la vie, les grands coups d'épée, les folies héroïques, les drames impossibles.

Sans aucune prétention à se poser en historien, comme Alexandre Dumas, qui s'imaginait avoir inventé la science historique, et inventait, en effet, une histoire pour son usage personnel, il excelle à peindre les mœurs et les caractères des siècles passés.

L'amour violent de la patrie se retrouve constamment chez M. Féval. Si Georges Sand s'est réservé le Berry, Méry Marseille, La Landelle la mer, Henri Conscience la Flandre, Paul Féval a, pour ainsi dire, accaparé la Bretagne. Il en admire tout, et quand il se moque, c'est le sourire aux lèvres et les larmes aux yeux : il admire les genêts et les landes désertes, les falaises et les bas-fonds, les ciels orageux, les forêts ombreuses, les débris druidiques, les ruines féodales, les villages perdus sous l'ombre des chênes, les cabanes fumant dans le creux des ravins; nulle harmonie ne lui est plus suave que le son aigre du biniou ; il préfère la bouillie de sarrasin à l'ambroisie; il estime Gothon fumant sa pipe noire au coin de l'âtre, et Yaume le pâtour, brandissant d'une main robuste son bâton ferré, et même Alain s'enivrant d'eau-de-vie ; il donnerait Venise pour la bonne ville de Quimper, et troquerait contre Vitré, Florence la jolie, s'il était, pour son malheur, propriétaire de Venise et de Florence.

Il n'est au monde que la noblesse de Bretagne qui soit de bonne souche, de pur lignage et de haut parage ; et quel culte Féval a pour ces vaillants fils de l'Armorique ! Est-il nom qui sonne mieux à ses oreilles que celui de Rohan ? Bourbon et Montmorency ne sont que petite race à côté de cette race de géants qui produisit le père de *La Louve*. L'écrivain n'aurait pas plus grand respect pour Rohan, quand il pourrait dire de lui-même :

Roi ne puis : Prince ne daigne : Rohan suis!

Ce n'est pas qu'il ne sache railler les hobereaux : il maltraite volontiers les traitants ornés de savonnettes à vilains, et je me souviendrai toujours du trio de vicomtesses du *Château de Velours* : la vicomtesse Le Brec du Hartz de Cramayeul-en-Géveson-les-Fossés-sur-Papayoux, la vicomtesse de Honnihic, la vicomtesse de Galirouët, et de quantités d'autres vicomtesses dont l'histoire imprudente a oublié les noms. Et M. Le Mihir de Crapadeuc, maire de Vesvron, et l'entrepreneur Berthelleminot de Beaurepas, chevalier de l'Aigle d'Or de Souabe ? Quels noms significatifs ! Ils contiennent plus de satire à eux seuls, ces noms magiques, que tout un volume de satires grecques ou latines.

Eh bien ! cet amour immodéré du pays natal est-il donc blâmable, en un temps où le patriotisme est une vertu si rare qu'on est tout surpris d'en voir de temps à autre un exemple, et qu'on serait tenté de décerner un prix à tout homme convaincu d'aimer sa patrie?

Paul Féval n'oublie jamais d'introduire le comique dans ses drames les plus noirs. Il oppose volontiers le rire aux larmes, et parfois même il abuse de ces antithèses en action qui deviennent alors fatigantes pour le lecteur. Il caractérise son personnage bouffon par un mot, par un lambeau de phrase, qui revient dès lors jusqu'au bout, dans le roman, à chaque situation un peu tendue. La caractéristique de Cocardasse c'est *Junior*; son mot, c'est *As pas pur!* prononcé en correct idiome de Gascogne; le *As pas pur!* vous révèle la longue brette, le manteau effiloqué, la moustache pointue de ce bourreau des cœurs, soudard sans sou ni maille. Dans le *Jeu de la mort*, les comiques sont nombreux; il y a Romblon-Ballon, assassin poussif; il y a Honoré le happe-monnaie; il y a Menand jeune, notaire, amateurs d'oignons crus et de ficelle de fouet; il y a aussi Guérineul, chevalier peureux, qui jure *nom de bleurre!* et surtout M. Berthelot-Berthellemot-Berthelleminot de Beaurepas, chevalier de l'Aigle d'Or de Souabe, entrepreneur! Le drame, lugubre et sombre comme un pastiche de feu mistress Anne Radcliffe n'a que des innocents pour acteurs, des innocents ou des farceurs qui s'entretuent en riant.

Le comique se retrouve dans les *Compagnons du silence* et *le Prince Coriolani*, en la personne d'un Anglais, Péter-Paulus Brown, de Cheapside, un Anglais étonnant, ressemblant à miracle, et qui permet au romancier de recommencer une charge à fond de train contre la perfide Albion. Peter Paulus et la digne Pénélope, son épouse, sont destinés à devenir classiques dans le romantisme.

La série des romans d'aventures de notre héros est inépuisable. L'un des plus célèbres est *le Fils du Diable* qui révèle une grande richesse d'imagination, et dont quelques parties sont d'un intérêt terrible. Quelle diversité dans les caractères! Le belliqueux Georgyi, l'empoisonneur Mira, le juif Mosès Geld, le hideux Reinhold, opposés aux vaillants fils de Bluthaupt, Otto, Albert et Goëtz, à la charmante Denise, à la ravissante Gertraud.

Paul Féval a écrit peu de romans d'analyse; il n'esquisse pas ses « bonshommes; » il les sculpte; on les voit tels qu'ils sont, non pas entièrement vertueux ou entièrement corrompus, mais avec les qualités et les défauts qui s'associent chez tout homme. On ne peut être courageux sans être indépendant et fier; on n'est jamais, ou rarement, si mauvais qu'il ne reste aucun vestige de bon sentiment dans le dernier repli de l'âme. Paul Féval s'entend à merveille à découvrir, à faire mouvoir ce vestige, cette ombre de vertu qui gît ensevelie sous les passions et les vices; et l'étincelle couvant sous la cendre, réchauffe parfois la matière inerte, et ce reste d'amour, de patriotisme, de respect, de foi qui sommeillait au fond de cette âme s'éveille tout à coup, se développe, grandit et sauve. Il y a toujours dans l'homme un côté, bon ou mauvais, qui reste inconnu; on a le caractère qu'on a ou qu'on veut avoir, que l'on montre ou que l'on cache.

J'aime la simple et divertissante histoire d'un notaire et d'un tonneau de poudre d'or, qui nous est contée sous le titre de *Roger Bontemps*. Il y a dans ce *Roger Bontemps* une fraîcheur, une vivacité d'impressions, un luxe de descriptions, une étude de mœurs qui m'a toujours charmé infiniment.

Fi des vampires que Paul Féval introduit dans les *Cinq* et dans le *Chevalier Ténèbre !* Eux seuls m'ont fait prendre en horreur les pays d'Orient, et même pour le tonneau de poudre d'or du joli notaire, je n'irais pas pérégriner en Moldavie, chez les Valaques ou chez les Serbes. Les fantômes bretons me paraissent de meilleure compagnie et je les hante plus volontiers ; Féval ne les épargne point, il en use avec coquetterie, il les choie, il les décore, simplement parce qu'ils sont de Bretagne. Mais aux fantômes, je préfère de beaucoup les vivants, Bretons ou autres, quand ils seraient brigands, *golden dagger*, compagnons du silence, *molly maguires*, ou membres du mystérieux *Tugendbund*.

Mais aurions-nous donc la présomption d'analyser un à un, tous les ouvrages de Paul Féval, le *Chevalier de Kéramour*, *Fontaine aux Perles*, les *Couteaux d'or*, la *Reine des Epées*, l'interminable épopée des *Habits noirs*, enfin cette collection inépuisable de romans qui a fait de leur auteur le chef des romanciers contemporains ?

Qu'il me soit permis seulement de citer encore la *Première aventure de Corentin Quimper*, livre exquis, écrit avec une verve étourdissante, une bonne humeur qui ne ralentit jamais, un livre d'impressions singulières, livre qui semble, par ses paradoxes, ses portraits pris sur le vif, ses dialogues si piquants, être le résultat d'une gageure. Comment analyser chacune de ces œuvres légères, souvent relues, il est vrai, mais dont la meilleure mémoire ne saurait garder qu'un reconnaissant souvenir?

La seule critique sérieuse qu'on puisse faire du procédé de Paul Féval, c'est que ce maître écrivain affecte parfois des allures trop originales. Il tâche à s'assimiler les locutions, les manières de parler, des pays où il conduit son lecteur; il parle alors avec complaisance de « l'intendant second de la police ; » du « camérier second du prince ; » il appelle un héros italien *messer*, ou bien il dit: « le » Doria Pamphili, « des marquis d'Angri. » C'est un peu plus que de la couleur locale. La grande estime qu'il a pour les noms de noblesse l'empêche d'inventer les grands noms qu'il veut à ses marionnettes. Ce n'est pas lui qui se forgerait de toutes pièces l'armorial que M. de Gramont inventa pour Balzac. Il ressuscite les dynasties éteintes ; par sa volonté, il a créé un duc de Nevers et un prince de Gonzague ; il réédifie aussi, pour son usage, les princes Cantacuzène, les Comnène, les Paléologue, les ducs de Longueville, les Monteleone. Je le blâmerais volontiers de cet attrait pour des noms qui ne sont pas conventionnels et qui peuvent souvent égarer le lecteur. Sans doute, on ne s'y trompera pas, en voyant dans l'entourage du roi napolitain Ferdinand II, les noms qu'il y a mis ; Malatesta, Doria, Gravina, Malaspina, etc. Qui ne sait que les Malatesta sont de Rimini ; les Doria, de Gênes ; les Gravina, de Rome ; les Malaspina, de Carrare ? Mais il faut laisser les noms historiques aux faits historiques. Ses acteurs seraient aussi gracieux avec des pseudonymes.

Il en a tant créés de ces héros d'un ou de deux volumes ? La jeunesse a pour lui des attraits qui lui donnent une indulgence d'oncle à l'égard de son coquin de neveu. Le jeune homme qu'il met en scène est toujours un diable-à-quatre, enragé de fredaines, timide comme une fillette, cœur de bronze, et tête de feu, un lion sous la peau d'une brebis, un galant danseur, joyeux viveur, mauvais sujet un brin, coquet, gracieux, souriant, téméraire, hardi comme un page, étourdi comme un phalène, sans expérience et rompu à tous les arcanes de la vie, bref une perfection, ou peu s'en faut ! Ainsi, Tiennet Blône qui devient le capitaine Mazurke, ainsi le chevalier d'Athol, ainsi Loriot, Didier, Roger, Gaston de Maillepré, Frantz, Lagardère, et leurs vingt ou trente jumeaux.

Mais vous ne parlez guère, me dira-t-on, du rôle que Paul Féval accorde aux femmes dans ses romans ? Walter Scott a créé Diana Vernon, Minna et Brenda Troïl, Effie et Jenny Deans, Lucie de Lammermoor ; nous devons à Shakespeare, Ophélie, Porcia, Desdemone, Juliette, sans parler des joyeuses commères de Windsor ; Balzac nous a peint madame Marneffe et madame Graslin, Eugénie Grandet et Modeste Mignon, madame Schontz et Malaga, madame de la Baudraye et Camille Maupin. Citez les héroïnes de Féval !

Ceci est une question délicate. Paul Féval a, comme tous les esprits d'élite, répugnance à tracer des tableaux où la passion, embellie, charme ; il a horreur des courtisanes, il estime peu Célimène, et méprise fort Marion Delorme. Il s'est gardé comme de la peste, des sujets qui plaisent trop à ses émules ; toujours chaste, même lorsque les nécessités de sa fiction le contraignent à analyser la terrible passion que ses confrères mettent à toute sauce, il n'a pas imaginé d'autres amours que des idylles honnêtes, pures, permises, et qui n'ont jamais d'autre dénouement que le dénouement traditionnel : le mariage.

Il réserve donc pour les fillettes candides qu'il destine à ses héros, les couleurs les plus limpides de sa palette : Denise, Berthe, Angélie Doria, Anna et Clary Mac Nab, Charlotte d'Alex, Aurore de Nevers, Chiffonnette sont de gentilles ingénues, pures de la moindre mauvaise pensée et qui seraient accueillies à bras ouverts dans le couvent le plus austère. A part ces jeunes filles, belles et innocentes comme Ophélie, Mina, Ursule Mirouët, je ne trouve que rarement dans les livres de Féval des types d'aventurières, la Marguerite de Joulou, Agnès de Méranie, la Fanchette du *Dernier vivant*; encore, sont-elles des ambitieuses, des orgueilleuses, avares, méchantes, cupides, plutôt que ces immondes femelles dont le type se résume en madame Marneffe.

Le trait caractéristique du talent de Paul Féval, c'est qu'il n'a pas mis ses écrits au service d'un système. Il n'a d'autre prétention que celle d'amuser. Il est un conteur et non un moraliste. Il ne s'est pas, comme Eugène Sue, complu à étaler des plaies sociales incurables, excitant les convoitises des malheureux; il n'a pas, comme Frédéric Soulié, peint la société sous des couleurs horribles, poursuivant l'idéal du mal, comme d'autres recherchent l'idéal du bien, proclamant l'ubiquité et l'impunité du crime.

L'absence de visées originales fait précisément son originalité, comme l'absence des peintures systématiquement immorales fait la moralité de son récit. Il va où son imagination le conduit, mais comme son imagination n'est pas pervertie et qu'il n'a aucun parti pris, le vice et la vertu ont une part à peu près égale dans ses œuvres, sans que la vertu soit monotone, sans que le tableau du vice soit démoralisateur. De toutes les œuvres que, depuis quarante années, il ne cesse de produire, il n'en est pas une qui ait eu pour effet d'exciter les rancunes du peuple et de propager la haine.

Certes, les hommes sont faits pour dégoûter des meilleures causes, a dit Joseph de Maistre ; et l'écœurement est grand, quand on ne considère que les choses humaines!... Quelle souffrance plus amère que de juger ceux qu'on aime et qu'on respecte! quelles âcres colères contre ceux qu'on a jugés! Mais au-dessus des hommes, de leurs agissements grotesques, de leur platitude, de leur mesquinerie, de leurs bassesses, il est heureusement des abstractions, où l'âme, l'esprit et le cœur se réfugient. Il est des principes, il est des doctrines, il est des idées, — j'allais dire des illusions — qu'il faut défendre à tout prix, quand on serait un désabusé !

Paul Féval les défend, lui. Après quarante années de combat, le voici encore sur la brèche. Il nous apprend à nous, les *jeunes*, — ironie des mots ! — que déserter le champ de bataille est un crime lâche. Il nous donne l'exemple, en courant tête baissée dans la mêlée.

Précipité comme nous, dans le Maëlstrom monstrueux de l'anarchie révolutionnaire, il lève un regard sérieux vers les cieux, et tandis que la barque pourrie circule sur les flancs du vaste entonnoir, qu'elle raie en tournant, il méprise l'abîme qui nous aspire et il crie, dominant le fracas des flots : *Serviam!* **Je servirai!... quand même!...**

Est-ce donc à nous, les dévorés de la fournaise parisienne, à nous les victimes du cloaque, à nous qui sommes nés d'hier et qui n'avons souffert, en définitive, que de la faiblesse de nos pères, de bégayer l'infâme *Après nous le déluge!...* des incroyants et des désespérés?...

Non. Tant qu'il restera sous notre front une étincelle de vie, tant que nous tressaillerons aux mots de Dieu et de Patrie, nous chargerons l'ennemi, en suivant les traces de tant de gens de cœur, intrépides et bons, parmi lesquels il est, ce Breton bien digne de cette Bretagne où l'on criait à Beaumanoir, mourant de soif :

« Bois ton sang, Beaumanoir! ta soif passera! »

LES MORTS

MADAME PAUL FÉVAL

Plusieurs mois se sont écoulés déjà depuis le jour où, par un beau soleil de printemps, une foule émue et recueillie accompagnait à la dernière demeure la dépouille d'une femme de bien, trop vite enlevée à son époux et à ses enfants. On déplorait, avec des regrets sincères, avec une sympathie respectueuse pour la famille si cruellement éprouvée, une fin vraiment prématurée et que rien n'avait fait prévoir. Au lendemain de ces funérailles, nous voulions, sans aucun retard, consacrer quelques pages à la mémoire de ce parfait modèle des mères et des épouses chrétiennes ; mais il nous sembla que mieux valait ne se point hâter, et qu'un éloge, qui ne saurait être une biographie, gagnerait à être exprimé plus discrètement. Frappée d'un mal subit, madame Paul Féval expirait après une très courte maladie, à l'ombre de cette basilique du Sacré Cœur, près de laquelle elle avait souhaité vivre ses derniers jours, et dans ce modeste logis, bâti au flanc de la montagne, loin du tumulte et des agitations de la grande ville, loin des amis oublieux, des souvenirs de gloire terrestre, loin de tout, enfin, de tout ce qui est du siècle, mais peut-être plus près de Dieu.

Elle laissait après elle un mari malade, éloigné déjà de tout ce qui faisait naguère sa joie : le travail, le commerce des lettrés, l'apostolat de la plume. Elle laissait quatre filles, dont deux ont revêtu les livrées du Seigneur, et quatre fils. Elle laissait d'autres parents, moins proches, mais aimés, et de nombreux amis. Parmi ces amis, beaucoup d'humbles et de pauvres. Je vois encore, dans l'église, près du cercueil, une ouvrière, portant le deuil des veuves, le visage ravagé par les misères et les combats de la terrible vie des laborieux, pleurant à chaudes larmes ; elle conduisait un garçonnet chétif, et quand ils jetèrent, l'un et l'autre, l'eau bénite sur la bière chargée de couronnes, ils sanglotaient, et la mère, défaillante, dit en serrant étroitement l'enfant sur son cœur : « Elle est au ciel ! mais qu'allons-nous devenir ? »

*
* *

Je ne saurais me dissimuler que la tâche que j'entreprends est difficile et délicate. Ce n'est pas d'une haute et puissante princesse que j'ai à parler ; d'une dame illustre par la naissance, renommée par la beauté, revêtue de tous les prestiges du rang, de la richesse, des grandeurs humaines ; mais simplement d'une incomparable épouse, d'une mère admirable, d'une chrétienne comme il en est peu dans ce temps où nul ne sait ou ne veut se résigner. Elle fut l'image de la vaillance, de la résignation, du dévouement. Cependant les femmes comme madame Paul Féval n'ont pas d'histoire : elles ne recherchent ni les privilèges bruyants ni l'éclat. Elles ont des vertus solides qui se cachent. Et les événements de leur existence laborieuse, uniforme, ignorée, se déroulent à l'abri des curiosités de la multitude. Leur vie ne renferme, certes, aucune péripétie romanesque. Aussi ne me proposé-je, en donnant madame Paul Féval pour exemple, que de montrer quelle influence peut exercer l'épouse chrétienne d'un homme de lettres chrétien.

C'est une opinion répandue que l'état de mariage ne convient pas aux hommes qui vivent particulièrement de la vie intellectuelle. Sans admettre absolument cette opinion, il faut néanmoins reconnaître que la régularité, les soins de détail sont peu compatibles avec l'exercice des facultés de l'imagination, et que les sollicitudes et les soucis du ménage, la tâche absorbante de l'éducation de la femme et des enfants ne peuvent que surexciter et troubler un esprit déjà dominé à peu près uniquement par l'inquiétude du travail, le labeur obstiné, les veilles prolongées. Autrefois les clercs, seuls à mener cette existence intellectuelle où les satisfactions et les besoins matériels n'existent que pour une part minime, étaient voués au célibat : les magistrats, les médecins se mariaient rarement, les artistes mêmes évitaient de se donner les inquiétudes de la famille.

La vie de l'écrivain de profession est tout à fait anormale, et, pour ainsi dire, factice. Il crée le monde dans lequel il gravite, et se meut avec ses créations. Il subit l'obsession continue de l'idée, la tyrannie de la pensée, hors des réalités vulgaires et des nécessités prosaïques. Il s'attache principalement à son œuvre, toujours en éveil, dès qu'il s'agit de son labeur, mais entièrement fermé aux conventions sociales, aux convenances mondaines, voire à ces habitudes quotidiennes qui constituent l'harmonie du foyer. Soumis à des études patientes, difficiles, à des observations de tous les instants et de toutes les situations, il rapporte au but de ses constants efforts tout ce qu'il voit, tout ce qu'il entend ; il se forme une idiosyncrasie spéciale qui en fait un être à part dans notre société, société comparable à un jeu de surfaces planes et polies qui se heurtent sans se choquer.

L'artiste, — qu'on me permette d'employer ce terme générique — a sinon le mépris, du moins l'indifférence des intérêts mesquins, du gain forcé, de l'économie, de l'ordre domestique. Il obéit à des inspirations supérieures, souvent contraires aux obligations qu'il a contractées ; il se laisse emporter bien au delà du cercle social où il devrait être fixé ; rien n'arrête sa fantaisie vagabonde ; il n'est pas le maître de son caprice. Impressionnable au plus haut degré, parce que tous les ressorts de la vitalité sont, en lui, surexcités, il ressent profondément, exaspère ses propres douleurs, exagère ses joies, n'est jamais modéré dans ses sentiments, outre ses sensations, souffre plus que le commun des hommes, possède, de même, plus facilement, la plénitude du contentement.

Ainsi que le comédien sur ses tréteaux, il est en vue, objet de discussion, admiré par les uns, sifflé par les autres; s'il n'a pas appris de bonne heure à demeurer insensible au blâme comme à l'éloge, il se plonge en des alternatives de colère et de bonheur, qui l'épuisent également. Il est sujet à d'immenses découragements, lorsqu'il voit ce que d'autres ont fait qu'il ne peut faire : il s'efforce vainement d'atteindre le point culminant de son art. Toujours il est arrêté par des obstacles qui l'irritent.

Le travail intellectuel produit les mêmes fatigues que le travail matériel ou musculaire, fatigues encore augmentées par l'effort de la création, aussi cruelles au point de vue psychologique qu'au point de vue physiologique. C'est, dans les deux cas, une déperdition de forces considérable, qui n'est presque jamais compensée, pour l'artiste, par un repos équivalent. En effet, la journée faite, l'ouvrier s'amuse ou dort. L'artiste n'a pas de journée : on peut dire qu'il travaille dans la veillée et dans le sommeil, partout où il est, où qu'il soit, même lorsque sa présence en un lieu de plaisir démentirait son dessein de travailler. En marchant, il pense ; en parlant, il étudie ; en lisant, il amasse ; en priant même, il examine. Toutes ses actions sont tendues vers le même but ; ses pas, ses démarches, ses relations, les spectacles de la nature ou de la rue, les rires, les douleurs et les deuils, tout enfin, ce qui est, pour les autres, *la vie*, n'est pour lui que la préparation à cette vie factice qui commence dès qu'il prend la plume.

Et alors, le résultat de cette énergique concentration des facultés de l'esprit, est un enfantement laborieux, difficile, véritable lutte symbolisée jusqu'à un certain point dans l'Ecriture, par la lutte de Jacob avec l'Ange. Et quel que soit, d'ailleurs, le produit élaboré par une si étrange et si puissante dépense de forces physiques et morales, la conséquence demeure identique. Il faut autant de peines pour écrire un méchant roman que pour bâtir un chef-d'œuvre, et les malheureux qui s'évertuent à pasticher misérablement Shakespeare se donnent autant de mal, sinon plus, que le vaste génie qui concevait le *Roi Lear,* ou *Macbeth,* et réussissait du premier coup.

L'artiste, pénétré de sa mission, respectueux des dons qu'il a reçus, convaincu, par l'expérience et par la foi, qu'il n'a pas droit au bonheur, ayant le génie, l'artiste a médiocrement cure des intérêts de fortune, de rang, d'avenir. Sa fortune, c'est son talent qu'il est porté à croire inépuisable ; son rang, c'est sa gloire, qu'un sentiment bien humain agrandit à ses yeux ; son avenir, c'est le succès, auquel il ne cesse de croire, et dont il est sûr. Si pénibles que soient les misères qu'il endure, il les supporte sans impatience, étant certain d'y mettre un terme ; il a oublié le passé, il dédaigne le présent, il espère. Il s'accoutume donc à cette existence au jour le jour, faite de combats, d'espoirs, de déceptions, de travail ininterrompu, de longues rêveries, que des ignorants ont voulu stygmatiser du nom de bohême !... Il n'a point, certes, l'exactitude du commerçant dont chaque ligne est portée sur quelque grand livre, dont chaque lettre est copiée dans un registre spécial, dont chaque signature est notée sur un carnet d'échéance. Il a inventé tant de coups de théâtre inattendus, tant d'heureuses péripéties, qu'il les attend pour lui-même, et se fait du hasard une sorte de fétiche. Il prend de là une insouciance persistante des soucis pécuniaires, un mépris souverain du « confortable » bourgeois, une haine formidable des hiérarchies qui le repoussent, refusant de lui assigner un rang déterminé, à lui, l'égal des princes, et que d'obscurs contempteurs écartent des voies bien entretenues où cheminent paisiblement les ambitions officielles.

Telle est, prudemment esquissée, la vie de l'artiste. Ce siècle pourtant l'a un peu transformée. Un peintre n'est plus un gueux, et gagne beaucoup d'argent, et tel littérateur fait envie à des banquiers. Mais il y a d'autres motifs pour justifier l'opinion que j'ai citée. Un écrivain, par exemple, souffrirait également d'épouser une femme qui lui serait supérieure, ou une femme qui lui serait inférieure. Dans le premier cas, son orgueil serait atteint; dans le second, sa vanité aurait à souffrir. Il faut donc que cette femme soit assez intelligente pour comprendre son mari, assez habile pour le guider sans lui porter ombrage, assez sage pour se contenter du rôle modeste qui lui est attribué. Elle a le gouvernement de la maison, comme la femme forte de la Bible, mais ne s'immisce point dans les hautes spéculations et les hautes visées de celui dont elle est la compagne. Elle doit pourtant s'associer à ses travaux, lui donner par son commerce agréable et fidèle la sensibilité, l'attrait, le charme, qui manquent souvent aux penseurs, et le garder, par sa propre influence des influences néfastes. Situation délicate, presque périlleuse, qui exige, avec un tact infini, une profonde connaissance du cœur.

***

Le mariage de Paul Féval eut lieu dans les circonstances les plus singulières; il semble que la Providence l'ait guidé par la main, pour le jeter, naufragé de la vie parisienne dans un port de salut. Il a, lui-même, dans le dernier volume des *Etapes d'une conversion* raconté ce grand événement auquel il ne songeait point. En plein succès, déjà célèbre, idole de la popularité, gagnant des sommes énormes, — il fut tout à coup foudroyé par une immense douleur, et par une terrible maladie. La douleur, il l'a chantée avec l'accent du plus sublime désespoir dans le *Drame de la Jeunesse* (livre retiré de la circulation); la maladie, décrite dans le *Coup de Grâce*, était la névrose, cette épouvantable névrose qui sature le siècle entier, maladie de peuple décadent, surmené, exacerbé — disent les médecins et les naturalistes, — par toutes sortes d'abus et d'excès, par la violence des sensations, l'âpreté du travail, la recherche des jouissances, l'écrasante fatigue des efforts quotidiens.

Le romancier se mourait, frappé à la fois au moral et au physique. Il cherchait un asile. Il le trouva chez le docteur Pénoyée, qui eut son heure de célébrité. Le docteur Pénoyée était un ouvrier, serrurier disent les uns, arquebusier, disent les autres, qui n'avait appris à lire qu'à trente-cinq ans passés. Il ne parlait pas correctement français, mais il faisait des cures surprenantes. Ardent disciple d'Hahnemann, il exerçait, l'un des premiers à Paris, la médecine homœopathique, et son ordonnance verbale, un peu fantaisiste en la forme, affirmait à Féval ceci : « Vous n'êtes pas malade du tout, mais vous allez en mourir et ce ne sera pas long. » Il emmena chez lui le névropathe, lui donna l'hospitalité au sein de sa famille, et commença le miracle de le guérir.

Or le docteur Pénoyée avait une fille « jeune personne très douce, très ferme, et très pieuse aussi, à mon insu, car elle n'avait point occasion de le montrer dans le milieu où nous étions ; il me serait malaisé de dire à quel degré je la voyais peu et mal. Elle vivait beaucoup dans sa chambre, et beaucoup à l'église quoiqu'il n'en fût jamais question ; elle parlait rarement et se montrait plutôt sereine que gaie. »

Paul Féval avoue ingénument qu'il n'accordait à cette jeune fille aucune espèce d'attention. Il fut amené à demander sa main par un sentiment bizarre : il voulait, en s'alliant avec lui, témoigner sa reconnaissance au bon docteur qui l'avait sauvé ; il payait ainsi une de ces dettes que des montagnes d'argent ne paieraient point. Résolu, en outre, à mettre de l'ordre dans sa conduite, songeant à *faire une fin*, la trentième année ayant sonné, épris de la famille où tout le monde lui plaisait, hormis sa future, qui ne lui déplaisait pas, puisqu'il ne l'avait encore jugée ni en bien ni en mal, il se décida, mais sans réfléchir autrement à la grave détermination qu'il allait prendre. « L'idée du mariage, sacrement établi par Dieu, le principal des contrats que l'homme puisse signer en ce monde, effleura tout au plus mon esprit en passant, mais ne s'approcha même pas de mon cœur. »

Voyez le joli portrait que le maître, après tant d'années, trace de sa fiancée au jour béni des fiançailles. « Quand mademoiselle Marie entra pour le déjeuner de midi, je la regardai enfin pour tout de bon. Elle n'était pas de celles qui se voient ainsi du premier coup, mais j'aperçus pourtant dès ce moment comme un reflet de l'or pur qui était au fond de son cœur, et je fus frappé comme tout voyageur qui, après avoir parcouru un pays en long et en large, y fait soudain une découverte inattendue. Elle était beaucoup moins timide que je ne croyais, et si elle ne se montrait pas entièrement dès le début, ce n'était assurément pas sa faute, car elle ne dissimulait rien d'elle-même. Cela me plut, mais avec mes mœurs de roman et de comédie, j'eus, dès ce moment, une vague inquiétude de n'être pas le plus fort, en cas de bataille contre elle dans l'avenir, et ce n'était point là une crainte tout à fait chimérique. »

Dès ce temps-là déjà, dès ces belles années de jeunesse confiante et d'amour, aux heures joyeuses où naissait le premier-né, si l'époux se targuait avec orgueil d'apprendre à l'épouse la science de la vie, l'épouse préparait le retour de l'époux à la science du salut. « Chaque heure me la faisait mieux juger; elle s'enhardissait à me montrer les ferventes confiances de sa pensée, quand le bien-aimé petit ange dormait entre nous deux et bien souvent je suis resté en admiration, littérairement parlant, devant les solidités enfantines de cette foi, pleine de vaillance, mais aussi de discrétion qui s'affirmait avec une simplicité si tendre, avec une si fière candeur... Nous ne parlions jamais religion, dans la rigueur du terme; je me croyais, en cela comme en tout, beaucoup plus fort qu'elle, mais je fuyais néanmoins, évitant la bataille par mes fameuses leçons, entremêlées d'anecdotes ou de gaietés... Elle ne me poursuivait point sur le terrain de mes déroutes et j'aurais dû sentir dès lors à quel point je me trompais sur sa prétendue faiblesse. En l'absence de tout apprêt et de tout calcul, elle avait innée la victorieuse prudence des conquérants de l'apostolat qui laissent entrer l'ennemi dans leurs retranchements et l'y enferment. En ce temps, j'aurais éclaté de rire si quelqu'un m'eût dit que Marie, ma femme-enfant, mon élève à qui j'apprenais l'a b c des petites choses mondaines, avait la prétention de convertir son maître ! Et pourtant il est bien certain qu'à cette école dont j'étais le professeur en titre, c'était moi seul qui profitais. »

**

On sait combien fut prodigieuse la fortune littéraire de Paul Féval; il partageait la vogue avec Alexandre Dumas, cet étonnant conteur, dont on lisait les œuvres pleines de bonne humeur sous toutes les latitudes : Féval fut longtemps populaire; ses feuilletons émerveillaient Paris et la province, faisaient monter le tirage des journaux qui se les disputaient à coups de primes; on le préférait au sombre Frédéric Soulié, et même à Eugène Sue, socialiste aux gants roses, devenu républicain par des mésaventures de salon. Romans historiques ou prétendus tels, interminables récits de cape et d'épée, légendes bretonnes, il produisait tout,

8.

et par quantités, et dans chaque livre on trouvait des pages supérieures, une extrême originalité, une ironie amusante, des portraits pris sur le vif. Il inventait des combinaisons compliquées, embrouillait et débrouillait les intrigues les plus singulières, exploitait les situations extraordinaires, fouillait les bas-fonds de la société, dévoilait les plaies secrètes, et toujours avec un entrain, une verve, une gaieté à intéresser le plus farouche quaker.

Paul Féval régnait dans tous les journaux, célèbres et puissants, pendant toute la durée de l'Empire; les chroniqueurs citaient son nom en toute occasion; les bibliographes s'épuisaient à louer ses livres; la mode, divinité capricieuse, empruntait des noms à ses héros, et les bourgeois donnaient à leurs filles les noms de ses héroïnes. Il présidait la société des gens de lettres; une cour d'élèves et d'admirateurs l'entourait; il avait autant d'amis qu'il pouvait en nourrir, et comme chez les patriciens de Rome, ses antichambres étaient encombrées de clients.

Enfin l'Empereur l'invitait à Compiègne et attachait sur sa poitrine l'étoile de la Légion d'honneur. L'écrivain, devenu illustre, avait donc toutes les gloires et tous les privilèges. Il avait aussi la richesse. J'ai fait, ailleurs, l'analyse de son œuvre gigantesque par le nombre, plus de cent volumes, que dis-je? peut-être deux cents. Cette facilité de production, cette étonnante puissance de travail étaient, on le pense bien, récompensée par ces Crésus modernes, les journaux. Mais ce n'était pas encore assez que la littérature, et Paul Féval se mit au théâtre. De ses principaux ouvrages à succès, tels que le *Bossu*, ou *les*

Mystères de Londres, il tira des drames qu'une foule enthousiaste allait applaudir tous les soirs. C'était une source de bénéfices considérables, dont on ne se peut faire aucune idée, quand on n'a point pénétré au fond de l'antre mystérieux des coulisses. Auteur dramatique, romancier, poète, publié à des centaines d'éditions, reproduit par des milliers de journaux, traduit dans toutes les langues parlées en pays civilisé, Paul Féval n'avait, en vérité, rien à désirer, et pouvait jouir en paix d'un bonheur légitime et bien gagné, car il était vraiment l'artisan de sa fortune.

Eh bien! ce qui étonne plus encore que cet amas de volumes, que ces montagnes de pages entassées, Pélions de romans sur des Ossas de feuilletons! ce qui surprend plus encore que le talent prodigieux dépensé prodigalement à amuser pendant trente années ses contemporains, c'est que dans tous ces livres et dans toutes ces pièces, l'auteur n'a pas tracé une seule ligne contre la Religion. Et c'est là que s'affirme l'influence de l'épouse, de la femme d'élite qui ne voulait point heurter de front les préjugés du romancier, ses idées maintenues dans une indifférence tiède par l'atmosphère intellectuelle où il vivait, mais qui, sagement, avec prudence, avec l'habileté des faibles, entretenait dans le cœur et dans l'esprit de son mari — les croyances anciennes, endormies peut-être, mais non point mortes.

Un mot dit à propos, un conseil, voilé sous un apologue, une critique spirituelle, un encouragement aimable ont peut-être épargné au grand écrivain le regret d'avoir prononcé une parole pernicieuse. Et c'est en voyant auprès de lui cette femme qui, s'écartant des réunions mondaines, se vouait à la tâche sacrée d'élever ses huit enfants, lui conservait le respect des choses saintes, lui donnait l'exemple de la prière, qu'il garda le culte de l'honneur catholique. Jamais un mot contre les enseignements de l'Eglise, jamais une erreur volontaire, jamais une moquerie. Sans doute, il sacrifiait aux mœurs de son époque, et plus d'un de ses livres portait l'empreinte d'un scepticisme léger : il s'accommodait trop facilement peut-être des théories commodes en matière de morale ; mais, au moins, il ne se complut jamais dans le vice et n'en fit point l'apologie ; on ne pouvait reprocher à ses romans qu'une certaine complaisance en fait d'amourettes, çà et là quelque tableau un peu cru, un peu monté en couleur, mais aucune maxime vraiment dangereuse, aucune intention de nuire, aucune secrète satisfaction d'exciter les mauvais penchants du lecteur.

C'est bien à madame Paul Féval que le maître dut cette circonspection qui le faisait traiter de « clérical » longtemps avant son retour public à la foi de ses jeunes années ; ce fut aussi au souvenir de son admirable père, cet intègre et austère magistrat dont il a tracé un si magnifique portrait dans le premier volume des *Etapes d'une conversion*, au souvenir encore de sa mère et de cette noble famille, si chrétienne et si dévouée, qu'il avait naguère laissée en son pays de Bretagne. Il conservait la mémoire de son enfance, des premiers *Ave* balbutiés sur les genoux maternels, de la première communion, des fêtes si touchantes qui ouvrent à l'imagination des enfants de si poétiques horizons. Et ces fêtes, ces joies intimes, ces événements heureux, il les revoyait, il les revivait dans son foyer, avec ses filles et ses fils auxquels il donnait l'éducation la plus religieuse, et qu'il avait eu garde de confier à l'*alma parens* universitaire, aux lycées laïques, aux pensionnats élégants.

.*.

Les prières, les vœux, la longue et prudente patience de l'épouse chrétienne devaient être couronnés enfin du succès qu'elle souhaitait si ardemment et qui, s'il est permis de le dire, dépassa ses espérances. Il fallait ce que Féval a appelé « le coup de grâce. » Beaucoup de gens se sont mépris, volontairement ou non, aux causes de cette conversion prévue par tous ceux qui connaissent le maître. Je puis dire ici que bien des années avant cet événement, je m'étais souvent aperçu des préoccupations de mon maître à l'égard des choses religieuses : que de fois il m'interrogeait sur les doctrines catholiques, sur nos auteurs, notre presse, nos journaux. Avec quelle admiration il me parlait de Louis Veuillot, par exemple. Un jour, à propos d'un livre célèbre de M. Ferdinand Fabre, couronné par l'Académie française, il me parla du prêtre et de sa mission sociale ; il en parla avec une ferveur sincère, avec un amour qui s'ignorait. Il poussait, dans nos petites controverses religieuses, le respect de la foi jusqu'au scrupule. Il m'enviait de croire, et je vis des larmes dans ses yeux, lorsque je citai la parole relative à la foi du charbonnier. Un autre bien grand homme de lettres, Octave Feuillet m'avait déjà dit : « Que vous êtes heureux de croire ! » Féval répétait fréquemment cette exclamation. L'évêque de Maurienne, à qui j'avais porté quelque pages sur le sacerdoce copiées dans les *Amours de Paris*, titre bien profane ! — s'écria après les avoir lues : « Cet homme *agonise* du désir de croire ! » Mais il croyait déjà et n'avait que le tort de ne pas mettre sa conduite en rapport avec sa croyance.

Il ne faut donc point écouter les malveillantes rumeurs qui ont voulu établir une corrélation entre la ruine et la conversion. Le converti était vraiment indigne de ces calculs. Il n'y songea point et fut, un instant, douloureusement blessé qu'on y fît allusion ; puis il se résigna ; la calomnie ne l'atteignait pas.

La vérité est que la conversion vint au moment de la ruine et que madame Féval saisit cette occasion de montrer à son mari l'unique consolation. Dieu veut qu'on pense à lui surtout quand on souffre. Il est le suprême appui, la seule espérance. Dans le *Coup de grâce* les très simples et très touchantes péripéties de ce drame bourgeois sont racontées avec l'accent attendri de la vérité. Pourquoi le père de famille avait cherché à tirer meilleur parti de l'argent qu'il avait eu si grand' peine à gagner ; pourquoi il l'avait placé au trésor de Sa Hautesse le Sultan, très hospitalier à l'argent des chrétiens ; comment le sultan fit banqueroute à ses créanciers ; quel désastre s'ensuivit pour la nombreuse famille du romancier qui subvenait encore, et en même temps, à l'éducation de ses enfants, qui avait quatre filles à doter et quatre fils à pourvoir. Tout cela est dit avec douceur et résignation dans ce livre éloquent *Le Coup de grâce*.

Lorsque madame Féval apprit que tout était consommé, qu'il ne restait pas un sou de l'épargne si longuement amassée, qu'il fallait restreindre le budget du ménage, peut-être diminuer les dépenses des enfants, supprimer une large part de l'aisance dans laquelle on vivait, renoncer à des habitudes de confortable, en un mot recommencer l'existence laborieuse, malaisée des jours d'antan, à un âge où l'on a le droit de jouir du bien-être et de prendre du repos, cette admirable femme n'eut pas le moindre sentiment de révolte : elle ne récrimina pas, elle n'accusa son mari ni de maladresse ni d'imprévoyance, elle l'aimait ; elle ne fit nul reproche et ne formula nulle plainte. Elle eut un instant de regret, non pour elle, mais pour les enfants, accoutumés à la certitude de la fortune et qui auraient à souffrir peut-être. Puis, après ce premier mouvement si humain, elle se mit à genoux, pria, se releva fortifiée, et tenta de faire comprendre à son mari que dès lors il ne restait plus rien qui l'éloignât de Dieu. Ce fut sa première pensée : le retour au bon Dieu, qui éprouve ceux qu'il aime. « Dieu m'aime beaucoup, disait Féval avec un sourire, car Il m'a rudement châtié. »

La grâce n'eut pas, cependant, un effet immédiat. La conversion ne fut pas spontanée. L'homme hésitait, en face du grand problème : il avait cette forme particulière de vanité que le catéchisme appelle « respect humain ». Il lui semblait pénible à lui, auteur illustre, applaudi par des foules pendant un quart de siècle, d'aller se mettre à genoux devant un pauvre prêtre, fort indifférent aux glorioles littéraires, et qui ne voudrait voir, à ses pieds, qu'un pénitent. Peut-être pensait-il, aussi, des catholiques, ce que lui en disait un personnage en qui il est permis de reconnaître l'excellent baron Taylor: « les catholiques comme vous prétendez l'être ne sont pas dans la circulation, ils forment un groupe à part, on ne les aime pas, et tout ce qui touche à la franc-maçonnerie, c'est-à-dire un peuple énorme, les déteste très activement, — très mortellement. C'est à tort, je ne prétends pas le nier, c'est boutique contre église, mais rien n'est puissant comme la boutique. Moi qui vis près des catholiques, je les tolère supérieurement et me sers de leur charité pour venir en aide à ce qu'ils appellent avec dédain ma philanthropie; cependant je les juge : il n'est pas contestable qu'ils manquent de charme, tout à fait; ce ne sont point généralement de joyeux camarades, ni dans l'art, ni dans les affaires, ni dans le plaisir. Ils passent, sauf certains moines très avisés, pour abhorrer le talent, et sauf certains grands évêques, humanisés par l'éclat de leurs propres dons, pour avoir une frayeur atroce du génie : leurs écrivains, qui sèchent sur tige, faute de rosée, pourraient vous renseigner à cet égard. Ils ont de la vertu, c'est vrai, mais elle est restrictive et gênante ; ils ont de la prudence, mais c'est celle qui glace ; de la réserve, mais c'est celle qui garrotte et arrête. Bref ce sont des saints désagréables, un tantinet cauteleux et jaloux, et de plus, très mal cotés en bourse.

« On se défie d'eux comme Athènes faisait pour Aristide et peut-être avec plus de raison ; le pli en est pris, d'ailleurs, profondément et vous ne changerez pas cela. Je pourrais vous citer des exemples curieux et tristes de gens dans votre cas : j'en ai connu qui sont devenus les bêtes noires de leurs meilleurs compagnons et suspects, vous m'entendez bien, sérieusement suspects à certains membres de leurs familles ! Ami, le courant ne va pas de ce côté-là, au contraire. Il faut mourir en Dieu, c'est mon avis, mais il faut vivre sur la terre ! »

Ainsi parla le baron Taylor, et son langage ne différait pas sensiblement de celui d'un bourgeois lettré et sensé, nourri de bonnes intentions. Je ne sais pas ce que dit madame Féval pour rétorquer ces arguments de sophistes ; mais à coup sûr, si l'un fut l'avocat du diable, l'autre fut l'avocat du bon Dieu. Assurément, il y avait péril pour Paul Féval. Il abandonnait une haute situation, des amis puissants, des chances de fortune nouvelle ; il allait exciter des colères, des haines, et ce qui est encore plus terrible, des moqueries ; peut-être aussi pouvait-il craindre de se trouver en face de certaines défiances, de certains doutes. La question des intérêts, qu'il fallait bien aborder, avec huit enfants à élever, se présentait défavorablement : les journaux catholiques ne sont pas riches, et ils sont encombrés : la librairie catholique, en pleine persécution religieuse, avec des expulsions et des suppressions de traitement, était menacée de la crise qu'elle traverse. Vivre de sa plume est un problème que peu d'écrivains résolvent, surtout quand il y a de si lourdes charges qu'une grosse famille. Que faire ?

Pour traiter de toutes ces choses, que je dis ici brutalement, car la vérité est toujours brutale, il n'y avait qu'un esprit fin, délié, expert ; il s'agissait de rassurer un hésitant, de rompre les derniers liens qui l'enchaînaient, d'adoucir le sacrifice, d'encourager une âme troublée, de verser un peu d'espérance dans un cœur près de sombrer dans le désespoir. Madame

Paul Féval fut l'ange visible qui opéra ces prodiges. Et pourtant, même après ces prodiges accomplis, même après la résolution prise de dépouiller le vieil homme, selon l'admirable expression du Livre Sacré, l'œuvre n'était pas achevée. Il y manquait la sanction divine, l'irrésistible contrition, la grande poussée qui jette le pénitent aux pieds de la croix, et sous la main du prêtre. Il fallait un miracle. Il eut lieu. Non pas le miracle absolu, défini, tout à fait d'ordre surnaturel, même par la forme apparente. Mais une rencontre providentielle, un lointain souvenir évoqué, la céleste et invisible influence de ce frère de Paul Féval, ce « Charles » de la *Première Communion* qu'il a peint si grand et si saint, qu'on est tenté de croire à un caractère imaginé, inventé. La scène qui raconte ce mystérieux événement forme le chapitre IX du *Coup de Grâce*. C'est un acte de grande vertu que de l'avoir imprimée. L'humilité étonne toujours les orgueilleux que nous sommes.

.˙.

Paul Féval revint donc à Dieu, tout entier. Il voulut que tous ceux de ses livres qui pourraient être corrigés, le fussent. Il se soumit à des mutilations cruelles pour un auteur, qui a le respect de son art. Quant aux autres livres, qu'il eût été difficile de corriger, il les racheta. Il sacrifia une somme considérable à les racheter aux éditeurs, et il les détruisit, héroïquement. Il ne voulait pas qu'une seule page restât qui pût témoigner contre lui. Pour bien comprendre la sublime abnégation d'une pareille obéissance, il faut être artiste : il faut se représenter que les œuvres d'un artiste sont ses enfants ; il faut savoir qu'il y a autant d'héroïsme chez un poète qui brûle ses vers, ou chez un peintre qui efface son tableau, que chez un Abraham couchant son Isaac sur le bûcher. Ce douloureux sacrifice, la destruction de livres qu'il aimait, Paul Féval le fit courageusement. Déjà il avait quitté sa belle demeure de l'avenue des Ternes, pour venir se loger près de l'église du Sacré-Cœur à Montmartre. Lui et sa femme disaient adieu au monde : ils s'exilaient, pour ainsi dire, de leurs anciennes relations ; ils apportaient, dans ce quartier perdu, l'exemple de leur résignation et de leur piété.

Il se trouve que, presque sans avoir parlé d'elle, j'ai fait ici toute l'histoire de madame Féval. J'ai montré l'œuvre de sa vie : la conversion de son mari. Trente ans d'efforts et de prières, couronnés par la plus glorieuse victoire. On juge l'arbre à ses fruits. L'arbre ayant donné sa récolte, s'est desséché, puis est tombé. L'épouse chrétienne ayant achevé sa tâche a pu chanter le *Nunc Dimittis* du patriarche, et Dieu l'a entendue. A quoi bon, maintenant, dire qu'elle fut charitable ? Qu'elle donnait beaucoup, et savait donner ? Pourquoi parler de son zèle, de son dévouement aux œuvres pieuses, de son culte ardent pour le Cœur Adorable de Jésus ? Faudrait-il encore révéler son amour infini pour le compagnon de sa vie, si cruellement frappé, ou raconter les nouvelles infortunes dont il fut assailli, la spoliation dont il fut victime, les souffrances endurées ? Non. C'est bien inutile, puisque tout est fini. L'épouse est au ciel, et l'époux se prépare à la rejoindre. L'un et l'autre auront la récompense éternelle qu'ils ont cherchée.

Il y a quelques jours, j'allais voir mon maître Féval dans l'hospitalière et riante maison des religieux que le peuple de Paris appelle — nom bizarre et si touchant! — *les Frères Sergents de Dieu!* — Je l'embrassai. Nous parlâmes de celle qu'il a perdue, pour si peu de temps. Le vieillard se mit à pleurer et mon cœur déborda : — Ah! lui dis-je, ne pleurez pas : c'était une sainte! Alors, avec un sourire comme je n'en ai jamais vu de si beau, avec un regard qui allait par delà le ciel bleu rayonnant sur nos têtes, il murmura, doucement :

« Oh! oui, mon enfant, une sainte! »

GEORGE SAND

Ah! Seigneur, donnez-moi la force et le courage
De contempler mon cœur et mon corps sans dégoût!
CHARLES BAUDELAIRE.

Ces deux vers admirables résument presque les *Fleurs du Mal*, où ils représentent le profond sentiment religieux vibrant dans l'âme du poète, et je cherche vainement leur équivalent dans l'œuvre entière de George Sand, qui, mieux encore que Baudelaire aurait pu les proférer, et qui n'a eu ni cet élan d'humilité, ni cette idée nette et puissante de la chute. George Sand a toujours plané dans une bonne foi imaginaire, n'ayant d'autre religion qu'un vague déisme, d'autre culte que celui de la nature et des penchants naturels, et jouissant de ce privilège singulier d'être déclassée sans avoir perdu l'estime publique, en apparence. Elle-même révéla de lamentables égarements, et le monde, si sévère justicier qu'il soit d'habitude, fut pour elle d'une indulgence extrême. On ne la blâma pas plus qu'on ne la plaignit: on s'accoutuma à oublier qu'elle avait été épouse et mère, et l'on ne voulut voir en elle qu'un écrivain comblé des dons les plus merveilleux que puisse départir la Providence à une créature humaine, sans vouloir toutefois convenir qu'elle abusait de ces dons, et retournait contre son Dieu les armes que Dieu lui prêtait.

Elle fut une des gloires de cette génération de 1830 qui exerce une influence indéniable sur notre siècle, et qui est partie, lambeaux par lambeaux, laissant plus de souvenirs que de regrets, après avoir écrit une des plus belles pages de l'histoire littéraire. La pléiade compta beaucoup d'illustres, et n'en compte plus un seul. Combien sont morts d'une façon terrible? Combien ont cessé d'exister avant même que de mourir? C'est Lamartine expirant, en cherchant à ressaisir les débris de sa gloire, et ne pouvant avoir de statue que ses créanciers n'aient été payés!... C'est Gérard de Nerval accrochant une corde à la fenêtre grillée d'un bouge, et se pendant, comme Judas, parce que ne croyant plus au souverain bien de la vie, il espérait se réfugier dans le souverain bien de la mort... C'est Alexandre Dumas, le grand amuseur, frappé d'idiotisme, oubliant et sa renommée et son propre nom, et rendant le dernier soupir au milieu de nos désastres, sans que personne s'aperçût qu'il n'était plus. C'est Alfred de Musset, le poète illustre, dont un Juvénal seul pourrait décrire les derniers moments, et c'est Michelet, enterré avec le fracas du scandale. Victor Hugo est le seul qui reste, pour son châtiment Le magnifique poète, l'enfant sublime, on sait ce qu'il est devenu: un maniaque sénile, un servile adulateur des multitudes le fétiche d'une coterie.

Aucune gloire n'a survécu, intacte et indiscutée, à la révolution littéraire de 1830, et le siècle achevé, peut-être ne restera-t-il que les noms, sans les œuvres. Déjà l'oubli s'est fait, pour beaucoup de ces aventureux chevaliers de la plume, et quand on voit où est arrivée l'école littéraire de ce temps-ci, on est facilement persuadé que l'abondance de la production n'est qu'un gaspillage des forces intellectuelles, et que de cette armée d'écrivains, il ne restera qu'une poignée d'hommes, et certainement ceux que nous apprécions le moins.

A aucune autre époque, on n'a compté plus de femmes auteurs. L'exemple de George Sand en a séduit un grand nombre, aussi bien que la soif de briller, l'ardeur de savoir, et ce besoin de se déclasser, et cette facilité à dévoyer qui sont propres aux sociétés en décadence. Je dirai, avec un anonyme célèbre : « Toutes les fois que je lis à la devanture d'un libraire un nom de femme mis en vedette, j'éprouve un involontaire sentiment de tristesse mêlé de colère, en songeant que cette femme qui s'offre ainsi en pâture à la curiosité publique, a quelque part, près ou loin, un mari, un fils, un frère, que son exhibition de chaque jour doit faire rougir ou trembler [1]. » Ceci ne s'applique, on le pense bien, qu'à celles qui ont fait bon marché de tout principe, qui écrivent, non pour moraliser, mais pour corrompre ; le nombre en est grand.

Amantine-Lucile-Aurore Dupin, naquit le 5 juillet 1804, au château de Nohant, où elle est morte le 8 juin 1876. Sa grand'mère, fille naturelle de Maurice de

---

1. *Lettre de Junius.*

Saxe, l'illustre vainqueur de Fontenoy, avait épousé en secondes noces M. Dupin de Francœuil. C'était une femme lettrée, mais imbue de l'esprit philosophique du dix-huitième siècle, incrédule, grande admiratrice de Voltaire, à la fois aristocrate rigide et libre-penseuse, fort sévère quant aux bienséances, mais très frivole quant aux idées. Elle était toujours en lutte avec sa bru, qui était plébéienne et qui s'en glorifiait, peu instruite, sans éducation, antipathique à tout ce qui touchait à l'ancien régime. C'est par ces deux femmes, ou plutôt entre elles, qu'Aurore Dupin fut élevée.

« Dans ses libres jeux avec les petits paysans du voisinage, George Sand oubliait les leçons de sa grand'mère, et apprenait à mépriser les convenances extérieures et les usages d'une société despotique à laquelle elle ne se soumettra jamais, qu'elle attaquera même souvent. Si elle reconnaissait qu'elle était femme par sa sensibilité et son imagination, elle avouait aussi qu'elle se séparait de son sexe par son horreur pour les parures, pour les plaisirs du monde, les caquets insipides et les conversations vides. A la société des femmes, elle préférait celle des hommes, qui savaient du moins faire vibrer dans son esprit des cordes plus franches et plus pleines [1]. » A quatorze ans, elle fut mise en pension à Paris au couvent des Dames augustines anglaises ; elle y fut longtemps indisciplinable, puis elle devint pieuse, et lut avec ardeur l'Evangile, l'*Imitation de Jésus-Christ*, le *Génie du Christianisme*.

A Nohant, dès son retour, elle retomba sous l'influence de sa grand'mère, et sous son inspiration, elle

---

[1]. *Revue politique et littéraire.*

lut la *Théodicée* de Leibnitz, la *Profession de foi du vicaire savoyard*, les *Lettres de la montagne*, le *Contrat social*. Ce fut pour elle, alors, le naufrage de la foi catholique. Elle s'enthousiasma pour Jean-Jacques Rousseau, le plus immonde philosophe et le plus dangereux sophiste qui soit. Elle s'imprégna de sa religiosité sentimentale, de la sensiblerie de la *Nouvelle Héloïse*, des théories fausses de l'*Emile*. On la maria, sur ces entrefaites, avec le baron Dudevant, dont elle ne tarda pas à se séparer.

Elle vint à Paris en 1832. Pour qui voudrait connaître ce qu'était alors, dans la capitale, la vie littéraire, il n'y a pas de meilleur guide que le roman de Balzac, les *Illusions perdues*, livre éloquent et superbe, inspiré sans doute par d'amers désenchantements, mais où les vices, les passions, les rancunes, les haines des contemporains de son auteur sont flagellés, et où les misères, les combats, les affreux secrets du journalisme sont décrits avec une douloureuse éloquence. « Mon pauvre enfant, dit Lousteau à Rubempré, je suis venu comme vous, le cœur plein d'illusions, poussé par l'amour de l'art, porté par d'invincibles élans vers la gloire : j'ai trouvé les réalités du métier, les difficultés de la librairie et le positif de la misère. Mon exaltation, maintenant comprimée, mon effervescence première me cachaient le mécanisme du monde ; il a fallu le voir, se cogner à tous les rouages, heurter les pivots, me graisser aux huiles, entendre le cliquetis des chaînes et des volants. Comme moi, vous allez savoir que sous toutes ces belles choses rêvées, s'agitent des hommes, des passions et des nécessités. Vous vous mêlerez forcément à d'horribles luttes, d'œuvre à œuvre, d'homme à homme, de parti à parti; où il faut se battre systématiquement pour ne pas être abandonné par les siens. Ces combats ignobles désenchantent l'âme, dépravent le cœur et fatiguent en pure perte; car vos efforts servent souvent à faire couronner un homme que vous haïssez, un talent secondaire présenté malgré vous comme un génie. La vie littéraire a ses coulisses. Les succès surpris ou mérités, voilà ce qu'applaudit le parterre; les moyens, toujours hideux, les comparses enluminés, les claqueurs et les garçons de service, voilà ce que recèlent les coulisses. Vous êtes encore au parterre, il en est temps: abdiquez avant de mettre un pied sur la première marche du trône que se disputent tant d'ambitions, et ne vous déshonorez pas, comme je le fais pour vivre! »

Voilà dans quel monde fut lancée madame Dudevant; elle n'abdiqua point; elle mit le pied sur la première marche de ce trône dont un drap d'or cache les ais pourris, et, résolument, elle se jeta dans la mêlée. Son premier collaborateur fut M. Jules Sandeau, avec qui elle écrivit un roman à la manière de Paul de Kock : *Rose et Blanche ou la Comédienne et la Religieuse*, devenu introuvable, et que la châtelaine de Nohant eût été bien heureuse de pouvoir désavouer. Elle publia ensuite *Indiana* qu'elle signa GEORGE SAND, empruntant ainsi à M. Jules Sandeau la moitié de son nom, moitié devenue plus célèbre que le nom entier, quoique celui-ci ait brillé depuis lors sur le registre de l'Académie française.

George Sand fut aussitôt une personnalité. Balzac en a fait un des acteurs de la *Comédie humaine* sous le pseudonyme de Camille Maupin; mais il a crayonné son portrait d'une main légère, et s'il n'a pas célé des excentricités de mauvais goût, des habitudes étranges, il a du moins caché ces égarements que *Lélia*, *Elle et Lui*, dévoilent brutalement. Ce n'est pas dans son existence privée que nous devons suivre George Sand, bien qu'elle-même se soit exposée aux jugements sévères du monde. Ce qui nous intéresse plutôt, c'est la portée sociale de ses œuvres.

George Sand a successivement abordé tous les genres du roman. Elle a fait des romans champêtres, politiques, socialistes, de mœurs, historiques, fantastiques, mystiques même, obéissant à l'influence de l'ami du moment. Inconsciemment ou non, elle fut, abusant de sa grande faculté d'assimilation, l'écho et le reflet des idées d'autrui. Elle épousa les idées, les passions, les chimères de ses amitiés littéraires et politiques. Elle traduisit leurs utopies dans une langue splendide.

C'est ainsi que l'influence d'Alfred de Musset se fait sentir dans les *Lettres d'un voyageur; Jacques* a été écrit sous la férule de Gustave Planche; *Spiridion* et les *Lettres à Marcie* ont été inspirés par Lamennais; on reconnaît Pierre Leroux dans le *Meunier d'Angibault* et les *Sept Cordes de la Lyre;* Michel de Bourges n'a pas été étranger à *Horace*, au *Péché de M. Antoine*, non plus qu'Agricol Perdiguier, au *Compagnon du tour de France*. Ce scollaborations anonymes et inavouées inspirèrent à madame Emile de Girardin le mot cruel que l'on a si souvent répété : « C'est en parlant de madame Sand, que M. de Buffon aurait pu dire avec vérité : *le style, c'est l'homme!* »

Les premiers romans de George Sand furent dirigés

contre une des institutions fondamentales de la société.

Parce que cette femme n'avait pas trouvé dans le mariage les félicités que lui avaient promises ses rêves ; peut-être aussi parce qu'elle voulait se justifier de les avoir cherchées hors du mariage, elle déclara une guerre impitoyable à l'union conjugale, et tenta de réhabiliter le concubinage. Elle se montra l'avocat éloquent de la passion, de l'adultère, du divorce, de toutes les fictions légales ou non qui paraissent légitimer ou tolérer ce qu'un feuilletoniste, à cette occasion, a nommé « l'amour noble et volontaire. » Dans tous les romans de cet ordre, George Sand représente toujours la femme comme une victime, le mari comme un tyran, un coquin ou un imbécile, et elle fait de l'amant la personnification de toutes les vertus. Le lecteur se laisse subjuguer par l'ardeur du plaidoyer ; il plaint l'épouse, déteste l'époux, estime l'amant, excuse l'adultère ; l'écrivain atteint son but, et la foule des clients qui ont besoin d'un tel avocat enrichit le libraire.

Tous les romanciers qui, de près ou de loin, procèdent de madame Sand, emploient le même procédé ; si bien que depuis quarante ans, le livre, le théâtre et le journal s'unissent pour soutenir la même thèse et que partout on voit traiter, par les juges les plus incompétents, les plus passionnés et les moins désintéréssés, les grandes questions de l'indissolubilité, de la légitimité du mariage, de son origine, de sa forme extérieure, de son essence, de sa valeur au point de vue sociale, de sa puissance au point de vue religieux.

George Sand se faisait le champion des femmes abandonnées, le chevalier des maris complaisants, le défenseur des orphelins nés de père et mère inconnus.

Elle rompait des lances en faveur de l'émancipation de son sexe, sans réfléchir que le christianisme, depuis dix-huit siècles, a bien autrement émancipé la femme : que le mariage, en devenant un sacrement, a cessé d'être un marché ; que ce sont nos codes qui, de sacrement, le veulent transformer en simple contrat civil.

Dans *Valentine*, elle explique l'adultère, et l'atténue, en donnant pour époux à son héroïne un froid diplomate qui propose à sa jeune compagne un traité infâme : elle aura sa liberté, en échange de sa fortune. Et quand cela serait? Quand un misérable abuserait de ses droits, de son autorité, le crime serait-il moins grand ? Ce roman est la personnification de la passion humaine, qui se déchaîne en emportements impétueux et qui est d'autant plus ardente qu'elle lutte contre le devoir et qu'elle trouve pour obstacle la loi. Dans *Lélia* c'est l'amour impossible d'une créature pour une créature si parfaite, qu'elle n'existe pas ici-bas. Il n'y a rien là d'idéal, quoi qu'on en ait dit et il faut prononcer le mot terrible du Romain: *Lassata sed non satiata !* C'est Messaline, avec ses appétits grossiers, que masque cette *Lélia* assoifée d'idéal.

« Jacques est de la même famille, dit un critique. Les trois personnages, le mari, la femme et l'amant, qui forment l'éternelle et l'inévitable trilogie, sont une fois de plus en présence. De ces trois personnages, dont l'un est de trop, qui disparaîtra? Sera-ce l'amant, comme dans *Polyeucte*? ou la femme, comme dans la *Nouvelle Héloïse*? Dans *Jacques* c'est le mari. Au milieu d'une excursion sur les montagnes du Tyrol, il se jette dans un précipice et pousse le dévouement jusqu'à donner à son suicide l'apparence d'un événement involontaire. Ce renoncement au profit de l'adultère pourrait ne pas être ridicule si Jacques n'aimait pas ou méprisait sa femme. Mais il n'en est rien. Il l'aime et, ce qui est plus étrange, il l'estime. C'est par système qu'il sort de la vie pour mieux céder la place à ceux qui le trompent. Ce système, il l'expose doctrinalement et sous forme de prédication dans plusieurs lettres adressées soit à sa femme, soit à une confidente. Il ne se sacrifie pas par élan d'héroïsme, mais par conviction froide et raisonnée. Rien d'ardent ni d'enflammé dans les paroles dernières de Jacques. Il meurt en maniaque pédantesque et prédicant, sans doute comme il a vécu [1]. »

George Sand a traité dans la plupart de ses productions la thèse du mariage, celle des unions libres et a provoqué les fameuses théories de M. Dumas fils, que l'on peut résumer en trois impératifs : *Tue-le! Tue-la! Tue-les*. Elle a analysé toutes les passions qui sont un danger pour le mariage, étudié tous les modes de séduction, examiné toutes les conséquences qui en découlent ; mais elle ne l'a pas fait en moraliste : son tempérament, comme son genre de talent, ne l'ont pas permis. Elle a prêché, voilà le mot, et non point dans le désert.

Parmi cette série d'œuvres immorales, il n'en est peut-être aucune qui ait produit un plus grand scandale que *Elle et Lui*. Madame Sand avait été la maîtresse d'un poète illustre ; leur liaison dura quelque temps et fut rompue tout à coup, pendant un voyage qu'ils faisaient ensemble en Italie. Un mystère singulier plana sur cette aventure, tant qu'Alfred de Musset vécut. Dès qu'il fut mort, *Elle et Lui* parut, satisfit la curiosité malsaine du public, mais produisit une

---

1. *Les Romanciers contemporains.*

émotion scandaleuse. Un tel livre insultait au génie du poète, et violait le respect dû à la mort. M. Paul de Musset vengea son frère par la publication de *Lui et de Elle*, où il trace un portrait, hélas! ressemblant et peu flatté, de la Muse française. A côté des amis imprudents qui osèrent élever la voix pour glorifier, chez George Sand, cette inqualifiable perversion du sens moral, il y eut les railleries furieuses d'ennemis implacables contenues jusque-là par la toute-puissance de son merveilleux génie d'écrivain, et déchaînées en ce moment par son impardonnable légèreté de femme. Ici, en effet, l'abstraction de la personnalité de l'auteur n'était plus permise, comme dans *Lélia* : ce n'étaient pas les sentiments, les passions, les ardeurs, les défaillances, les combats, les défaites de madame Sand, dissimulés sous le nom d'une héroïne qui, à tout prendre, pouvait n'être pas elle; c'étaient bel et bien les faiblesses, les ardeurs, les défaillances, les luttes intimes de madame Sand racontées sans voile par elle-même[1]. Il fallut bien longtemps pour apaiser le scandale.

Avec ses romans politiques, George Sand aborde de front des questions d'un ordre plus élevé, et n'émet pas des théories moins dangereuses. *Horace* est inspiré par le souffle des pires passions de parti; il nous reporte aux mauvais jours de notre histoire, aux émeutes, aux barricades, aux batailles dans les rues. En le lisant, on se souvient que George Sand fut choisie par Ledru-Rollin, en 1848, pour rédiger ces fameux *Bulletins de la République*, que l'on répandait à foison dans les moindres hameaux, où ils apportaient les

---

1. *Lettre de Junius.*

dogmes du monde nouveau, proclamés par les chefs infaillibles des sectes, utopistes ou charlatans, rêveurs ou menteurs, qui pullulaient, et que Louis Reybaud peignait avec la plus mordante ironie dans son *Jérôme Paturot*. Mais après avoir lu *Horace*, où sont exprimées des idées malsaines, souvent exaltées, on ne comprend guère que, plus tard, l'auteur soit devenu un des piliers du Palais-Royal, un des hôtes du prince Napoléon, des commensaux de Sainte-Beuve, d'Ernest Renan. un des « saucissonniers » du Vendredi-Saint ; l'on comprend moins encore que dans son *Journal d'un voyageur pendant la Guerre*, elle ait si franchement fustigé les hommes du 4 Septembre. Apôtre de la révolution, elle se complut à exalter les haines sociales, à propager les doctrines absurdes qui ont établi en France le courant révolutionnaire contre lequel nous nous efforçons de lutter.

Pierre Leroux, l'inventeur de *la triade*, inspira de nombreux romans à George Sand, qui se chargeait de vulgariser ses doctrines humanitaires, car le fameux socialiste ne savait pas écrire d'une façon intelligible. « *L'amour*, dit-il quelque part, *est l'idéalité de la réalité d'une partie de la totalité de l'être infini, réuni à l'objection du moi ou du non moi ; car le moi et le non moi c'est lui.* » Si la pensée est abstraite, on conviendra que le style est phénoménal. *Consuelo et la Comtesse de Rudolstadt* ont été écrits sous l'influence de Pierre Leroux. On y trouve un singulier mélange d'idées : l'art est personnifié dans la Porporina, grande cantatrice, philosophe à la façon des encyclopédistes, libre-penseuse teintée de poésie ; la question du mariage est traitée singulièrement, à propos des amours de cette bohémienne avec Albert de Rudolstadt ; la partie politique comprend une étude sur le règne de Frédéric II de Prusse, et sur les sociétés secrètes de l'Allemagne ; enfin le mysticisme est représenté par le comte de Saint-Germain, Trismégiste, l'association des Invisibles, et surtout par l'idiot Gottlieb Schwartz et le bohémien Zdenko. George Sand adopte, dans ce livre, les erreurs des Hussites qu'elle défend avec l'ardeur et la vivacité d'une néophyte. Elle se plonge dans cette hérésie et s'en sert pour battre en brèche le catholicisme qu'elle déclare une religion dégénérée, insuffisante aux besoins spirituels et intellectuels du genre humain. Un court extrait fera mieux juger ses doctrines. C'est le fragment d'un discours adressé par le chef des Invisibles à Consuelo.

« Le caractère distinctif des religions de l'antiquité est d'avoir deux faces, l'une, extérieure et publique, l'autre, interne et secrète. La seconde est l'esprit, la première, la forme ou la lettre. Derrière le symbole matériel et grossier, le sens profond, l'idée sublime. L'Égypte et l'Inde, grands types des antiques religions, mère des pures doctrines, offrent au plus haut point cette dualité d'aspect, signe nécessaire et fatal de l'enfance des sociétés et des misères attachées au développement du génie de l'homme. Tu as appris récemment en quoi consistaient les mystères de Memphis et d'Éleusis, et tu sais maintenant pourquoi la science divine, politique et sociale, concentrée avec le triple pouvoir, religieux, militaire et industriel dans la main des hiérophantes, ne descendit pas jusqu'aux classes infimes de ces antiques sociétés. L'idée chrétienne enveloppée, dans la parole du révélateur, de symboles plus transparents et plus purs, vint au monde pour faire descendre dans les âmes populaires la connaissance de la vérité et la lumière de la foi. Mais la théocratie, abus inévitable des religions qui se constituent dans le trouble et les périls, vint bientôt s'efforcer de voiler encore une fois le dogme, et en le voilant, elle l'altéra. L'idolâtrie reparut avec les mystères, et dans le pénible développement du christianisme, on vit les hiérophantes de la Rome apostolique perdre, par un châtiment divin, la lumière divine, et retomber dans les ténèbres où ils voulaient plonger les masses. Le développement de l'intelligence humaine s'opéra dès lors dans un sens tout contraire à la marche du passé. Le temple ne fut plus, comme dans l'antiquité, le sanctuaire de la vérité. La superstition et l'ignorance, le symbole grossier, la lettre morte, siégèrent sur les autels et sur les trônes. L'esprit descendit enfin dans les classes trop longtemps avilies. De pauvres moines, d'obscurs docteurs, d'humbles pénitents, vertueux apôtres du christianisme primitif, firent de la religion secrète et persécutée l'asile de la vérité inconnue. Ils s'efforcèrent d'initier le peuple à la religion de l'égalité, et, au nom de saint Jean, ils prêchèrent un nouvel évangile, c'est-à-dire une interprétation plus libre, plus hardie et plus pure de la révélation chrétienne. On sait l'histoire de leurs travaux, de leurs combats et de leurs martyres, on sait les souffrances des peuples, leurs ardentes aspirations, leurs élans terribles, leurs déplorables affaissements, leurs réveils orageux, et à travers tant d'efforts, tour à tour effroyables et sublimes, leur héroïque persévérance à fuir les ténèbres et à trouver les voies de Dieu. Le temps est proche où le voile du temple sera déchiré pour jamais, et où la foule remportera d'assaut les sanctuaires de l'arche sainte. Nous sommes les héritiers des Johannites d'autrefois, les continuateurs ignorés, mystérieux et persévérants de Wickleff, de Jean Huss et de Luther ; nous voulons, comme ils le voulaient, affranchir le genre humain ; mais, comme eux nous ne sommes pas libres nous-mêmes, et comme eux, nous marchons peut-être au supplice... »

Dans ce fragment est exposé l'un des systèmes religieux de George Sand. Elle est partout et toujours avec les révolutionnaires : avec Jean Huss et Jean Zyska, avec Wickleff et Luther, avec Weishaupt et les Invisibles. Elle raille en passant la servilité de Voltaire vis-à-vis de Frédéric, l'imbécillité du général Quintus Icilius, le cynisme de La Mettrie, les effrois du marquis d'Argens et d'Holbach : mais on voit que Frédéric II, ce pandour brutal, la charme, et, si elle montre parmi ses héros un catholique, Karl, elle en fait un fanatique et presque un régicide. La poésie grandiose et sanglante de l'hérésie hussite, les malheurs mérités de leur chef, les horribles luttes à main armée de la Réforme contre la Vérité, séduisent cette femme si accessible aux sentiments bizarres, et de toutes ses rêveries et de toutes ces funèbres histoires, elle fait sortir un mysticisme plein d'étrangeté, dont elle développe les théories avec une rare lucidité et une véritable éloquence. Elle est Consuelo, et tous ses amis, réformateurs, humanitaires, socialistes, républicains, sont l'association des Invisibles, qui protège les bons, et punit les méchants. Sa riche imagination orne splendidement ses héros, que nos tribunaux actuels enverraient, à juste raison, à la Nouvelle-Calédonie.

George Sand prêta le concours de son admirable talent aux plus détestables causes. Combien d'ouvriers ont cru retrouver leur portrait dans ses livres! « Le peuple, s'écriait-elle, le peuple, c'est le droit méconnu, c'est la souffrance délaissée, c'est la justice outragée, c'est l'idée grande et vraie de notre temps. » Ainsi le peuple est victime : les riches sont des coupables, les pauvres ont droit au partage des biens de ce monde, les travailleurs souffrent; ainsi il est faux de croire qu'il y ait, dans notre société, une hiérarchie nécessaire; tous les hommes sont égaux; le premier gâcheur de plâtre venu peut, sans présomption, aspirer à la main d'une marquise, et ce serait encore trop d'honneur pour cette marquise, car madame George Sand fait volontiers de ses marquises les rivales et les émules des courtisanes.

Voyez plutôt le fameux *Compagnon du tour de France*. Le héros, Pierre Huguenin, ouvrier menuisier, est le type de la perfection humaine. C'est un ange, vêtu d'une blouse ; on le compare à Jésus, rabotant des planches sur l'établi du Charpentier; il serait digne de gouverner un peuple ; il est plus grand poète que Dante, il a le goût des arts, il comprend Raphaël et Michel-Ange; il comprendrait Kant et Hégel, si c'était au pouvoir d'une créature humaine; examinez-le bien, vous ne lui trouverez aucune tare; il est philanthrope, voire saint, et il bénit les petits enfants de la *Mère des Compagnons*, mariée, sans nul doute, librement « de par l'amour noble et volontaire, » loin de M. le curé, et probablement aussi de M. le maire. Son ami, *le Corinthien*, qui est un débauché, est le type de la beauté physique. Tous les deux adressent leur hommage, celui-ci à une marquise échappée de quelque petit souper à l'instar de la Régence, celui-là à mademoiselle Yseult de Villepreux qui a autant de quartiers de noblesse qu'Huguenin a de vertus. Et voyez combien la méchanceté des mortels est impitoyable! Ces amants sans pareils n'obtiennent pas la palme qui leur est due. Si le Corinthien débauche sa marquise, il ne peut s'en faire épouser; le comte de Villepreux, lui, ose bien ne pas se faire l'honneur de prendre un menuisier pour gendre. Ces énormités sont encadrées de dissertations philosophiques du plus divertisant effet.

Mais ce qui ne fait pas rire, c'est le tableau de l'organisation du compagnonnage; la description des guerres atroces des *Gavots* et des *Dévorants*. On rêve de république idéale, et l'on aboutit aux batailles à coups de bâtons ferrés; on montre des ouvriers qui traduisent Epictète et Platon, et dans la réalité ces philosophes deviennent des communards massacreurs d'otages; on transforme les prolétaires en Pétrarques et en Ronsards, et ces poètes écrivent de petits billets ainsi conçus : *Flambez finances!* O le laconisme spartiate! la phrase austère! le style énergique!

Que l'on juge de l'impression produite par de tels ouvrages sur l'esprit de lecteurs dévorés de convoitises, ulcérés par la haine, la jalousie, l'envie. Ah! ils ont envoyé plus d'un malheureux aux barricades, plus d'une proie au bourreau, plus d'un faible cœur à la rivière; ils ont contribué à exalter cette rage de ceux qui ne possèdent pas, et pour ajouter un fait pratique, ils ont aidé à la constitution de ces coalitions ouvrières qui menacent l'avenir des classes laborieuses et qui tuent, en France et ailleurs, l'industrie et le commerce, livrés à leurs exigences et soumis à leurs lois. George Sand a fait plus de mal encore, en devenant le trucheman de Pierre Leroux, de Proudhon et de leur bande, qu'elle n'en a fait par sa guerre aux mœurs.

Le Péché de M. Antoine est conçu dans les mêmes idées. Les personnages sont : un gentilhomme déchu, ivrogne solitaire, et son intime ami, le charpentier Jappeloup, un de ces pauvres qui en veulent aux riches, un de ces travailleurs qui cherchent partout de l'ouvrage, en priant le bon Dieu de n'en pas trouver ; un industriel, en qui l'auteur incarne l'inflexibilité cléricale, nuancée d'un libéralisme d'apparence, et son fils Emile, utopiste prêt à jeter feu et flammes pour Saint-Simon, Cabet ou Fourier, ou Leroux, cas échéant ; la servante Janille, et la jolie Gilberte, et enfin M. de Boisguilbaut, gentilhomme qui n'est point déchu, comme M. de Châteaubrun, mais qui aspire à descendre, et qui, de marquis veut redevenir simplement homme, et appliquer les doctrines enchanteresses du communisme. George Sand n'admire que les gentilshommes de cette espèce : elle fait d'un patricien par le rang, un plébéien par l'âme, et d'un seigneur de l'ancien régime, un fougueux révolutionnaire ; comme elle donne à un maçon l'âme d'un prince, à un cordonnier, le génie d'un penseur, à une comédienne, les vertus d'une sainte. Elle veut élever ce qui est bas, abaisser ce qui est grand. Elle adore l'idole qu'il faut brûler, et brûle la croix que le monde adore. C'est une loi fatale : fille de la révolution, elle obéit en toute circonstance à la révolution. Socialiste avec Pierre Huguenin, elle devient communiste avec

M. de Boisguilbaut et bientôt elle sera simplement philosophe.

Le marquis de Villemer marque ce retour à des idées plus saines, moins paradoxales, si elles ne sont pas moins fausses et moins dangereuses. Là aussi, elle met en présence deux grands seigneurs : de l'un, qui représente la noblesse, telle que notre ancienne société la comprenait, elle fait un libertin aimable et spirituel; de l'autre, qui n'a cure de la noblesse, elle fait un réformateur qui ne songe qu'à exposer en un livre merveilleux — qui ne sera jamais écrit — le plan de régénération sociale qui doit renouveler la face du vieux monde, en dépit du catholicisme, en dehors même du christianisme. Le marquis de Villemer est assisté dans sa tâche ardue par une petite personne qu'il finit par épouser, seulement parce qu'il fallait prouver que l'amour supprime le rang et les distances. Le livre finit trop tôt; pour être logique avec ses principes, madame George Sand aurait dû nous montrer Caroline de Saint-Geneix, devenue dame de Villemer, plaidant en séparation contre son mari. Je me hâte néanmoins de le dire, ce roman est un de ceux qui survivront : le paradoxe n'y abonde pas; les situations sont vraisemblables; les doctrines sont moins audacieuses; il y règne un ton modéré; et surtout il contient d'admirables descriptions de paysages. Ici, madame Sand n'est point possédée du désir de soutenir une thèse ou de bâtir un système. Elle n'a que le reflet du socialisme qui règne dans ses autres productions. Elle est plus poète, et moins savante : on s'y est peut-être laissé prendre trop facilement.

Mais en dehors des livres où elle accumulait tant

de sophismes boiteux et de témérités effrayantes, George Sand en écrivit quelques autres où elle émet sur l'art des théories aussi brillantes que fausses. Elle s'est occupée surtout de l'art dramatique, de la musique et un peu de la peinture. Elle étudiait, dans *Consuelo*, les maîtres allemands et italiens du dix-septième siècle, Sébastien Bach, Holzbauër, le Porpora, Haydn ; et Consuelo s'échappait en interminables discours, en discussions sur les différentes écoles. Dans *le Château des Désertes,* nous trouvons une théorie, fort habilement présentée, de l'art dramatique. Les personnages de ce récit sont tous des acteurs, histrions de métier et complaisants comparses. Il s'agit d'un ancien comédien, devenu marquis par héritage, et qui se compose une assez singulière famille d'enfants nés de « l'amour libre, » auxquels il fait jouer la comédie, pour l'amour de l'art. Ce serait une tâche fastidieuse que d'essayer de discuter les idées fantaisistes de madame Sand en matière d'art.

Disons seulement qu'elle en use pour étayer ses thèmes favoris, et les présenter sous une forme nouvelle, dans un milieu spécial. Ainsi la glorification qu'elle fait d'une artiste célèbre, cachée sous le nom de *Lucrezia Floriani*, est une réhabilitation effrontée du concubinage ; la Floriani a cinq ou six enfants, nés chacun d'un père différent, et qu'elle élève dans « le respect de la famille. » Madame Sand ne voit rien là que de très naturel ; qu'un des fils de la Floriani conte à un étranger les *flirtations* de sa mère ; qu'un autre fils découvre que tel visiteur est le frère de sa sœur, sans être son frère à lui, et que lui peut épouser légalement la sœur de son frère, qui n'est pas sa sœur, elle ne voit pas qu'il y ait là rien qui choque la morale. Tout est pour le mieux dans la meilleure famille du monde. Lucrezia Floriani entremêle ses divagations passionnées sur la « divine » musique, de récits non moins passionnés, où elle ressasse les souvenirs de sa jeunesse libre. Qu'importe si elle ne se rappelle pas le nom de tous ses amants, et si elle ne peut donner à tous ses enfants le nom de leur père respectif, qu'elle a oublié? Elle a pratiqué les règles du communisme, et George Sand se garderait bien de le lui imputer à crime. Le crime, c'est de résister, c'est de s'engager par un lien infrangible, et de n'avoir qu'un foyer conjugal!

On retrouve dans le *Piccinino* la trace des mêmes préoccupations. Mais dans ce livre où l'imagination romanesque de George Sand s'est donné pleine carrière, sa verve satirique s'est exercée aussi contre le clergé avec une violence dont on ne trouve aucun exemple dans ses autres ouvrages, sauf dans *Mademoiselle la Quintinie*. Elle met en scène un vieux cardinal sicilien, un prêtre et un moine. Le cardinal de Palmarosa est royaliste, donc c'est un ambitieux, un absolutiste, un inquisiteur féroce, un tyran vindicatif, à la fois Torquemada et Richelieu; l'abbé Ninfo est le type du prêtre corrompu, vénal, simoniaque, perdu de mœurs; par ces deux personnages, l'auteur prétend montrer le clergé tel qu'il est : en haut, corruption de l'esprit; en bas, corruption du cœur et des sens. Les caractères sont vigoureusement tracés, sans être exagérés, ce qui est habile. Quoi! s'écrie le lecteur, l'Eglise renferme des monstres de cette sorte? Quoi ce prince en habit de pourpre, et ce ministre de Dieu, personnifiant l'orgueil et la luxure, sont si peu des exceptions qu'on nous les donne pour des portraits fidèles. Eh ! répond le romancier avec sa bonhomie narquoise, et ses airs de profonde conviction ; oui, le Sacré Collège est composé de Palmarosas, et tout ce qui ne ressemble pas à l'abbé Ninfo n'appartient pas à l'Eglise. Sur quoi elle exhibe son moine, qui n'est pas, croyez-m'en, un religieux et n'est même pas un catholique. Ce moine, c'est un Pierre Leroux sicilien, affublé d'une robe de bure, et qui au lieu de prier Dieu s'occupe de répandre les idées modernes, conspire contre son roi, fomente des rébellions, sert d'émissaire aux sociétés secrètes. Au surplus, c'est un ancien brigand devenu moine, et son froc lui sied comme une tunique de dentelles à un singe ; l'habit, en ce qui le regarde, fait le moine. Il n'aime ni le pape, ni les évêques ; il ne sait pas son catéchisme, il méprise les dogmes, il interprète l'Evangile à sa commodité. Ce moine en qui vous ne reconnaîtrez rien qui ne lui mérite le titre *d'indigne*, ce moine que l'on eût mis à la porte du couvent, s'il eût existé, George Sand le présente comme le type absolu du religieux catholique : ce ne sont que ces moines-là qu'elle estime vrais fils des Saints ; il faut être Loyson pour lui plaire, ou tout au moins Luther, et ces moines-là imaginaires valent plus, à eux seuls, que les deux cent soixante papes qui ont succédé à saint Pierre.

Les aventures du cardinal, de l'abbé et du moine défraient deux volumes, grâce à une fiction assez mouvementée qui nous traîne d'un crime à l'autre : une passion incestueuse, dépeinte en traits de feu ; un fratricide, empêché seulement à la dernière minute ; un fils, qui maudit son père ; une femme qui pleure en secret le bandit qui l'a perdue ; un petit peintre, épris d'abord de sa propre mère, et qui de barbouilleur devient prince. Toutes ces pages, souillées de sang et de poison, s'enchevêtrent à d'autres pages où Michel-Ange Lavoratori exhale ses aspirations de grand artiste incompris, et ses dithyrambes de *Chatterton* sicilien. C'est la haine, ou plutôt c'est le mépris du catholicisme, qui a inspiré le *Piccinino*.

Mais quelle bizarre fantaisie a fait naître l'*Uscoque*? Où George Sand a-t-elle trouvé le modèle d'Orio Sorranzo ? Meurtres, empoisonnements, assassinats, scènes de piraterie, se succèdent sans relâche dans ce récit qui ressemble au rêve d'un blasé en délire. C'est une étrange conception, où s'agitent des héros repoussants : un patricien de Venise qui trahit sa patrie et la vole; un renégat, un juif, un écumeur de mer, un hermaphrodite arabe, escortent ce misérable dont son créateur a fait la belle et sombre figure d'un ange déchu. L'*Uscoque*, d'un bout à l'autre, indique une singulière dépravation d'esprit, l'amour de l'excessif, et surtout le scepticisme maladif qu'exprime le caractère de Sorranzo.

Quand George Sand a voulu, comme, par exemple, dans *Mademoiselle la Quintinie*, faire une réfutation de parti pris, ou, dans *Ma sœur Jeanne*, paraître vouloir gagner une gageure dans le domaine du paradoxe, son génie l'a trahie. Là, au contraire, où elle n'a recherché ni une glorification systématique du protestantisme, ni l'imitation de certains rêveurs allemands, ni la contre-partie du roman de M. Feuillet, *Histoire de Sibylle*, elle a été elle-même et elle a trouvé ses plus suaves inspirations [1]. Cette affirmation d'un critique n'est vraie qu'en ce qui touche la poésie de la forme.

Styliste incomparable, George Sand n'est jamais moraliste, ni jamais morale. On a beaucoup vanté ses romans champêtres. « C'est que là, dit M. Topin, elle a entrepris de décrire les sentiments les plus purs, les plus élevés du cœur humain, et qu'elle y a merveilleusement réussi. C'est que là elle a entrevu le beau idéal, et qu'en célébrant tout ce qu'il y a de plus parfait dans l'homme, l'amour vrai et désintéressé, le dévouement héroïque, l'esprit de sacrifice, elle a transporté le lecteur dans ces hautes régions où il devient meilleur, parce que tout lui rappelle sa sublime origine. »

« C'est principalement dans les descriptions, ajoute M. Firmin Boissin, qu'a excellé George Sand. Ses paysages du Berri sont ravissants. Ils ont le charme mélancolique des lointains estompés par la brume, et réveillent l'impression déjà perçue d'un site oublié. Ils nous font sentir l'âme des choses. Le meilleur de George Sand se trouve dans ses paysanneries et ses récits idylliques. »

Est-ce bien vrai? Sans doute, dans toute son œuvre, ce qu'il y a de moins mauvais c'est bien *François le Champi*, *La mare au diable*, *La petite Fadette:* elle y oublie un peu ses utopies de socialiste, sa haine du mariage, mais elle oublie aussi trop souvent l'idée de Dieu. Ses bûcherons, ses meuniers, ses pastoures, ses bergers et ses lavandières, pour n'être pas de ces villageois en habits roses, garnis de fleurs, que peignait Wat-

---

[1]. *Les Romanciers contemporains.*

teau, ne sont pas non plus de ces paysans que nous connaissons et que Balzac a peints, avec une certaine exagération, mais d'une manière qui se rapproche davantage de la vérité. Les paysans de George Sand sont des savants en veste de droguet; ils raisonnent comme des philosophes; ils discourent comme des clubistes, ils travaillent moins qu'ils ne parlent, ils ont plus d'esprit qu'il ne faut. Si l'esprit court les rues, on n'a jamais ouï dire qu'il s'ébatte dans les champs.

Mais du moins ces payans ne nous donnent pas le triste spectacle des brutales passions; j'aime mieux Sylvain Charasson que Célio Floriani, le père Lhéry que Pierre Huguenin; ils sont grossiers et bêtes, ils ne sont pas méchants.

Ce que je reprocherai à madame Sand, c'est de n'avoir pas introduit dans ses romans champêtres le sentiment religieux, la foi naïve, qui les eussent rendus parfaits. M. Octave Feuillet a exprimé, lui, en quelques phrases, la différence qui existe entre le laboureur de notre temps et le serf du moyen âge, et la comparaison n'est pas à l'avantage du premier. C'est le serf, devenu libre, et resté chrétien, qui devrait être le type du vrai paysan des romanciers:

« Envisagez un instant de bonne foi, s'écriait M. Feuillet, ce que devait être la vie d'un homme du moyen âge et du plus misérable... Que de diversions morales à sa détresse physique! que d'intérêts, que de joie, que d'extases qui nous sont inconnues et dont nous retrouvons l'émotion toute palpitante dans les récits de nos vieux chroniqueurs!... Il possédait, cet homme, non seulement dans sa foi, mais dans ses superstitions même, une source intarissable d'espérances, de rêves, d'agitations morales, qui lui faisaient sentir la vie avec une intensité que nous ignorons. Le monde matériel lui était dur, c'est vrai ; mais il y vivait à peine. Il s'en échappait à tout instant : si ses pieds avaient des chaines, son âme avait des ailes; il avait Dieu, les anges, les saints... les magnificences du culte sans cesse déployées sous ses yeux... la vision lumineuse du Paradis, toujours entr'ouverte sur sa tête... Il avait, à un degré puissant, que vous vous efforcez d'affaiblir chaque jour, tous les sentiments naturels, l'amour, le respect, la foi, le patriotisme. Ce n'était pas tout. Son imagination était encore occupée, surexcitée sans trêve, par le mystère de l'immense inconnu qui l'entourait de toutes parts. Sous son foyer, dans les bois, dans les campagnes, tout un peuple d'êtres surnaturels qui lui parlait, l'inquiétait, l'enchantait, et faisait de sa vie une légende, un roman, un poème continuel d'un intérêt doux et terrible. Eh bien! oui, cet homme-là, déguenillé, affamé, saignant sur la glèbe, devait être plus heureux dans sa vie et dans sa mort qu'un de vos ouvriers bien vêtus et bien logés, qui savent que ce n'est pas Dieu qui tonne, qui ne croient ni aux anges, ni aux fées, qui travaillent le dimanche, et qui n'ont d'autre fête que l'ivresse morne du lundi. »

J'avoue franchement que je préfère cette page à toutes les pastorales de George Sand.

Est-ce à dire pourtant que l'œuvre considérable de ce romancier, qui est en même temps un des premiers écrivains de ce siècle, mérite le dédain ? Que non pas. Quand on veut juger l'illustre androgyne, il faut l'examiner sous deux points de vue bien différents. En tant que théoricienne, et en présence des doctrines subversives qu'elle a défendues toute sa vie, nous devons la répudier, et nous ne saurions la combattre avec trop d'énergie ; elle mérite le blâme sans réserve de tous les honnêtes gens ; elle garde une responsabilité qui pèsera toujours sur elle ; elle a fait beaucoup de mal, et Dieu seul jugera si elle l'a fait sciemment ou non ; que ses intentions aient été pures, que sa bonne foi ait été complète, on ne peut l'admettre sincèrement ; en faisant même la part de son éducation manquée, des mauvais exemples qu'elle eut, des épreuves qu'elle subit, des influences qui la dominèrent, on doit proclamer que George Sand est une ennemie sans pitié de la religion, de l'ordre social, de l'autorité, des mœurs, de la vérité enfin dans toutes ses expressions. Que si au contraire on prétend ne critiquer en elle que la littérature, si on nous demande de porter un jugement sur la valeur littéraire de son œuvre, nous ne ferons aucune difficulté de déclarer qu'elle nous paraît être au premier rang parmi les meilleurs prosateurs contemporains. Elle possède admirablement la langue française ; elle en connaît toutes les ressources ; elle en tire le plus brillant parti. Nul n'a mieux décrit la nature ; elle est tour à tour grave sans emphase, spirituelle sans préciosité, simple sans vulgarité, naïve, solennelle, *bonhomme*, raffinée. Elle plaît, elle charme, elle enchante. Elle sait prendre tous les styles ; elle écrit des lettres comme un *épistolier* ; des mémoires, des récits, des légendes. Elle passe du conte des fées à la diatribe politique, du roman d'analyse à l'idylle, de l'épopée à la satire, et chaque fois elle revêt une forme nouvelle, et toujours elle abonde, sans s'épuiser.

Certes, elle reçut de Dieu les dons les plus précieux de l'intelligence; elle apprit beaucoup, sans devenir pédante; elle étudia sans relâche; elle fait revivre la physionomie des siècles qu'elle peint, des pays qu'elle parcourt: à combien n'a-t-elle pas révélé Venise, les îles de l'Archipel, le Berry, la Sicile, les sombres vallées de la Bohême? Quelles créations que la famille Rudolstadt, les Villemer, les Chateaubrun, les Boccaferri, Orio Sorranzo et tant d'autres personnages enchantés par son inépuisable imagination! Mais son génie précisément la condamne. *Corruptio optimi pessima!*

L'influence de George Sand ne sera point affaiblie, avant de longues années. Elle persistera tant que son école existera: or les Touroude, les Zola, les Emile Augier, les Malot, tous les poètes de l'adultère la perpétuent. Les déclassées, les vagabondes qui détestent le foyer conjugal seront leurs auxiliaires. On nous dit souvent que nous ne sommes pas au courant du mouvement actuel, nous autres catholiques: c'est une erreur; nous voyons où ce courant nous emporte, et c'est pour qu'on ne puisse pas nous accuser de fuir le péril, que nous avons dit ici, sans haine et sans violence, mais en modérant notre indignation, en nous efforçant de ne pas outrager à la majesté du tombeau, ce que nous pensons et ce que l'on doit penser de George Sand.

Elle est morte paisiblement, sans recevoir les sacrements de notre mère la sainte Église catholique et romaine, mais sans les avoir refusés. Elle avait dit, dans l'*Histoire de ma vie*: « Les formes du passé se sont évanouies pour moi ; mais la doctrine éternelle des croyants, le Dieu bon, l'âme immortelle et les espérances de l'autre vie ont résisté à tout examen, à toute discussion, et même à des intervalles de doute désespéré. »

L'Eglise, qui sait pardonner, a fait à George Sand les funérailles d'une chrétienne. Ses enfants lui ont épargné le suprême outrage de l'enfouissement civil. « On avait senti avec tact, écrivit au *Temps* M. Ernest Renan, qu'il ne fallait pas troubler les idées des simples femmes qui venaient prier pour la morte, encapuchonnées, avec leurs chapelets à la main. » Il sera tenu compte à l'infortunée de cet hommage naïf rendu à sa dépouille par ses amis les libres-penseurs : au moins le scandale n'a pas souillé cette tombe, sur laquelle nous n'avons pas à effeuiller des couronnes, mais qui, du moins, ne disparaîtra pas sous les ronces et les épines.

LOUIS VEUILLOT

Esquisser la belle et haute figure de cet homme prodigieux que pendant trente années la presse catholique reconnut, bon gré mal gré, pour son chef, est une tâche que l'on n'aborde qu'en hésitant. Il y faudrait un artiste : j'ose pourtant l'entreprendre et j'ai à combattre la crainte de trop dire, et la crainte de dire trop peu. La critique a versé des flots d'encre à propos de M. Louis Veuillot, mais elle a fort souvent adopté des parti-pris de dénigrement qui ne le cèdent, en exagération, qu'aux parti-pris d'admiration. Heureusement notre mission n'est pas de défendre l'écrivain illustre auquel est consacrée cette étude. Il faisait bon marché des plus fiers adversaires, et toute plume qui se croisait contre la sienne était promptement rompue, comme le prévôt d'armes fait sauter le fleuret des mains d'un novice. J'ai tenu à ne rien lire de ce qui a été dit jusqu'ici de M. Louis Veuillot : ce sont des impressions personnelles que je veux traduire. On jugera de leur sincérité, par ceci même que j'ai refusé d'être le pâle reflet d'autrui. N'obéissant à aucune influence de sentiment ou d'école, je rends un hommage respectueux à celui qui fait l'objet de ces pages ; cet hommage n'a quelque valeur que parce qu'il est profondément sincère.

Jusqu'ici la critique a surtout envisagé en M. Louis Veuillot l'incomparable polémiste, le journaliste le plus prompt, le plus nerveux, le plus brillant de notre époque. Parce qu'il a soutenu, avec un courage sans égal, une lutte longue et acharnée, parce qu'il fut un défenseur ardent de la vérité, un vaillant champion de l'Eglise, il subit des attaques incessantes, que du reste il méprisait et dont il sortit presque toujours victorieux. Que si l'on parle maintenant de M. Louis Veuillot, c'est pour s'écrier: « Quel rude jouteur! quel adversaire terrible! On ne peut le désarçonner : il fait mordre la poussière à tous les tenants ! Il est un batailleur de première force, espadonnant de sa plume comme un *condottiere* de sa brette. Par la morbleu! quel fier ennemi! » C'est trop et trop peu. M. Louis Veuillot n'avait point cette humeur féroce qu'on lui prête. Il était bienveillant et doux, mais il voulait qu'on respectât sa foi, il voulait qu'on respectât l'Eglise, et quand on outrageait sa foi et l'Eglise, il faisait à son tour usage de ses armes, qui étaient de bonne trempe. Il avait de ces indignations superbes, de ces sarcasmes véhéments, de ces railleries irrésistibles qui aplatissent le malencontreux insulteur auquel on ne peut dès lors adresser que cette parole de compassion narquoise : « Qu'alliez-vous faire en cette galère? »

De M. Louis Veuillot, polémiste, nous n'avons point à parler. Le rédacteur en chef de l'*Univers* ne peut être jugé que par un de ceux qui l'ont vu longtemps sur la brèche, et desquels l'histoire se mêle, pour ainsi dire, à la sienne. Son œuvre de journaliste peut être appréciée diversement : ajoutons néanmoins qu'on ne peut le juger de deux façons : on l'aime ou on le déteste, il n'y a pas de moyen terme. Il n'était pas de ces tempéraments qui poussent à la modération. Il eut beaucoup d'amis, au surplus, même parmi ses ennemis, et vis-à-vis de ceux-ci on l'a souvent suspecté de quelque secrète tendresse.

Eh bien! il nous a paru qu'il serait intéressant d'étudier en M. Louis Veuillot l'homme littéraire, beaucoup plus ignoré qu'on ne croit. La verdeur de ses articles, sans faire oublier ses livres, leur nuit quelquefois : on admire l'œuvre quotidienne aux dépens de l'œuvre élaborée lentement dans le silence des veilles. Il ne faut pas qu'on travestisse l'un des premiers écrivains de ce temps en un petit pamphlétaire, abaissé au niveau de Paul-Louis Courier, mais bien qu'on reconnaisse en lui le styliste parfait, le littérateur complet, le voyageur perspicace, l'observateur passionné, le descriptif élégant, le romancier spirituel, et surtout — hélas! on va crier au paradoxe! — et surtout le plus amoureux des poètes... en prose.

Nous allons donc entreprendre une excursion au pays des livres de M. Louis Veuillot : nous y choisirons quelques volumes de critique, de voyage, de satires, deux romans, un recueil de nouvelles, et nous commencerons par un travail historique, afin d'aborder successivement les différents genres littéraires cultivés par un maître qui eût pu les embrasser tous. Tous? Demandez à M. Barbey d'Aurevilly, si M. Louis Veuillot n'est pas un critique? A M. Paul de Saint-Victor, s'il n'est pas un artiste? A M. Paul Féval, s'il n'est pas un romancier? A M. Alexandre Dumas fils, s'il n'eût pas été un auteur dramatique? Fantaisiste et philosophe, humoriste et érudit, austère et cordial, laissant toujours une large part à l'imprévu, M. Louis Veuillot fut le plus romantique parmi les romantiques.

L'intérêt qui s'attache à son nom exigerait peut-être que nous fissions, au préalable, la biographie de M. Louis Veuillot? C'est qu'elle a été faite déjà, et de telle façon que nous aurions mauvaise grâce à y revenir. On la trouve dans un livre qui a pour titre : *Célébrités catholiques*. Elle contient beaucoup de faits dans les limites desquels elle se renferme étroitement, et s'arrête à la suppression de l'*Univers*, en 1860. Cette biographie n'entre point dans les détails particuliers de la vie de M. Louis Veuillot, car l'auteur est d'avis qu'il faut garder l'intime pour soi, et qu'ayant partagé les joies et les douleurs de son frère, il ne saurait en entretenir des indifférents. On nous saurait mauvais gré de n'imiter point cette réserve.

Tout le monde sait d'ailleurs que M. Louis Veuillot, né en 1813, a donné quelques renseignements sur sa famille et lui-même dans *Rome et Lorette*; qu'après un court passage dans la presse de province, il publia son premier ouvrage, les *Pèlerinages de Suisse*, en 1839, et qu'il fut attaché définitivement à la rédaction de l'*Univers* en 1843. Ceux de nos lecteurs qui voudraient en savoir davantage nous permettront de les renvoyer à la très curieuse et très instructive biographie écrite par M. Eugène Veuillot.

*
* *

Un beau jour, il plut à M. Dupin, le célèbre procureur général près la cour de cassation, de lire à l'Académie des sciences un rapport sur un livre d'histoire locale, et d'affirmer l'existence légale, au moyen âge, de ce qu'on a appelé le *droit du seigneur*, par euphémisme. Le *Journal des Débats* flaira une belle occasion de montrer son savoir et son savoir-faire, et aussitôt les attaques de pleuvoir : le moyen âge, l'Eglise, la féodalité, en un mot, tout ce qui constitua pendant quatre siècles entiers la vie religieuse, sociale et politique de la France et du monde, devint l'objet d'une discussion furieuse où la calomnie se taillait une large part. La base de toutes les accusations était surtout ce fameux *droit du seigneur*, dont il suffisait de prouver l'existence réelle pour déguiser odieusement la vraie physionomie de toute une époque de notre histoire.

M. Louis Veuillot fit cette réflexion que l'Église catholique n'avait pu permettre ni tolérer, à un moment où son influence dominait partout, un droit qui détruisait le mariage et la famille, institutions chrétiennes qu'elle avait mission de défendre. Il fut convaincu, par cette seule réflexion, que ce *droit du seigneur* n'avait point existé : il le fallait prouver, et pour cela, combattre à armes égales : répondre à un historien par l'histoire elle-même. La question était ardue. M. Louis Veuillot ne possédait point les connaissance spéciales qu'exigeait une réponse à la thèse de M. Dupin. Il fit appel à son beau-frère, M. Arthur Murcier, élève de l'École des Chartes, qui lui fournit les documents, et ces documents il les mit en œuvre. En quarante jours, le livre fut étudié, composé et imprimé !... M. Dupin en fut malade, et sérieusement. Il avait abordé la question sans la connaître, il n'y voulut plus toucher dès qu'il la connut. Elle est aujourd'hui résolue. Le livre de M. Louis Veuillot, le *Droit du seigneur au moyen âge*, est un jugement définitif et si l'on veut juger du bien qu'il a pu faire, j'oserai donner cet exemple qu'il a converti à son opinion, c'est-à-dire à la vérité historique, toute une Société savante de province, et particulièrement des avocats prêtrophobes et libres penseurs. « Il en est jusqu'à trois que l'on pourrait nommer! »

M. Louis Veuillot a tracé dans ce livre merveilleux, écrit d'un bout à l'autre avec une verve étourdissante, et du meilleur style que puisse envier un annaliste, un tableau complet, autant qu'exact, de la société chrétienne au moyen âge, en particulier de la société française. Il y montre l'Eglise triomphant de la barbarie, travaillant à émanciper les peuples, en proclamant le dogme d'une origine et d'une destinée communes à tous les mortels, ouvrant les voies à la civilisation moderne. C'est par l'égalité religieuse que les hommes furent conduits à l'égalité civile et politique. Ce fut l'action constante du christianisme, qui renversa le pouvoir absolu, en faisant croître le faible en dignité, le fort en charité. Rien n'est plus visible que ce mouvement progressif, dont l'Eglise est l'âme, vers la liberté. C'est à l'Eglise, du reste, que l'on doit la suppression de l'esclavage et du servage ; c'est elle qui encourage les rois à la formation des communes : c'est elle qui crée, protège et surveille les corporations. Il n'est pas une institution sociale dont elle ne soit le précurseur, la fondatrice, le guide et le soutien permanent.

Étudiant les droits du seigneur, les redevances, le droit de la propriété, M. Louis Veuillot explique par une seule phrase la situation telle qu'elle était et telle qu'elle est encore : « A la place du seigneur, mettez *l'État*, dit-il, et voyez plusieurs époques de l'histoire moderne. » Hélas! nous subissons aujourd'hui, plus durement que les serfs, autrefois, la dîme, la corvée, les droits d'aubaine, d'épave, de succession, de formariage, etc. « Le fisc, dont nous sommes tous serfs, n'est pas si modéré, ni si accommodant. » Est-il nécessaire de développer ces deux aphorismes? Quel homme, regardant autour de soi, n'en aura la preuve dans les lois auxquelles il est soumis. A quelle époque la liberté personnelle fut-elle moindre qu'à la nôtre, où l'on ne peut naître, s'instruire, se marier, mourir, être enterré, vendre, acheter, trafiquer, étudier, enseigner, se divertir, combattre, vivre enfin, qu'avec la permission et sous le contrôle de l'État, seigneur absolument tyrannique ?

Qu'on me permette de citer cette belle page de M. Louis Veuillot sur le moyen âge : « En quel temps vit-on la raison humaine plus belle, plus ardente et se disciplinant mieux elle-même, aussi pleine de toute vigueur, et aussi ornée de toute poésie? Alors vraiment la théologie, science de Dieu et de l'homme et des rapports entre l'homme et Dieu, la vraie science, fut cultivée et régna. Elle apparut universellement aimée, dans cette lumière sept fois plus brillante que celle du soleil annoncée à ceux qui verraient les jours du Christ. L'âme inondée de rayons divins voyagea de ce monde dans le ciel et dans l'éternité, sondant tous les mystères, éperdue de toutes les splendeurs, jouissant de Dieu. Un pèlerin pouvait parcourir toute la terre d'Europe sans rencontrer un horizon désert de la croix, sans cesser d'entendre la voix de la prière qui retentissait des clochers. Partout des églises, des monastères, des écoles ; partout l'hospitalité, la charité, la lumière du Christ, et nul autre travail que celui des champs, de la lumière et de l'art. Un parfum d'encens s'élevait de la terre, un feu et une fleur de jeunesse animaient les entreprises et égayaient les labeurs. Il y avait des mondes à découvrir, mais le ciel de Dieu était découvert, on en savait le chemin, on y allait d'un pas généreux et joyeux, par une voie sûre. Le fatigant problème de l'origine, le formidable problème de la destinée, devenus inintelligibles à tant d'âmes n'existait pas. Dieu était là en permanence, pour ainsi dire visible et tangible. La redoutable sueur du travail haï n'empoisonnait pas les chemins de l'homme, le travail avait ses chansons comme la terre ses fleurs ; l'ouvrier, déposant l'outil, cher et honoré, reportait dans sa main un blé pur, dans son cœur la paix. Parce que les hommes connaissaient la paternité divine, il existait entre eux une fraternité. »

Comparez cette page sublime, où sont résumées toutes les grandeurs et toutes les joies du moyen âge, aux cris de haine des sectaires! Comparez ce langage noble, élevé, où vous trouverez la substance d'un livre entier, où de si magnifiques idées sont exprimées avec une concision digne de Sparte, avec une élégance de poète, aux déclamations fanfaronnes des gens qui détestent le moyen âge, parce que le moyen âge fut l'âge de la foi ! Rappelez-vous que ce sont les légistes qui démolirent l'édifice social élevé par l'esprit du moyen âge, et que les gens de loi, qui veulent asservir l'homme non seulement aux lois, mais encore à la passion qui les interprète et les applique, n'aiment ni le prêtre ni le soldat. Partez de cette idée, pour arriver à 89 qui fut fait par les gens de lois, en partie : à la Révolution française, qui fut le règne des rhéteurs ; aux troubles sociaux qui nous oppriment actuellement, et qui sont le triomphe des avocats : vous aurez alors le secret des rancunes de la gent libre penseuse et de l'école universitaire contre le moyen âge, et vous percevrez le mobile et le but qui inspira au feu procureur général Dupin son malencontreux réquisitoire contre le « *maritagium*. »

M. Louis Veuillot a résolu le problème en se jouant ; il a consulté tous les documents : il compare, lui aussi, aux prétendus serfs taillables et corvéables à merci, l'Irlande durant les trois derniers siècles, les ouvriers en Angleterre, les paysans en Russie, les nègres en Amérique ; il ruine à jamais le préjugé des barons-brigands, des gentilshommes illettrés, la superbe légende des grenouilles ; il développe, en chrétien et en époux, les sentiments de l'Eglise sur le mariage, et rappelle de quelle pureté, de quelles garanties, de quelle grandeur elle a voulu l'environner ; il prend les faits corps à corps, les discute, les tourne et les retourne sous toutes leurs faces, les critique, et prouve qu'ils sont faux, dès qu'ils sont favorables à la thèse de M. Dupin et des libres penseurs qui lui ont succédé.

Ce livre, parfait à tous les points de vue, et qui est absolument victorieux, aurait pu n'être pas écrit, si la bonne foi n'était bannie des neuf dixièmes de la terre. Quel homme de bonne foi, en effet, ne serait convaincu sans retour par ce simple raisonnement.

« Les Tarquin du moyen âge n'ont jamais rencontré une Lucrèce ? Pas un n'a été frappé sur le seuil qu'il venait de souiller ! Pendant un nombre indéterminé d'années et de siècles, tout le monde s'est soumis, les pères et les frères comme les époux ! Les magistrats n'ont rien dit, et on ne les a même pas invoqués ! Les rois — des rois que le monde a nommés Charlemagne, Robert le Pieux, Philippe-Auguste, saint Louis — ont gardé le silence ! Enfin l'Église qui a laissé tant de monuments de son zèle pour les droits chrétiens des peuples ; l'Église, qui a protégé par tant de longs et célèbres combats l'intégrité du mariage ; l'Église elle-même n'a pas réclamé ; et l'on va jusqu'à dire qu'elle a été complice ? »

La cause est entendue : il n'est plus permis de parler du moyen âge, sans avoir lu le livre de M. Louis Veuillot.

*
* *

Quelqu'un de vous, chers lecteurs, connaît-il Chignac, ville célèbre par les aventures de dame Lucile, femme de Cléante, qui joua vis-à-vis du sire de Marsailles, le rôle peu séant et ridicule de madame Putiphar? Chignac, nous l'avons habité, vous et moi, et tous les gens qui ne sont pas Parisiens de Paris. C'est la ville de province telle que l'ont faite les fonctionnaires, la garnison, les femmes supérieures, les journalistes ; Balzac l'a souvent décrite, et aussi M. Champfleury, mais moins bien. Sans employer cette foison de détails, cette minutie d'observations, cette recherche des infiniment petits, au physique et au moral, qui sont le propre de Balzac, M. Louis Veuillot peint avec un réalisme étonnant la vie de province : il délaisse le cadre, pour ne s'occuper que du tableau. Le style de *l'Honnête femme* semble dérobé à quelque maître du dix-septième siècle. Imaginez la marquise de Sévigné collaborant avec madame de la Fayette, ou plutôt avec Hamilton, pour composer un roman. C'est la même saveur d'observation prise sur le vif, la même allure preste et vive ; c'est le tour spirituel, la verve gauloise de l'immortelle marquise. La trame est d'une simplesse que dédaigneraient nos romanciers : Lucile épouse Cléante par dépit de rester fille ; elle s'amourache de Valère et le veut conquérir ; Valère, d'abord ému par l'amour de celle qu'il aima tant naguère, est sur le point de se laisser prendre à des feux mal éteints et trop tôt rallumés ; pour prix de ses bonnes grâces, Valère brigue la députation ; mais ce personnage singulier, et qui n'est plus de notre temps, fait fi de la femme si hardie qui le poursuit de sa tendresse ; il renonce à la fois aux honneurs et au déshonneur, dénoûment que n'apprécie guère le lecteur de romans, trop accoutumé à la conclusion contraire.

Les marionnettes dont l'auteur fait mouvoir les fils

ne sont pas des êtres de convention; elles ont vécu ; plusieurs vivent encore, quand ce ne serait que le brillant journaliste, que l'univers connaît fort bien, et qui est le héros du récit, n'en déplaise à dame Lucile et à M. de Marsailles. Je n'oserai dire qu'on voit partout les modèles qui ont servi pour l'avocat général et le lieutenant général : magistrat et vieux sabre sont creusés de main de maître. M. Emile Zola a repris celui-ci, et l'a peint sur le vif dans *la Curée*, sous le nom de baron Gouraud. Celui qu'on démasque le plus volontiers, c'est Oronte, Oronte, membre de ce grand parti conservateur qui a pris pour devise : « C'est le moment de nous montrer, cachons-nous! » Oronte qui justifie le mot du journaliste, et l'aversion de tous les hommes d'action : « Je ne haïssais que les fripons : vous m'apprenez à faire peu de cas des honnêtes gens. » Mais Oronte est déjà loin : il n'écoute pas ; il ne veut pas qu'on le nomme ; il a honte d'être un rétrograde, honte de donner de bons conseils. Dieu nous en garde !

L'Honnête femme est un roman qui traite de l'amour, de la passion, voire de l'adultère. M. Louis Veuillot a le droit de prendre son bien où il le trouve ; que n'a-t-il laissé ce droit en héritage à tous les romanciers catholiques !... Dans ce récit, qui s'adresse aux gens sensés, et que l'auteur eût rendu plus grave, s'il l'avait destiné aux gens frivoles, il observe et décrit la passion maîtresse du genre humain, aussi bien celle qui forme les Sapho et les Ninon, et qui inspire également Anacréon et Pigault-Lebrun, Virgile et M. Emile Zola, celle qui n'écoute ni le devoir, ni la probité, ni la piété, ni l'honneur, que cet amour légitime que

Dieu ne défend pas, que l'Eglise bénit avec une tendresse de mère, et qui n'affaiblit ni la force ni la vertu. « Dieu se sert, pour le bien, de ces instincts et de ces penchants dont on l'accuse lorsqu'il défend le mal; ainsi la fougue qui nous pousse aux ignominies peut, dans l'ordre de Dieu qui ne veut que perfectionner et relever sans cesse l'ordre de la nature, nous emporter dans le pur éther des grandes pensées, là où l'homme reconnaît, par la délicatesse de ses sentiments, par l'effusion et par la digne voix de son cœur, cette origine illustre dont il ne se souvient plus lorsqu'il s'abaisse. » *L'Honnête femme* est donc un roman d'amour, étudié au point de vue chrétien; c'est, d'une part, le honteux désir de Lucile, si malmenée par l'honnête Valère; c'est, d'autre part, la chaste affection de Valère pour Lucile jeune fille, et son mépris pour Lucile mariée. Il y a là toute l'histoire d'un cœur, avec ses faiblesses, ses chutes, ses relèvements, ses hésitations, ses défaillances, avec la victoire finale, que ce cœur n'aurait point remportée, sans les puissants auxiliaires qui viennent l'assister, la foi, la confession, la fierté chrétienne. De même la belle Lucile et son époux Cléante peu dévots, fort indifférents en matière de religion, se laissent choir tous les deux, l'une dans le gouffre du vice, l'autre dans l'abîme du ridicule.

A notre avis, *l'Honnête femme* est le type du roman chrétien. Encore un coup, ainsi que nous le disions à propos de M. Barbey d'Aurevilly, le roman n'est pas fait seulement pour les petites filles, il doit être aux mains des catholiques une arme puissante, l'arme terrible qu'il est pour les écrivains anti-catholiques. Nous opposons à leurs œuvres viriles, fortes, bourrées de faits et d'idées, composées avec un art extrême — avouons-le! — des berquinades langoureuses, écrites au hasard de la plume, par des femmes dont l'art est le moindre souci, ou par de pâles narrateurs qui se débattent dans les filets d'une pruderie bête, d'un sentimentalisme stupide, d'une *religiosité* qui n'a rien des attributs de la religion, ni la hauteur, ni la sublimité des doctrines, ni la tendre compassion, ni l'ampleur des pensées. Le catéchisme nous est un guide à travers les passions. Quoi! les catholiques, — éclairés par la foi, ayant pour base la science universelle, la théologie, et pour *criterium* l'enseignement de l'Église, — ne pourraient pas analyser le mal, et le montrer aux prises avec le bien?... Certes oui! mais qu'on les y encourage, et qu'on ne leur demande pas uniquement des fadeurs filandreuses à prodiguer dans les distributions de prix.

Ainsi l'on a souvent taxé d'immoralité ce beau roman de *l'Honnête femme*, et l'auteur lui-même a tenté de s'en excuser. Pourquoi? C'est une œuvre d'enthousiasme et de verdeur, d'observation juste : en est-elle moins catholique et même moins rigoriste? Sa lecture n'est-elle pas absolument saine? Quelles belles leçons y découvriront les coquettes, les libertins, les hâbleurs de toutes catégories! On y voit une honnête indignation contre le vice, et si l'auteur s'y fait parfois indulgent, il n'a aucune des complaisances périlleuses que la critique a eu la hardiesse de lui reprocher. Cependant, comme il le dit lui-même, la couleur de ce roman serait aujourd'hui moins âpre; mais l'auteur n'en corrigerait pas le dessin. « L'âge déclinant, dit-il avec mélancolie, compatit aux erreurs et aux fautes que la jeunesse condamnait ; une justice stricte ne lui paraît plus assez juste. » Au fond, M. Louis Veuillot a plaidé un procès et il l'a gagné. Il a prouvé que la vertu, secondée d'une ferme volonté, a facilement raison du vice. Il a mis en scène l'adultère d'intention, et l'a flagellé aussi rudement que l'adultère de fait. Un seul défaut de *l'Honnête femme* est un défaut capital : le type de Valère de Marsailles est trop beau pour être vrai : ce gentilhomme a des perfections si hautes que son créateur, pour le faire dignement finir, est obligé de l'envoyer à Rome, où ce diplomate devient prêtre. Il nous paraît qu'il faut dans le monde des chrétiens de cette trempe, et qu'il est cruel de nous dire : « Cet honnête homme se réfugie dans le sacerdoce, parce que le monde est indigne de le garder. » Il nous paraît aussi que les gentilshommes d'aujourd'hui ne sont pas taillés sur ce patron, et que l'inflexibilité de Marsailles le relègue au temps où ses pareils méprisaient les compromis et dédaignaient les capitulations de conscience. En résumé nous voudrions que ce portrait fût ressemblant, nous ne pouvons le croire tel, et nous regrettons que le peintre nous fasse entendre qu'il a fixé sur la toile son idéal.

*
* *

Si maintenant vous désirez qu'on vous présente d'autres personnages plus humains, voici la comtesse de Sauveterre, qui est Caniac, s'il vous plaît ! Caniac de Périgord, et non de Limousin, ce qui ne laisse pas d'éblouir, car les Caniac de Limousin ne sont que fils d'Abel, mais les Caniac de Périgord descendent d'Adam en primogéniture ; et qui sait même s'ils ne proviennent pas de quelque essai de premier homme, antérieur à Adam, que Moïse aura passé sous silence? Voici M. de Tourmagne, membre de l'Académie des inscriptions. « C'est une Société très considérée de savants hommes, qui s'occupent entre eux de lire ce qui fut écrit, en caractères effacés, dans une langue inconnue, sur les monuments détruits des peuples qui ont cessé d'être. » Fine satire : M. Louis Veuillot n'a qu'une médiocre estime pour l'art héraldique et pour la science des choses mortes. Il est démocrate — à la bonne façon, — tout ainsi que Joseph de Maistre était aristocrate — de la belle manière. La comtesse et Tourmagne gravitent autour de Stéphanie Corbin, nièce de la marquise d'Aubecourt, jeune fille charmante, ingénue, de caractère bien formé, que les épouseurs convoitent, et qui en fait confidence à sa chère Elise. La marquise ne sait plus qu'elle est née Corbin, elle est d'Aubecourt plus qu'aucun des d'Aubecourt qui aient vécu, « et j'admire, écrit Stéphanie, qu'elle me pardonne d'être fille de mon père. Aussi a-t-elle été lente à me le pardonner! » Stéphanie est une enfant charmante, qui a du cœur et de la tête. Au travers de tous les épouseurs, et même du sot vicomte de Sauveterre, pair de France, et rejeton des Caniac, elle choisit elle-même son fiancé : un pauvre cher garçon, qui l'a vue toute petite, dont elle a mangé le pain et qu'elle n'a jamais cessé d'aimer. La jeune fille, plus rusée qu'un vieux chancelier d'empire, plus habile qu'un diplomate à chevrons, déploie des prodiges d'adresse pour mener à bien cette entreprise, aussi difficile que la solution de la question d'Orient : son mariage avec un simple roturier : Germain Darcet, homme de lettres, auteur d'un gros livre français, grec, latin, hébreu et égyptien, sur *les Pharaons d'après les hiéroglyphes*.

Et qui reconnaîtrait le fougueux polémiste, le rude jouteur qui soulève chaque jour le rocher de Sisyphe de l'article quotidien, dans l'auteur de ce roman délicieux : *Corbin et d'Aubecourt* ? Ce récit, gracieux et simple, qui n'a qu'une héroïne, qui se développe tout entier dans un salon, qui n'emprunte d'intérêt ni aux descriptions de paysages, ni aux analyses psychologiques, ni aux dissertations philosophiques ; ce récit, où l'héroïne a la charité de ne pas dire un mot de ses robes, où nul portrait physique ne rappelle les lis, les roses, l'ébène, le corail et l'ivoire, toutes matières qui servent si fort aux novices pour embellir leurs donzelles, ce récit est écrit avec la délicatesse, le tact et l'esprit qu'on attribue parfois aux plumes féminines. Ce n'est qu'un long monologue, et l'on ne peut s'en détacher : cette histoire d'une âme candide, d'une jeune fille qui deviendra sûrement la femme forte de l'Evangile, est d'une suavité comparable aux plus délicates productions littéraires de ce genre.

M. Louis Veuillot a parfaitement réussi dans le but qu'il s'était proposé : démontrer que le roman n'est nullement antipathique aux règles strictes de la morale et du bon sens : que l'on peut intéresser, émouvoir même, sans aborder l'étrange, sans outrer les sentiments, sans sortir de la vie commune et de ses devoirs, et rien qu'en faisant tout marcher par les seuls battements du cœur le plus droit et le plus ingénu. L'on a beaucoup vanté les héroïnes de Balzac : Stéphanie Corbin est plus douce qu'Ursule Mirouët, plus noblement passionnée que Modeste Mignon, plus pure qu'Eugénie Grandet, plus poétique qu'Eve Séchard : elle a de toutes la pureté, la noblesse, la sagesse, l'amabilité : elle a, de plus que toutes, une éducation chrétienne et surtout le sens chrétien. Les adversaires de M. Louis Veuillot ne voudraient point croire que c'est lui qui a tracé, de la même plume qui les fouaille, ces pages émues. Qu'ils les lisent, eux qui présentent par trop souvent cet ennemi généreux comme un cœur sec, un esprit aigri, un caractère mal fait. S'ils ne sont pas attendris, c'est que le scepticisme les a momifiés.

Cette pénétrante suavité de sensations, ce charme doux, ce langage coloré, cet esprit attique, cette fine satire à laquelle ne peut échapper le maître, même lorsqu'il badine, on les retrouvera à un égal degré dans ses *Historiettes et fantaisies*. Nous y revoyons aussi la bonne ville de Chignac avec certaine lettre anonyme, où l'auteur (que nous soupçonnons fort être le journaliste de *l'Honnête femme*) prend congé de ses anciennes amours. Cette page serait traduite par Juvénal, si l'on permettait à Juvénal de remonter des enfers sur la terre ; il n'y a pas apparence que cette licence lui soit donnée. Mais qu'auront dit les Clorindes de Chignac?

Que j'aime le joli pastiche du dix-septième siècle qui a pour titre l'*Epouse imaginaire;* c'est coquet, pimpant, comme une pastorale florianesque ; c'est d'un goût élevé, d'un aspect sérieux autant qu'une lettre à Philothée. Et quel style de bon aloi ! Si on ne l'avait déjà dit, je répéterais que chez M. Louis Veuillot, le style c'est l'ascension... Il fait penser à l'ode magnifique de Longfellow dont chaque strophe est coupée par le mot *Excelsior*. On peut ici rappeler le joli mot de Junius sur M. Paul de Saint-Victor : ce sont « de grandes et belles phrases, fièrement campées, poudrées, mouchetées, vêtues de brocart, de pourpre, d'étoffes lamées d'or, à traînes brodées. » La *Journée d'un missionnaire*, le *Vol de l'âme*, les *Histoires de Théodore*, sont de ces nouvelles que le sénateur Mérimée s'évertuait à écrire dans le sens absolument contraire : mais on y sent autre chose que le vain scepticisme, que l'égoïsme cruel de cet académicien desséché : on y vit, on y aime, on y croit à une vie meilleure, à une récompense, à une compensation des fadaises d'ici-bas.

Le conte spirituel que *Au temps des Diligences*! Ni Topfer, ni Sterne n'ont rien fait où il y ait plus d'humour. Ce conte rappelle un peu le début du *Drame de la jeunesse* de Paul Féval, à ceci près que le héros est moins jeune. On me pardonnera de citer des noms et d'user d'une vieille figure de rhétorique appelée proprement « comparaison ». Mais il faut être intelligible, et ces noms que j'égrène, au-dessous de celui de M. Louis Veuillot seront pour quelques lecteurs des points de repère. *Ce que c'est qu'un curé* est un plaidoyer plein d'éloquence : le curé de M..., Edmond et Laurent ont-ils existé? Oui, si de telles vertus sont encore de ce monde.

La perle de ce volume, je veux dire le plus beau joyau de ce collier de perles, c'est *la Chambre nuptiale*. Qui lira sans pleurer les six pages écrites sous ce titre ? Ah ! pourtant, qu'on laisse aux cœurs jeunes l'illusion de croire que la chambre nuptiale peut ne pas devenir, au bout de quelques années, un mémorial de deuil écrit du doigt de la mort ! Qu'on nous laisse espérer que les voiles funèbres ne sont pas suspendus au-dessus du berceau de notre bonheur ; que, toujours, les enfants souriront en dormant dans leur couchette, que la joie ne désertera pas le foyer, que vieillissant ensemble, l'époux et l'épouse ne s'apercevront jamais qu'ils sont devenus vieux... Mais si l'on osait risquer une allusion discrète, on s'inclinerait en passant devant les trois tombes qui ont inspiré de si beaux vers à l'auteur de *la Chambre nuptiale* ; et vénérant une douleur que ni le temps, ni l'enivrement du combat, ni la prière n'ont pu étouffer, on reconnaîtrait dans ce récit où vibre une tristesse résignée, le souvenir d'un bonheur perdu et de joies disparues...

Quelle flamme dans cette description de l'amour : « L'amour se leva dans mon cœur comme ces aurores qui promettent des jours merveilleux. Il me remplissait d'une force, d'une joie et d'une admiration infinies. J'aimais tout, je possédais tout, j'appartenais à tout. Le seul objet qui était tout pour moi dans le monde, répandait sur l'universalité des choses mon amour et sa beauté. Je crus que la vie était ce doux vallon, baigné des lueurs du matin, où la jeunesse enchantée se promène entourée d'espérances. La fleur s'entr'ouvre, l'oiseau chante, chaque brin d'herbe a sa perle de rosée, chaque bonheur a ses larmes. Je me donnais et je m'abandonnais, je ne savais faire que des rêves heureux. » Ou je me trompe fort, ou M. Louis Veuillot devait avoir une affection particulière pour les *Historiettes et fantaisies*. A chaque page on respire le parfum d'un souvenir, doux ou amer : chaque récit amène une découverte inattendue. Qu'il a dû aimer et souffrir, celui qui a semé ainsi tous les trésors de son cœur, prodigue d'affection, d'amitié, de dévouement, d'enthousiasme et de croyance ! Qu'il a aimé le spectacle de la nature, les belles soirées d'automne, les jours d'été, à la chaude lumière, les fraîches matinées du printemps ! Et cet amour des arbres, de la verdure, des prairies, des fleurs, de l'eau encadrée de gazon, des rivières bruissant sur les cailloux, nulle part il ne le ressentait plus au vif que dans ces interminables rues sombres de la grande ville, où le fisc mesure le soleil et la lumière, où les émanations du bitume remplacent les senteurs embaumées du sapin et du sureau. La destinée oblige tout homme au sacrifice !

*
* *

C'est dans *Ça est là* que se trahit le véritable tempérament de M. Louis Veuillot. De rapides croquis, des esquisses lestement dessinées, des notes empruntées à dix carnets de voyage, ont fourni la matière de ces deux gros volumes, divisés en chapitres dont chacun eût donné un beau roman. Ce sont des courses à travers champs, de ces courses où l'on cause de mille choses qui plaisent, d'un rien et de la philosophie, du passé et du présent, un peu des hommes, dont on médit, et beaucoup de Dieu, que l'on défend contre les philistins. La forme, et l'auteur est le premier à l'avouer, sent l'occasion et la distraction : elle tient du souvenir et du rêve, de la causerie et du chant. Mais à quoi bon composer un livre? demande-t-il : les livres aussi s'en vont. Non pas, ce livre-ci restera. Si la plume de l'écrivain a la bride sur le cou, elle ne s'en va jamais vaguer dans les domaines de l'absurde. « Je n'aime la fantaisie ni dans la conduite ni dans l'art. Je me tiens au réel, et j'y cherche toujours quelque moralité. C'est le devoir suprême de l'écrivain. L'art pour l'art n'est point de l'art. » Et plus loin, il ajoute : « Nous ne sommes plus au temps du franc rire, et je n'ai plus l'âge des gais propos. J'ai passé par beaucoup de chemins, j'ai vu beaucoup d'hommes, je connais le temps où je vis. Nos pères savaient rire jusque sous les cheveux blancs, jusque dans les alarmes publiques. La société était solide ; au milieu des plus violentes tempêtes, elle gardait ses ancres et sa boussole. Nous autres nous avons pris dans le sein de nos mères un fonds d'inquiétude qui se développe vite, et nous vivons divisés entre nous, sur un vaisseau qui sombre. Jeunesse dolente, maturité chagrine. »

Ce fragment est comme la synthèse des pages splendides qui servent d'introduction à l'un des livres les plus dangereux de ce temps-ci, *les Confessions d'un enfant du siècle*. Mais Alfred de Musset avait bu jusqu'à la lie la coupe du désenchantement, et peut-être dans les orages de sa vie, — tourmentée par le vice et par le doute, deux démons rongeurs, plus venimeux que la vipère, — trouvait-il quelque prétexte à maudire le temps où sa mère l'avait conçu, le temps où il se précipitait éperdument dans le mal, accusant de sa corruption précoce une société pourrie.

M. Louis Veuillot n'eut pas les mêmes raisons pour s'attrister en jetant un regard sur son existence passée. Que la gravité vienne avec l'âge, c'est la loi; mais que l'âge mûr désapprenne le rire, et que la vieillesse soupire, c'est le lot de ceux qui ont mal usé des dons divins, non de ceux qui les ont glorifiés en les vouant à servir Dieu!... Heureusement le livre, ainsi qu'il arrive souvent, fait mentir la préface : le sourire et la bonne humeur l'illuminent, et dès le début on se sent dans le calme plaisir d'une âme tranquille et d'un cœur joyeux.

Le *Mariage de Sylvestre* est un souvenir. Je ne sais rien de plus charmant que cette histoire, dictée par la Muse de la famille, inspirée par les sentiments les plus chers à l'âme et au cœur. La question du mariage, qui effarouche tant de pruderies, est traitée par le conteur avec un grand tact, étayé d'une grande franchise : « Quel est le plus dur et le plus dangereux, ou de regretter d'être marié, ou de regretter de ne l'être pas? » Sylvestre fut quelque peu tenté de résoudre le problème : au préalable, il s'en alla consulter le bon Dieu, et voici comment, dès lors, il considéra le mariage, cet état plein de solennels mystères et de glorieux devoirs : « Il vit une créature à l'image de Dieu spécialement placée sous sa garde, à lui chétif individu qui n'avait eu jusqu'à présent que lui-même à conduire; il vit des enfants, des âmes immortelles, qui allaient naître en quelque sorte de lui, qu'il aimerait, qu'il serait chargé de former, qui deviendraient peut-être de grands instruments de la miséricorde céleste. » D'où il s'ensuivit que Sylvestre se maria.

Chacun des « Livres » dont est formé *Çà et là* sert ainsi de prétexte à la discussion d'un point de doctrine. A Dieu ne plaise que j'aie la présomption de tout analyser ! Comment refaire après M. Louis Veuillot, les descriptions des paysages qu'il admire ? Il n'est pas de l'école naturaliste, et il voit bien la nature ; il la montre aussi belle qu'elle est, abrupte parfois et parfois coquette, avec le jour et la lumière baignant arbres et fleurs. Il n'en fait pas le savant chaos de pétales et d'ombelles, de troncs rugueux et de cimes touffues, qu'en font les plus exagérés des paysagistes. De même il observe les types qu'il rencontre : vous connaissez tous le sieur Oscar, de l'*Etude de bourgeois;* vous avez pris gîte à l'auberge du *Hareng couronné;* vous avez maugréé à Genève devant la statue de Rousseau, citoyen de Genève, le cuistre le plus déplaisant qu'ait produit Genève..., qui produit tant de cuistres. Quelles délicieuses chroniques que *Dans la montagne, En chasse, la Plage, Contes et Paysages bretons, la Campagne, la Musique et la mer !*

Tout un « Livre » est consacré à la noblesse, à la vraie ; M. Louis Veuillot parle des nobles avec quelque hauteur. Ce chapitre commence par un merveilleux portrait du missionnaire catholique ; je voudrais le citer ici en entier ; ces pages ont été écrites en pleurant, et qui les lirait sans verser des larmes d'orgueil, des larmes de repentir ? Le souffle de la foi les anime, uni au souffle du patriotisme. On est ému en entendant M. Veuillot parler de la noble France, et des nobles armoiries de France, la noble fleur qui croît sans travail et ne ramasse point de profits : *Lilia non labo-*

rant neque nent!... Mais on a honte de relire ce chapitre : il y faudrait aujourd'hui un correctif.

Une des curiosités de *Çà et là,* c'est le chapitre *Confession littéraire,* dans le livre *Vues prises du cloître.* M. Louis Veuillot y dévoile ses antipathies et ses sympathies littéraires. Il juge, absout ou condamne, d'un trait de plume; il est très net et très clair et ne s'excuse point de parler franc, en quoi il a raison. Enumérons quelques-unes de ses sentences : voilà un travail profitable !

— *Gil Blas* est un mauvais livre, plein de misanthropie, avec du venin contre la religion; c'est un livre mal fait, parce que rien n'est plus faux qu'un tableau de la vie humaine où ne paraît pas un homme de bien. — Dans Corneille, ce qu'il y a de plus beau, c'est *Polyeucte* et ensuite *le Cid* et ensuite *Cinna.* — Ce n'est pas *Athalie,* qui est le chef-d'œuvre de Racine, c'est *Phèdre :* en voici la raison : celle-ci n'est pas plus Grecque que Joad n'est Hébreu; mais on peut arranger les Grecs comme on veut, et il faut laisser les Hébreux comme ils sont. — Shakespeare est grossier, La Fontaine est Gaulois. — M. Veuillot n'aime point Molière : il déteste madame Sand, « hiérophante ambigu des mystères démocratiques, » et madame de Sévigné est une de ses meilleures amies. — Il n'aime guère Saint-Simon, le duc des *Mémoires,* qui, s'il est honnête homme, l'est malhonnêtement; c'est un duc enragé, envieux, hargneux, ingénieux à tout gâter. S'il n'a un homme sous la dent, il n'est capable de rien. — La Rochefoucauld est un précieux peu sincère, et les trois quarts de ses fameuses *Maximes* sont des pauvretés qui ne valent que par le tour. — La

Bruyère est un vieux garçon mécontent des femmes, un littérateur mécontent de la société. Le volume des *Caractères* devient pesant dès le milieu. — Rabelais étonne. Par quel jeu de la nature ou quel secret de l'art un pourceau peut-il avoir tant d'élégance et d'esprit? « Pendant un temps je le lus avec plaisir; j'étais surtout content de lui, quand je n'étais pas content de moi. » — Montaigne n'est pas davantage admiré : petit diplomate, petit militaire, très petit maire de Bordeaux; grand raisonneur toujours. — Ne parlons pas des encyclopédistes, et venons à Voltaire. Il est parfaitement dévisagé. Voltaire a certainement une jolie prose, très propre à ce qu'il en voulait faire et à ce qu'il en a fait. Voltaire est infiniment méprisable : vieux satyre cynique, il n'a pleinement l'admiration que des sots, pleinement l'estime que des drôles. Voltaire a fait le métier non seulement le plus vil, mais encore le plus sot. Sa prose est d'ailleurs jolie. — Alfred de Musset et Victor Hugo sont des artistes, avec la marque et le malheur du temps. Ils étaient nés pour la grande poésie; l'un est sans suite, l'autre est sans goût. L'un a méprisé son génie, l'autre en est follement idolâtre. — Ni la piété, ni l'impiété de l'âge prochain ne voudront de Lamartine. Il avait de beaux dons. Que de richesses pour ne faire qu'un bruit stérile! — Chateaubriand est l'homme de la prose, l'homme de la phrase, dont tout le cœur et tout l'esprit sont dans son encrier; *Atala* est ridicule; *René* odieux, le *Génie du Christianisme* manque de foi; les écrits politiques manquent de sincérité; les *Martyrs* sont un livre faux de pensée, de couleur, de style, d'une langue trop maniérée, et qui fatigue par le soin et par la recherche.

Tels sont les jugements de M. Louis Veuillot, et si crûment qu'ils soient exprimés, on est obligé d'en reconnaître la justesse. Il espère que l'avenir est aux écrivains catholiques, entièrement soumis et obéissants; l'obéissance ne demande rien de trop à la fierté humaine, s'écrie-t-il. La foi catholique n'est pas une loi d'asservissement. Précisément parce qu'elle enchaîne la passion, la foi affranchit l'esprit. Quelle raison, dit l'évêque de Tulle, se trouve à l'étroit dans la *Somme* de saint Thomas?

***

L'obéissance ne pèse pas à l'esprit de M. Louis Veuillot, non plus que la foi à son cœur. Il en a donné la preuve dans ce livre prodigieux, digne des apologistes des premiers siècles, le *Parfum de Rome*, qui semble être l'œuvre d'un Tertullien. « Mais c'est un Tertullien que l'orgueil ne précipitera pas dans l'erreur et qui saura toujours rester à genoux devant l'infaillibilité toujours écoutée, toujours respectée, toujours aimée. »

La loi que je me suis imposée de n'appeler à mon aide aucun des critiques de M. Louis Veuillot m'oblige-t-elle à ce point que je n'y puisse déroger une fois? Je ne le pense pas. Qu'on me permette de citer quelques lignes de M. Léon Gautier: « Dans le *Parfum de Rome*, quelle variété de tons, quelle fécondité, quelle abondance! Voici une page grave, majestueuse, qui respire la simplicité du grand siècle où l'on sent l'influence vive de Bourdaloue et de Bossuet; et au *verso* voici une autre page, qui aurait presque scandalisé Versailles, qui est jeune, plaisante, mordante, j'allais dire *gauloise*, si ce mot n'était pas l'objet de tant de malentendus. Comme tous les livres sincèrement originaux, le *Parfum de Rome* ne plaira pas à tout le monde. Les délicats savoureront certaines pages ; ils se voileront les yeux devant certaines autres. Au cri d'admiration succédera parfois un cri tout contraire. Mais c'est cela même qui prouve la prodigieuse variété de ce livre étonnant. »

C'est peut-être dans le *Parfum de Rome* qu'apparaît le plus, avec ses qualités et ses défauts, le tempérament artistique de M. Louis Veuillot. Tout à tour poète et réaliste, satirique et gracieux, plein de lyrisme et plein de fougue, polémiste et descriptif, il y émet toutes ses idées sur l'art, la philosophie, l'histoire de la littérature.

C'est l'œuvre d'un artiste, lorsqu'il décrit les merveilles de Rome chrétienne, les chefs-d'œuvre des Raphaël, des Michel-Ange, des Bramante, de cette pléiade infinie de peintres, de sculpteurs et d'architectes, formée, soutenue, protégée, agrandie par la Papauté depuis la Renaissance de l'art ; lorsqu'il nous conduit au Vatican, à Saint-Pierre, dans les Basiliques, aux débris monumentaux de la civilisation païenne.

C'est l'œuvre d'un poète, lorsqu'il chante les gloires de Rome chrétienne, les suaves légendes des Vierges romaines, les grandeurs du Pape persécuté, la fleur du Colysée, lorsqu'il traduit du *Pontifical*, ce livre incomparable, les paroles sacrées de cette liturgie dont il dit : « Je voudrais dérober un accent à cette poésie de la liturgie, plus parfaite encore que la poésie des livres saints ; car l'Église du Christ a absorbé et accompli la poésie de la Synagogue, comme la loi du Christ a accompli et absorbé la loi de Jéhovah. »

C'est l'œuvre d'un philosophe lorsqu'il traite les questions les plus hardies et les plus ardues qui soient posées à l'esprit humain : l'avenir de la Papauté, les droits de l'homme et les droits de Dieu, le Pape et le monde, le patriotisme sacerdotal.

C'est l'œuvre d'un politique, dès qu'il envisage la situation faite à l'Église par la prétendue unité italienne, dès qu'il scrute les vains efforts de la diplomatie, dès qu'il discute les préjugés et les parti-pris de ceux que M. Louis Veuillot appelle dédaigneusement les *Bourgeois*.

C'est l'œuvre d'un journaliste, par la création du type de Coquelet, le doucereux, le riant, le séduisant Coquelet, appâté par M. Havin, bulozien, sectaire du *Siècle*, englué de l'*Opinion nationale*, espèce de Prud'homme libre penseur, d'autant plus bête qu'il est plus instruit, d'autant plus sot qu'il hante les sages, ignorant malgré la science, païen malgré la pudeur, contempteur de tout ce qu'il ne comprend pas, et même de sa personne qu'il offre en holocauste aux billevesées de son parti. O l'immortel Coquelet !

Le *Parfum de Rome* est encore l'œuvre d'un historien : aucun savant ne fait mieux concevoir, en peu de mots, le caractère de Néron ; aucun n'explique mieux la lutte grandiose de Grégoire VII contre les Césars allemands. La mosaïque du Triclinium inspire à M. Veuillot des idées qui suffiraient à bâtir un livre, et quaud il faudra ravir le monde par un portrait vrai, pur, parfait de celui que la postérité nommera Pie IX le Grand, si mieux elle ne l'appelle saint Pie IX, c'est dans le *Parfum de Rome* qu'on l'ira chercher.

Voulez-vous maintenant retrouver l'observateur piquant, le conteur plein d'humour, le polémiste intraitable, le paysagiste exquis? Suivez M. Louis Veuillot à Tivoli, à Subiaco, sur la voie Appia, à l'osteria de Porta Maggiore, chez la bourgeoisie romaine, à l'Académie de France, à la villa Pamphili, partout où est la vie romaine, et faites connaissance avec fra Gaudenzio, un sosie de M. Veuillot, déguisé en capucin. Lisez et relisez les chapitres de ce livre si vivant, si fier, si énergique, si doux, si vaste et si complet. Vous y trouverez, ainsi que l'affirme M. Léon Gautier, que décidément je prends plaisir à piller, « une merveilleuse variété, une indignation qui communique à tous ses lecteurs une honnêteté vigoureusement contrefaite, un style où sont harmonieusement condensées et fondues les sévérités classiques du dix-septième siècle et les énergies romantiques de notre temps, une rigueur très dure à l'erreur, mais qui s'adoucit et se change en miséricorde à l'égard des hommes aveugles ou méchants, une pureté singulière du sens catholique, une constante élévation, un lyrisme constant et dont l'excès même n'est pas sans fatigue pour le lecteur, quelques réalismes qui se sont glissés dans ce beau style et qu'on en bannira facilement, une science réelle de l'art et de la littérature catholiques, une audace admirable dans l'exposition d'idées nouvelles, et d'autres qualités que nous aurions voulu analyser avec plus de patience. Mais il nous semble qu'un seul mot suffirait pour donner du *Parfum de Rome* une idée complète aux intelligences catholiques. Si ce livre pouvait parler, il dirait : *Je suis l'œuvre d'un grand amour !*

Qu'on veuille bien le remarquer, nous n'avons point parlé de cet ineffable amour de M. Louis Veuillot pour l'Église, c'est-à-dire pour Rome. Ne serait-ce point faire injure à sa mémoire, que d'affirmer l'immensité de son amour et de son dévouement pour cette Église catholique, apostolique et romaine, dont il eût été, aux temps belliqueux de Jules II, le condottiere par l'épée, dont il fut, en ce temps où l'on verse l'encre plus volontiers que le sang, le défenseur par la plume ! Et ce n'est pas une raillerie. M. Louis Veuillot était de ceux qui se servent de l'arme de leur époque : une épée n'est qu'un argument brutal ; une plume fut, on le sait, plus puissante aux mains de cet athlète, et cela ne veut point dire qu'il n'eut pas aimé l'Église du Christ *usque ad effusionem sanguinis*. Mais pourquoi en parler ? Il aurait fait, lui, le général, ce que tous ses soldats eussent été disposés à faire, et peut-être eût-il estimé, comme nous l'estimons, que mourir à Castelfidardo ou à Mentana est moins glorieux et plus facile que d'endurer la persécution du mépris que ce siècle inflige aux champions des Clefs de Saint-Pierre ! Oui sans doute, M. Louis Veuillot aima d'un amour sans pareil l'Église de Rome : l'Église, centre de toute unité, modèle de toute grandeur, clef de voûte de l'édifice social ; Rome dont la terre est imbibée du sang des martyrs, et qui est la capitale de la chrétienté, la reine du monde !

Mettez auprès du *Parfum de Rome* ce livre violent et cruel qui par une antithèse goguenarde s'est appelé *les Odeurs de Paris!* Placez aux côtés des *Porporati*, resplendissants dans leur pourpre, les satrapes du boulevard! Quelle pitoyable comparaison! Nous connaissons tous Éliacin Lupus et Bétinet, Tigruche et Tibulle Mouton et Polydore (des Annonces). C'est tout ce que Paris a pu donner.

Mais ne nous sommes-nous point interdit de parler du polémiste? C'est pour ce motif que nous passerons sous silence le chef-d'œuvre de M. Louis Veuillot, *les Libres penseurs*. Ce beau livre ne peut être examiné qu'avec les dernières publications de l'auteur, *Rome pendant le concile*, *Paris pendant les deux Sièges*, et avec les nombreux volumes où sont réunis les œuvres de son existence de journaliste. Il y avait là les éléments d'une nouvelle étude, qui compléterait celle-ci et permettrait de juger la figure littéraire que nous avons voulu esquisser dans tout l'éclat qui lui est propre, mais c'est uniquement le littérateur que nous avons prétendu juger en Louis Veuillot, et d'autres, s'ils en ont le goût, discuteront ses convictions religieuses et son action dans les affaires politiques du temps.

CAMÉES

EMILE ZOLA

I

DU NATURALISME [1]

A Monsieur Emile Zola.

Je n'appartiens pas, Monsieur, au groupe des romanciers que vous avez naguère si cruellement fustigés ; vous ne me connaissez pas, et je ne connais de vous que vos livres : enfin nous ne suivons pas les mêmes chemins ; je n'ai donc aucune rancune personnelle contre vous, je ne puis ni vous envier, ni vous haïr, et voilà pourquoi — si vous le permettez — et surtout si vous ne le permettez pas — je vais vous dire quelques vérités, de celles qui, justement, ne sont pas bonnes à dire.

1. Ces trois lettres parurent, il y a quelques années dans le *Paris-Journal*, sous la signature *Vindex*. Je n'ai pas besoin de dire que le temps, les circonstances, une étude plus approfondie et moins passionnée ont modifié des opinions littéraires que j'exprimais en toute sincérité.

Il ne me convient aucunement d'entrer dans votre querelle : ce me serait une maladresse. Débrouillez-vous avec M. Champfleury et avec M. Léon Cladel, avec M. Malot et M. Claretie. Vous vous êtes fait passer la rhubarbe, et vous n'avez point passé le séné [1] : c'est un tour de collégien, très habile peut-être, mais qui ne réussit qu'une fois. Vous saviez votre pièce de l'Ambigu, l'*Assommoir*, condamnée d'avance, et vous avez risqué le paquet; on pourra dire maintenant, si vous ne réussissez pas, que votre franchise vous a fait des ennemis, lesquels vous ont rendu coups de sifflet pour égratignures. Mais le dira-t-on? Et qui le croira?

Une voix s'est élevée dans la presse pour vous soutenir, après le grand cri de haro poussé contre vous, après même la très spirituelle et très méchante boutade qui vous montrait rival heureux de Gambetta, glorieux usurpateur du fauteuil de Molière, et composant à vous seul l'Académie française. On aurait pu dire : « En voilà un qui a de l'esprit comme quarante! » Cette voix est celle d'un « réfractaire. » C'est le titre qu'il se donne. Vous savez son nom, et moi aussi, et je vous assure que le suffrage de cet « absent » n'est pas flatteur.

Je n'entends pas me mêler de ces petites affaires, ni servir les colères de quelques-uns de vos confrères. Arrangez cela comme vous pourrez, si vous le pouvez : fouillez les gros livres de caisse des éditeurs pour compter les éditions et les exemplaires ; établis-

---

1. M. Zola venait, tout récemment, de publier dans un journal russe, un article qui fit grand tapage, sur les romanciers français contemporains.

sez des calculs, des chiffres, ayez des renseignements par mille petits moyens. Tout cela ne me regarde pas, et, pour ma part, j'en ris volontiers.

Mais ne vous donnez pas davantage, Monsieur, le ridicule de vous poser en chef d'école : vous n'en avez pas l'étoffe. De ce que vous avez publié huit volumes sur les faits et gestes de la famille Rougon Macquart — dont le vrai domicile ne devait pas être situé fort loin de l'étang de Berre, — un volume de comédies sans queue ni tête, plus les *Contes à Ninon*, il ne s'ensuit pas que vous soyez un homme de génie. Balzac, dont vous parlez avec trop d'irrévérence, et à qui vous faites l'injure de le comparer à vous, Zola, Balzac avait fait la *Comédie Humaine*, que son immense orgueil n'atteignait pas aux proportions de votre étrange vanité.

Vous êtes, Monsieur, un romancier très ingénieux, un écrivain bien doué, un littérateur sachant ce qu'il faut pour faire de la littérature. Votre œuvre est personnelle, originale, curieuse. On vous lit sans plaisir, mais avec une avidité perverse : vous empoignez les étudiants, vous faites rêver les jeunes têtes, vous charmez ces messieurs de la république, parce que vous attaquez l'Empire et suivez les traditions historiques du bonhomme Hugo, — le bonhomme de l'*Histoire d'un Crime*, — car, pour le poète, je l'appellerais le *divin Hugo*.

Voilà donc vos mérites, et si vous étiez modeste ils vous suffiraient, car vous avez fait bien du chemin, depuis le temps, si rapproché de nous, où vous vendiez des livres, au lieu d'en écrire.

Mais vous n'êtes, Monsieur, ni un philosophe, ni

un moraliste, ni même un observateur consciencieux, Que n'ai-je une *Revue* à moi ouverte ! J'y voudrais démontrer, en trente pages, que pas un de vos types n'est réel ! pas un qui ne soit faux !

Vous ne connaissez pas la cour impériale, et vous la décrivez ; vous avez imaginé une honteuse société, dans la *Curée*, et vous avez fait rire à vos dépens avec vos Hoffner, et vos Sternich, et votre Renée la détraquée ; le *Ventre de Paris* n'est qu'une orgie de mots, une épopée qui n'a eu d'autres succès que d'éveiller l'appétit de Charles Monselet ; dans la *Faute de l'abbé Mouret*, dans la *Conquête de Plassans*, vous avez voulu analyser des types de prêtres, et peindre la vie cléricale : vous êtes tombé à plat : vous ne savez rien du prêtre, ni de sa vie, ni de la physiologie qui lui est particulière, ni de ses habitudes, ni de son caractère, ni des conditions spéciales dans lesquelles se meut son existence, morale et physique ; vous avez prétendu nous faire connaître le monde officiel, les secrets administratifs, les intrigues politiques, dans son *Son Excellence Eugène Rougon* (pourquoi ce grossier trompe-l'œil, qui fait penser à M. Eugène Rou...?) ; vous n'avez point réussi ; l'*Assommoir* calomnie les ouvriers parisiens, parmi lesquels il y a moins de *Coupeau*, ne vous déplaise ! — Enfin vous ne savez rien de l'amour maternel, et vous gâtez ce sublime sentiment dans votre *Page d'Amour*, fade anecdote où rien n'est réel, où presque rien n'est possible.

Et c'est précisément vous, Monsieur, qui reprochez aux autres de ne pas créer des personnages vivants. Sachez donc une fois pour toutes que vos marionnettes ne vivent pas, n'ont jamais vécu, et ne sont d'aucun monde; pas plus frère Archangias que Marthe Mouret; pas plus Clorinde que Renée; pas plus le petit Sylvère que dame Hélène Grandjean et son petit monstre de fille. Tous ces gens-là, tous les vôtres sont des Romains de la décadence; des Français nés, élevés, grandis, au milieu d'une société qui n'existe pas.

Cette société, qui est la vôtre, et que vous avez composée assez maladroitement, si on la compare à celle que Balzac avait imaginée, est essentiellement païenne, ou plutôt athée : elle n'a plus de foi, plus de sentiments, plus d'espoirs. Elle ne croit ni à Dieu ni au diable : elle est, enfin, telle que serait une société subitement éclose, avec tous les vices de notre civilisation, mais en dehors du christianisme.

En un mot, l'idée chrétienne est morte pour vous et pour les vôtres; vous ne l'attaquez pas, vous la dédaignez : vous la traitez comme le savant M. Littré, qui en sait moins en ceci qu'un gamin de sept ans, eut l'audace de traiter Dieu :

On lui reprochait d'être athée.

— « Moi! exclama-t-il paisiblement. Je ne dis pas que je croie ou ne croie pas en Dieu : Dieu est une hypothèse; je ne m'occupe pas d'une hypothèse. »

Les hommes et les femmes que vous mettez dans vos tableaux n'ont en conséquence que la vie factice des poupées à ressorts.

Vos tableaux mêmes, vos splendeurs du Paradou; vos truculentes descriptions de la Halle, vos paysages, vos intérieurs, tout cela n'est point fait d'après nature, excepté pourtant dans l'*Assommoir*. Vous parlez du luxe de Saccard comme quelqu'un qui n'entend rien au luxe, et je vous conseille de relire dans Edgar Poë la *Philosophie de l'ameublement*. Passe pour ces vétilles ! On peut vous pardonner tout !

Mais vous, chef d'école, apôtre du style, ciseleur de la phrase ; vous qui parlez du jargon d'autrui, du procédé, des ficelles du métier, êtes-vous donc indemne ? N'est-ce pas vous qui avez inventé le *grand bleuissement trainant à terre ?* Je défie le plus habile philologue de découvrir le sens grammatical de la moitié des phrases du *Ventre de Paris*, ce modèle parfait du plus pur galimatias.

Vous avez un style qui n'est point romantique, point classique, et ne participe ni de l'un, ni de l'autre. Vous avez cherché des effets dans l'accouplement bizarre de certains mots. Vous abusez de l'adverbe, du participe présent ; vous forgez des mots auprès desquels le « ruisselant d'inouïsme » de Gautier est une chose académique.

Savez-vous ce que vous êtes ? Pas un descriptif, mais un fabricant de descriptions ; vos romans ne sont que des prétextes à descriptions ; le dialogue est sacrifié, l'analyse est rapide ; vous bâtissez un pantin et le lancez dans l'action : s'il est sanguin, il a des cheveux noirs ; s'il est lymphatique, il a une barbe blonde, la barbe d'or du forgeron Goujet.

En un mot comme en dix, vous êtes un homme à système, et votre système, c'est le NATURALISME.

La première fois que l'on me parla du *naturalisme*, je le confondis avec le *réalisme*. C'était chez un charmant poète qui vous aime beaucoup : un autre poète, tout jeune, et dont vous n'avez pas encore dit du mal, me fit une leçon de deux heures sur la LITTÉRATURE

DE GUEULOIR. Encore un système, préconisé par un des romanciers que vous n'avez pas écorchés jusqu'au vif. J'appris alors ce que vous entendez par *naturalisme*, et je me mis à rire, parce qu'une idée se présenta soudain à mon esprit. Cette idée était celle-ci :

Je me rappelai certain tableau de Paul Potter, représentant des vaches dans un pré : une de ces vaches, tournant le... dos au spectateur, laisse tomber sur le gazon verdoyant... ce... cette... vous savez bien... Je parlai tout haut de cette peinture.

— Hé ! me dit-on, oui, Paul Potter est un peintre naturaliste.

Et quelqu'un récita aussitôt une fable *naturaliste* du poète Lachambeaudie, celle qui a pour épigraphe ces vers célèbres :

> Elle était de ce monde où les plus belles choses
> Ont le pire destin,
> Et, rose, elle a vécu ce que vivent les roses,
> L'espace d'un matin.

Tout au fond de votre Provence, il est, Monsieur, une petite ville blanche, sans arbre ni verdure, et sans ombre, étalée sur la plage ensoleillée où sèchent des pyramides de sel, d'un grand lac bleu, aux eaux lourdes, serti de dunes grises, qui le séparent de la mer, d'un côté ; de l'autre, des plaines, des garrigues et de la Crau. J'y vécus un jour, et je m'en souviens, parce qu'on m'y parla de vous. En ce temps-là, vous n'étiez qu'un petit journaliste, connu seulement du boulevard, et tout récemment échappé de l'esclavage où vous tenait un grand libraire. Vous n'aviez rien inventé : vous ne pensiez pas au naturalisme, et vos *Contes à Ninon*, bluettes charmantes, ne trahissaient point que vous fussiez matérialiste et athée.

Nous voici bien éloignés de ce bon temps où nous étions si malheureux ! — comme disait Sophie Arnould.

Il faut avouer, Monsieur, que vous êtes impardonnable de ne pas croire aux fées. Vous leur devez tout ! Il en vint un demi-cent autour de votre berceau, et j'aurais tout un conte à écrire sur les dons qu'elles vous octroyèrent. Mais il se trouva que la méchante fée vint aussi, bien qu'elle n'eût pas été invitée. Elle vous dit simplement : « Tu seras vaniteux, et tu auras la vanité de ta vanité. » Je regrette vivement, croyez-le, de ne pouvoir traduire ce discours en langage naturaliste.

Encore que tout le monde le dise, et qu'il y ait chance pour que cette affirmation du plus grand nombre soit fausse, on doit reconnaître que vous avez du talent, non pas un talent *spontané*, développé lentement et mûri, mais un talent fait d'études et de procédé. Votre procédé, c'est de matérialiser les idées, de donner un corps à l'impalpable. Il est tout entier dans votre symphonie des fromages, où vous appliquez aux odeurs la gamme de la mélodie. Il est dans cette expression du *Ventre de Paris :* « un grand bleuissement traînant à terre ! » Vous cherchez l'*expressivité*. Barbey d'Aurevilly l'a trouvée avant vous, lorsqu'il nous montre un débauché suivant une femme — « chiennement ! »

Je ne veux pas faire le procès de votre méthode, ou de votre style, ou de votre manière d'écrire. Il me plaît que vous ayez trouvé un moyen nouveau de traduire la pensée. Mais j'ai le projet d'étudier avec vous ce que vous nommez l'évolution naturaliste, et puisque nous n'aimons la politique ni l'un ni l'autre, faisons de la réaction littéraire, chacun dans notre coin: nous aurons des lecteurs, aussi fatigués de parlementarisme que nous, quand ce ne serait que les fonctionnaires mis à la retraite par vos amis d'hier, que vous tancez vertement aujourd'hui.

J'avais l'honneur d'écrire, l'autre jour, à mademoiselle Sarah Bernhardt qu'elle est l'Alcibiade de ce temps-ci, — Alcibiade-femme... Je vous demande pardon, je n'avais pas pensé à vous ! Et quel Alcibiade vous êtes ! Ce n'est pas la queue de votre chien que vous coupez: un chien ne vous suffit pas, il vous en faut une meute. Vous avez fait l'*Assommoir*, et vous faites *Nana*!... Vous avez démoli tous les romanciers, vos concurrents, et vous démolissez la République — parce qu'elle empêche le peuple français de s'occuper exclusivement de votre gloire. Vous avez d'ailleurs immolé sur l'autel du naturalisme le grand poète des *Contemplations*, et je ne désespère pas de vous voir prouver quelque jour l'infériorité de Shakespeare et la profonde nullité de Bossuet.

Zola *for ever* !... Ingrat! Vous accaparez l'attention publique, votre nom est partout, on portera demain des vestons à la Zola, on mangera du cochon à la Banban, on dansera la polka de Bibi-la-Grillade — et vous n'êtes pas satisfait?

Et c'est le moment que vous choisissez pour dauber la République aimable que vous et vos amis nous avez imposée, République de rhéteurs et de lettrés, d'avocats et de journalistes, embaumée du parfum de l'encre d'imprimerie, ornée des fleurs exquises de la Société des Gens de lettres, à laquelle enfin il ne manque — et j'en verse des larmes ! — que le poète Agénor, ce sympathique Auvergnat qui faisait naguère danser les nymphes de l'Opéra devant la foule émerveillée des archéologues de province [1] !

Ma foi! j'aime votre audace, Monsieur; vous êtes encore plus réactionnaire que moi — et je le suis beaucoup, de tempérament et d'habitude. Votre « éreintement » de la République est une œuvre d'art. Ce morceau de haut goût me réconcilie avec votre Ecole — qui possède un si grand maître, — et ne compte pas un seul élève. J'y découvre pourtant une métaphore bizarre: vous assurez qu'on « a vu des flaques de sang se dresser! » Voilà un vrai miracle, ô naturaliste, que la nature ne fait pas : jusqu'ici le sang coulait, maintenant il se dresse, — non plus en jets, mais en flaques. Mais du moment que les fromages chantent !...

L'exorde de votre plaidoyer — qui est absolument l'*oratio pro domo meâ* de l'avocat Cicéron, — est consacré à expliquer vos opinions. C'est une manie que vous avez de parler de vous-même, et d'ailleurs quel sujet vous intéresserait davantage? Vous êtes, déclarez-vous, un républicain qui ne vit pas de la République. Oh! l'oiseau rare ! — et comme bien vous faites

---

1. Allusion à un bal où le ministre de l'instruction publique d'alors, M. Bardoux, nous donna le divertissement de menuets, pavanes et gavottes, dansés par mesdemoiselles Fatou, Fonta et autres dames du corps de ballet de l'Opéra.

de vous en vanter, et comme cela étonnera les gens ! Il y en a donc ? se demandera-t-on au club, à l'atelier au salon, au cabaret. Il y en a !

Et s'il n'en reste qu'un, vous serez celui-là !

Mais pour vous punir, on vous mettra dans l'album des combles. Vous serez le Comble du désintéressement !

Vous faites une terrible classification des républicains. Il y a les doctrinaires, les romantiques, les fanatiques. Vous créez la quatrième catégorie, celle des Naturalistes. Avez-vous un microscope à me prêter que je voie ? Grâce à vous, je sais très bien maintenant dans quel groupe répartir MM. Waddington, Léon Say, Spuller, Lepère, Challemel-Lacour, et madame Juliette Lamber ; MM. Victor Hugo, Auguste Vacquerie, Edmond About, Sarcey, Aurélien Scholl, Ménier du chocolat, — tous romantiques... ; MM. Jules Ferry (et quelques autres Jules), Gambetta, Clémenceau, Brisson, Coquelin... J'en passe... et des meilleurs !

Je cherche vainement sous la bannière du naturalisme les républicains de votre école : je n'y vois pas M. Gustave Flaubert, ni M. Léon Cladel, ni M. de Goncourt. Où sont les républicains naturalistes, s'il vous plaît ? Dans le peuple je ne vois que beaucoup de républicains... naturels.

Or, vous affirmez : « La République sera naturaliste ou elle ne sera pas. » Grand merci ! Elle ne sera pas, car elle ne sera pas naturaliste, et vous-même démontrez, par des arguments intellectuels d'un ordre très élevé, qu'elle ne peut pas être. Je ne causerai point, au surplus, de votre manifeste politique : ce n'est pas mon fait. Je me borne à signaler votre singulière négation des principes. Vous ne voyez que « des êtres organisés vivant sur la terre dans de certaines conditions. »

C'est bien ce que je vous disais tout à l'heure : vous rêvez une société sans Dieu, sans foi, sans religion : vous n'êtes même pas un païen — les païens avaient l'illusion de leur « Olympe » ; vous êtes un sophiste. Blanqui vient de dire qu'il importe avant tout de déchristianiser la société ; — vous, qui ne donneriez peut-être pas un coup de main ou un coup de plume à Blanqui, — vous considérez la société comme déchristianisée. Vous vous servez du « document humain » : du corps, du cœur, de l'intelligence de l'homme, — et vous oubliez l'âme. Il vous manque un sens. Tout est matière pour vous, et l'esprit n'est qu'une émanation de la matière. Vous fouillez le cerveau pour y trouver ce que Broussais — le génie a ses défaillances — montrait à ses élèves : le petit bouton de la pensée.

Une littérature, assurez-vous, est l'expression immédiate d'une société. C'est peut-être vrai, mais alors l'heure de votre littérature naturaliste n'est pas venue. La littérature actuelle n'est pas, ne peut pas être, cette évolution positiviste que vous prétendez qu'elle est, et dont Balzac, selon vous, aurait donné le branle : Balzac l'idéaliste, Balzac le catholique ! Puisque vous étudiez, la société moderne pour traduire la brutale réalité des faits, ayez donc l'audace d'appliquer vos observations à cette société chrétienne que vous niez, parce que vous ne la connaissez pas. Mettez une antithèse vivante en présence de vos Rougon-Macquart. Décrivez-nous une vraie famille, à côté de vos tribus de névropathes.

Vous devez avoir eu bien souvent envie — l'envie furieuse de l'impuissance — l'impuissance de celui qui ne comprend pas, qui a des yeux et ne voit pas, qui a des oreilles et n'entend pas, — de peindre l'existence du cloître. Allez chez les chartreux et chez les carmélites, et si vous faites sur eux un roman *naturaliste* — et qui soit la vie réelle du chartreux et de la carmélite — je vous proclamerai le maître de Balzac.

Enfin, Monsieur, vous condamnez vous-même votre thèse en disant : « Dans les lettres, la discipline ne saurait exister, surtout à notre époque de production individuelle ». Et vous prétendez fonder une école ? Une école sans discipline ? Vous prétendez davantage : vous prétendez nous imposer le naturalisme — et, pour parler comme vos héros : ça ne prend pas. Mais par malheur « ça prendra » : la race des moutons de Panurge n'étant point près de sa fin.

II

RÉALISME ET RÉALISTES

Vous avez certainement remarqué, Monsieur, que les commotions politiques amènent inévitablement avec elles une sorte de révolution littéraire. La Renaissance accompagna la Réforme : on peut dire même qu'elle en naquit. Le paganisme du seizième siècle se modifia pendant le dix-septième : Corneille chercha ses inspirations dans l'idéal héroïque du théâtre espagnol; Racine osa, l'un des premiers, mettre en scène des épisodes de la Bible. Mais la tradition classique persista, même à travers les mièvreries et les pattes de mouche du trop long règne de Louis XV, et le cataclysme révolutionnaire, suivant une pente naturelle, outra l'amour des Grecs et des Romains. Le Directoire voulut être un pastiche des Républiques de l'antiquité, et Napoléon Ier jouant au César, fit que sa cour et son peuple imitassent le peuple et la cour des Césars. Si bien que toute cette école, depuis Malherbe jusqu'à Baour-Lormian, forma ce que vous appelez, avec une désinvolture charmante à l'égard de la grammaire française : *le Classicisme*.

La réaction contre la tourmente de 1793, et surtout contre les guerres interminables du premier Bonaparte, attendit plusieurs années pour se produire. La Restauration — le gouvernement le plus sérieux que la France ait eu depuis l'ancien régime, — ne protégea peut-être pas cette réaction; mais elle la prépara, et c'est aux années calmes et prospères du règne de Louis XVIII et Charles X, qu'on dut le mouvement de 1830, éclos tout à coup au soleil d'une dynastie impromptu.

La chute de la monarchie de juillet fit naître la littérature utopiste, et enfin des catastrophes que quelques-uns de nous pleurent encore sortit l'évolution dont vous êtes le premier germe, — ce dont il vous faut louer, car nous devrons peut-être à votre ardeur d'ambition littéraire la rénovation des jouissances intellectuelles et l'indifférence pour les fastidieuses redites et les événements brutaux d'une politique abandonnée désormais à des rhéteurs sans expérience, férus de cette illusion qu'il suffit de pérorer pour conduire une nation, et la venger.

Le romantisme de 1830 fut royaliste, et presque religieux. En ce temps-là, M. Victor Hugo était un ferme « soutien du trône et de l'hôtel. » Il y gagna un fauteuil à la Chambre des pairs : il y trouva de plus l'occasion de montrer qu'il pratique toutes les indépendances, et par surcroît l'indépendance du cœur,

Le romantisme créait un monde de convention : ce faux moyen âge, cette fausse Espagne, cette fausse Italie, cette fausse couleur locale, mille choses fausses, qui enchantaient nos oncles, et qui font sourire nos neveux, devenus positifs. Le pourpoint rouge de de M. Théophile Gautier n'était pas plus du romantisme que le « hierro » fatidique du poète d'*Hernani*. C'étaient là de menues excentricités, et vous, Monsieur, qui êtes mon aîné, avez pu en voir d'analogues dans les dernières années de l'empire, quand vous apparteniez au *Figaro* de M. de Villemessant.

Mais cette école, dont on fit grand bruit naguère, et qui commence à passer au crible de la critique, en y laissant beaucoup de ses panaches, cette école, cependant si curieuse à étudier, n'engendra que le roman-feuilleton et les récits de cape et d'épée, devenus l'apanage fort exploité d'une tribu de Bas-Bleus, industrielles redoutables, âpres au gain plus qu'à la besogne, et *fabricantes* patentées de la plupart des journaux, qu'elles inondent, submergent et noient de leurs fades nouvelles, et qu'elles encombrent de leurs prétentieuses personnalités. En vérité, quand on feuillette — le métier a de ces exigences !... — quelqu'une de ces étonnantes productions, l'on se prend à considérer Ponson du Terrail — conteur d'imagination — pour un grand écrivain, et l'on regrette de n'avoir plus même la monnaie de ce pauvre Gaboriau.

Mais je ne suis pas ici pour vous exposer mes doléances au sujet de l'invasion du bas-bleuisme. (Catiche est une insupportable pécore, à qui je vous conseille d'offrir une partie d'étrivières. Seulement, réservons ce fin plaisir pour une occasion meilleure.

Catiche écrit toujours abondamment. Nous fouillerons, un jour ou l'autre, dans son tas de volumes. Il y a le bas-bleu féminin et le bas-bleu masculin. Catiche a tous les sexes, et les deux sexes s'honorent de posséder Catiche. — Et ce n'est pas de cela qu'il s'agit...)

Nous voici donc, Monsieur, un peu grâce à vous, sur le bord de ce gouffre : une révolution littéraire. L'engouement du public va faire de vous un homme glorieux : j'oserai vous rappeler que Balzac mit vingt-cinq ans à forcer la Renommée, et vous n'êtes pas encore un Balzac au petit pied : il vous plaît d'être simplement Zola, et je ne fais aucune difficulté de reconnaître que c'est déjà quelque chose.

Ne croyez pas cependant que vous avez inventé le naturalisme : c'est assez d'avoir forgé le mot.

Les réalistes ont été vos précurseurs, et vous prétendez que Balzac leur donna le branle. Il n'y a rien de moins réaliste que le procédé de Balzac, ceci est élémentaire, et vous ne me démentirez point. Je vous concède le réalisme de M. Champfleury, un observateur superficiel, s'appliquant à trouver des noms cocasses, à colorier des tableaux prosaïques, à copier enfin, non pas la vie de province, mais la caricature de la vie de province. Mettez ensemble tous les personnages de la *Succession Le Camus* et des *Bourgeois de Molinchart*, et de tous réunis vous ne ferez pas un type comparable au papa Séchard ou à mademoiselle Cormon. Enfin je n'admettrai pas qu'un écrivain qui se pique de réalisme, raconte que M. de Bois d'Hyver est rentré dans son ÉPISCOPAT, pour dire : dans son *diocèse*. Confondre *épiscopat* et *diocèse* me paraît d'un niais magnifique. Les marionnettes de M. Champfleury sont en gros bois mal verni, et tenues par de grosses ficelles — blanches. La mode — cette divinité capricieuse à laquelle je vous conseille d'adresser de ferventes prières — la mode l'a rejeté, et le voici retombé dans l'oubli. Ce n'est pas le *Secret de M. Ladureau* qui l'en fera sortir.

Le second représentant du réalisme dont on m'ait parlé quand j'étais en rhétorique — hélas ! où sont les beaux jours de l'enthousiasme juvénile ? — c'est M. Gustave Flaubert. Patient archéologue dans *Salammbô;* — mystique déplorable dans la *Tentation de saint Antoine*, M. Gustave Flaubert n'est vraiment réaliste que dans *Madame Bovary*. Il y est même naturaliste, car il y peint des bêtes. Ce tableau violent n'a que des figures empâtées : des sots, des imbéciles ou des coquins ; d'âme, je n'en vois aucune : tous ces gens sont des malades ou des fous — ce qui est la pire façon d'être malade.

Je ne me prononce par sur la moralité ou l'immoralité de l'œuvre. Il me faudrait causer trop pour m'expliquer sur ce point : je la déclare malsaine : je n'y vois ni sentiment ni passion, mais la description d'un cas pathologique, et cela ne m'intéresse pas. Le procureur impérial qui appelait ce livre l'*Histoire des adultères d'une femme de province*, avait tort et se trompait. Il fallait dire simplement : *Histoire d'une nymphomane*. Où voyez-vous là de la passion ? Rodolphe ? C'est un bellâtre grossier. Léon Dupuis ? c'est un drôle antipathique, fort disposé à jouer les *M. Alphonse*. Homais ? un triple sot, dont chaque ville de province exhibe précieusement un exemplaire. Charles Bovary ?

« Mince ! quel godiche ! » clameriez-vous, si nous étions en tête-à-tête.

Maintenant, que tous ces types soient bien copiés ; que le fameux fiacre soit un vrai fiacre ; que Yonville soit fidèlement dépeint ; que les différentes scènes soient le reflet exact de la vie réelle ; c'est possible, mais qu'est-ce que cela me fait ? Qu'ai-je appris dans ce livre ? Quel enseignement ? Quelle réflexion ? Quelle délectation de l'esprit ? M'amuserez-vous si vous me décrivez bien un pommier ou une huche ? Non, j'irai voir le pommier, examiner la huche, et je serai bien mieux renseigné. Le naturalisme, est-ce le reportage adapté au roman ?

Ce que je veux, moi, lecteur, c'est que vous analysiez un secret du cœur humain, un repli inexploré de l'âme, que vous me donniez une leçon, que vous me fassiez peur du vice ; — en un mot ce n'est pas mes yeux que vous devez ravir, c'est mon *moi* que vous devez me faire apercevoir à travers vos fictions.

L'amitié, c'est l'amour qu'on a de soi-même reporté sur un autre : c'est soi qu'on aime dans la personne de son ami. Le livre est un ami dans lequel on veut se voir : un miroir où l'on veut se regarder. Aussi le livre qu'on aime, qu'on garde et qu'on relit, est celui où l'on s'est rencontré. Tout autre livre n'est qu'une pâture pour la vaine curiosité !

M. Gustave Flaubert est donc un réaliste parce qu'il a fait *Madame Bovary*, et qu'il y a malheureusement beaucoup de dames Bovary, beaucoup de Rodolphe et beaucoup de Léon. Mais il n'est pas un réel, parce qu'enfin il serait étrange que tous ces gens, compliqués des Tuvache, Lheureux et Bournisien, fussent accouplés dans le même bourg. Si ce roman est la photographie des populations de la Normandie, ce n'est point flatteur pour la Normandie, et si tous les bourgs de France ressemblent à Yonville, je n'ai plus le droit d'être fier d'être Français !

On m'a assuré que M. Gustave Flaubert est le chef de « l'Ecole du Gueuloir. » Il classifierait les écrivains en deux catégories : ceux qui peuvent se « gueuler » à pleine voix, ceux qu'on ne peut que réciter. Chateaubriand « est de gueuloir, » Bossuet aussi, et un peu Victor Hugo. Balzac n'est pas « de gueuloir. » Il faut la période arrondie, la phrase correcte et ciselée : le mot doit avoir pour ainsi dire la forme de l'objet qu'il désigne, on dirait même le parfum de la fleur qu'il décrit. Le style n'est plus un langage : il est une couleur : on peint, on n'écrit pas.

Un célèbre poète, récemment, exprimait cette théorie dans une conférence et naïvement s'y ralliait. Théorie tout à fait inoffensive, mais qui trahit le culte exclusif de la forme. On en vient là, et vous y êtes venu, Monsieur. J'ai encore dans l'oreille cet aveu surprenant que me fit un jour l'auteur du *Nabab*: « La phrase !... la phrase... Je ne connais que la phrase, et c'est la seule importance d'une littérature. » Et ces paroles me firent souvenir de cette définition du réalisme par mon professeur de rhétorique : « Le réalisme est l'adoration de la forme et l'application stricte du matérialisme à l'idée. »

Je voulais vous parler encore aujourd'hui, Monsieur, de quelques autres coryphées du réalisme : les Goncourt, Léon Cladel, et vos jeunes élèves, MM. Hennique, Huysmans, Pouvillon, — et aussi de la *Revue réaliste*, intéressant nourrisson encore au berceau. Mais j'arrive au bout de mon papier, et je m'aperçois avec terreur qu'ayant si longuement causé, je n'ai rien dit encore de la fameuse évolution naturaliste dont vous êtes le prophète.

Quand on est en compagnie agréable, on ne s'en va pas volontiers. Cependant il faut partir quoi qu'on en ait, et je vous tire ma révérence sur ce compliment de la fin.

III

TRIOMPHE DE « MES BOTTES ! »

Il est déjà demain, Monsieur, car je rentre chez moi fort tard, pour avoir été entendre votre drame à l'Ambigu, ce que j'avais retardé de faire jusqu'ici, n'aimant point aller où tout le monde va. Je connais enfin l'*Assommoir!* et combien j'en suis ravi! Je cherchais vainement à définir le réalisme, et me creusais la tête à en découvrir la formule. Aujourd'hui je n'ai pas la formule, et pas davantage la définition, mais j'ai approfondi la chose, et voici :

Le réalisme, c'est l'art « d'épater le bourgeois en lui montrant, sur le théâtre et dans le livre, les scènes et les types qu'il voit tous les jours, et l'art de lui arracher cette éloquente exclamation : *Comme c'est bien imité!* » Rien de plus simple, par conséquent, et surtout rien de moins artistique.

Mais puisqu'il y a des gens que cela amuse, ne troublons pas leur plaisir.

Je n'ai pas, après tant d'autres, la présomption de faire ici une critique de votre pièce au point de vue dramatique. Il se peut que je n'y entende rien. J'avoue, d'ailleurs, que j'ai ri beaucoup des saillies « canailles » de Mes-Bottes, personnage fort curieux, — auquel je n'avais jamais eu l'honneur d'être présenté.

Permettez-moi seulement de vous soumettre une observation :

Lorsque Gervaise est descendue au dernier degré de la misère ; qu'elle est seule, crevant de faim, dans son taudis dévasté : que son mari est à l'hôpital, et que sa fille s'embarque pour Saint-Lazare — par le sentier fleuri d'immondices qui mène à cet utile établissement, — Gervaise, dis-je, s'écrie d'une voix pleurarde, en levant les yeux et les bras au ciel : « Ah ! qu'ai-je fait au bon Dieu pour qu'il m'inflige tant d'infortune ? » Oui, la malheureuse ose prononcer de telles paroles, — ou l'équivalent : je ne sais pas l'argot.

Eh bien ! Monsieur, comment n'avez-vous pas compris que tout homme honnête et sensé pourrait répondre à Gervaise, — et il aurait fallu dans votre drame qu'on le lui répondît — :

« Ce que vous avez fait au bon Dieu, Gervaise ! Dame ! vous avez passé votre vie à abuser de lui, et à lasser sa miséricorde. Jeune fille, vous vous êtes livrée, cessant d'être vierge avant d'être femme; épouse, vous avez trahi votre mari, enjôlée que vous étiez par la trop belle barbe du sieur Goujet; mère, vous avez donné le pire exemple à votre enfant. Ce n'était pas assez d'être adultère, vous avez été impudique, paresseuse, gourmande, vaniteuse, ivrogne. Vous avez menti, calomnié, volé. C'est un bon sentiment qui vous fait penser à Dieu quand vous êtes accablée de tant de malheurs ; mais ne deviez-vous pas y songer un peu, avant Lantier, avant Coupeau, avant la Gueule-d'Or ? Il y avait là cet excellent M. Bazouge, — le croque-mort — qui vous donnait maint avertissement. »

Mais personne ne dit ces paroles à Gervaise, et — furieusement indignée contre le bon Dieu si cruel pour cette créature, — la multitude répète : « C'est vrai ! Qu'est-ce qu'elle a donc fait au bon Dieu ? » Rien, si ce n'est d'oublier que Dieu l'avait créée pour l'aimer, l'honorer et le servir.

Votre œuvre est malsaine par le fond, par la forme, par l'expression. Le matérialisme brutal y règne d'un bout à l'autre. Aucun de vos héros ne mérite la moindre sympathie. Vous avez cru qu'il suffisait d'exhiber le vice et ses conséquences *physiques* pour le guérir. Connaissez-vous si peu le cœur humain ? L'agonie de Coupeau — ce drame effroyable mimé avec un si puissant talent — n'effraye que jusqu'à la chute du rideau.

Il existe à Paris un Musée, où des pères de famille peu clairvoyants mènent leurs fils, pour les mettre en garde contre les corruptions du corps.

Leçon inutile, en vérité ! La vue de ces hideuses anatomies n'éloigne pas plus de la débauche que la contemplation du *delirium tremens* de Coupeau ne corrige de l'ivrognerie.

Cessez donc de soutenir que vous faites œuvre de moraliste. Au nom de quelle morale, d'ailleurs, enseigneriez-vous ? La raison humaine, la dignité humaine ? Ce n'est pas assez. Tout homme qui vit sans

Dieu et ne s'inquiète pas de l'âme, s'il est convaincu, s'il est logique, doit nécessairement satisfaire toutes ses convoitises et tous ses appétits. Le seul frein qu'il se puisse donner, c'est le code pénal. Un matérialiste qui agirait autrement ne serait point sincère. On ne saurait admettre que l'homme ait en lui l'instinct de l'honnêteté suffisamment développé pour n'avoir d'autre guide que sa conscience. Et qu'est-ce que la conscience, hors de la foi?

Ne nous égarons pas dans la philosophie; les sentiers y sont parsemés de cailloux et bordés de ronces. J'avoue que je ne vois de philosophie pratique dans aucun système, et le peu que j'en sais me vient du catéchisme — un livre excellent que vous auriez peut-être intérêt à relire, — si d'aventure vous l'avez lu au temps jadis.

Faites-vous œuvre d'artiste? Oui, répondent ceux qui ne voient dans vos livres que la forme, souvent admirable, dont vous enveloppez l'idée. Non, dirai-je avec ceux que la reproduction parfaitement exacte des détails de la vie réelle ne charme jamais.

Que deviendraient les fictions héroïques de Victor Hugo, *Ruy Blas*, les *Burgraves*, si vous les traduisiez en prose naturaliste? Dans la *Curée*, vous refaites *Phèdre*, à ceci près qu'Hippolyte se soumet à l'inceste. Mais que votre Phèdre est misérable, odieuse, écœurante : cette détraquée en qui vous prétendez personnifier la société du second empire!

Les passions, les vices, les ridicules humains n'ont de grandeur que si on les exagère, ce que Molière a fait : Harpagon n'est pas un avare : c'est l'Avarice! Tartufe n'est pas un hypocrite, c'est l'Hypocrisie. Ces types immortels ne sont vrais que parce qu'ils n'existent pas : ils sont plus hauts que nature : il en est des types littéraires comme des statues destinées à orner les vastes édifices : il les faut géants. Quelle figure ferait l'Apollon de l'Opéra s'il n'avait que votre taille ?

L'art, s'il se contente de copier servilement, déchoit. Téniers même — qu'on taxe de réalisme, — idéalise en quelque manière ses inimitables kermesses. L'art naturaliste, c'est la photographie. Supprimez donc Raphaël !... Il vous reste Courbet, Manet... et les impressionnistes : illustre pléiade !

Il n'est pas plus facile d'imposer à la France l'évolution naturaliste que de faire de la France une démocratie. Notre littérature a conservé dans le monde un majestueux prestige. Nous sommes le pays de l'élégance et du bon ton : nous en avons les traditions, et notre caractère national, nos instincts de race, nous poussent à les perpétuer. Ne vous targuez donc pas de l'engouement qui se manifeste en faveur de vos tendances : la mode vous adopte par caprice, par raffinement, par dépravation de goût ; mais la mode est fantasque. On se pâmait aux religiosités de Chateaubriand, aux sensibleries de madame Cottin, aux berquinades de madame de Genlis, tout ainsi qu'on se délecte de vos hardiesses.

Vous formerez une coterie, jamais une école ; vous aurez des complaisants, pas un disciple. Déjà votre langage paraît fade et doucereux à quelques jeunes gens, avides de renommée, et qui, enchérissant — pour forcer l'attention, — recourent à ce style nauséabond qui n'est compris que des voleurs et des filles.

Déjà une revue fondée pour servir d'organe au réalisme vous dénie ce titre de chef de la nouvelle école dont vous vous parez superbement... Bref, vous êtes réactionnaire dans le camp réaliste, à l'instar de MM. Gambetta et consorts, réactionnaires en politique, par la force des choses.

En visant à la gloire vous n'aboutissez qu'à une fausse *réclame*, indigne, par son excès, du talent remarquable que vous possédez.

Ici, je m'explique : les premiers volumes de *Rougeon Macquart* firent peu de bruit : il fallut l'*Assommoir* pour vous mettre en lumière : vous serviez au public une nourriture de haut goût, pimentée à l'extrême, et cuisinée pour des palais blasés. Le livre qui suivit : *Une page d'amour*, passa inaperçu. On attend *Nana*, parce qu'il s'agit d'une fille de joie, on veut voir si vous avez mieux réussi que M. de Goncourt dans le même sujet [1]. Habilement, vos lettres au *Messager d'Europe* ont contraint la presse de s'occuper de vous. *Nana* sera un événement littéraire... et une excellente opération commerciale. Le *truc* est ingénieux, et devrait désarmer la critique.

Et après ?... Que restera-t-il de tout ce tapage ?... On se lasse vite des excentricités, en notre cher pays de France, qui est, au demeurant, un pays très bourgeois. Vous aviez beaucoup de tenants, que votre correspondance russe vous a pour jamais aliénés. Vous aviez un parti de républicains chantant vos

---

1. *Nana* a paru depuis lors, suivie de *Pot Bouille*, du *Bonheur des Dames*, de *Germinal*, et tous ces livres, à des degrés différents ont justifié la critique des premiers volumes de M. Zola. On les a discutés, et l'auteur n'a pas grandi.

louanges, parce que vous faisiez la satire du gouvernement impérial : votre diatribe contre la République vous en a fait des ennemis. Les romanciers, les dramaturges, les feuilletonistes, s'insurgent contre vos prétentions à être le premier partout, à dominer sans partage, et quelque jour on vous enverra l'esclave chargé de prononcer le fatidique : « Philippe, tu n'es qu'un homme! »

Enrayez, Monsieur! votre char verserait. La gloire précoce est un malheur irréparable. Vous l'avez poursuivie et violentée, et votre châtiment est de l'avoir conquise. Vous serez — sinon pour la postérité : il n'y aura plus de « postérité » désormais ; — vous serez pour nos fils et nos arrière-fils l'homme d'un seul livre : l'*Assommoir*. Du reste, nul n'aura souci, quelque chef-d'œuvre que vous parveniez à édifier, si, n'ayant pas encore atteint votre apogée, vous l'atteignez avant l'heure prochaine de l'inévitable décadence.

Mais je m'abuse : vous jouez du *naturalisme* en ce moment comme Alcibiade jouait de la queue de son chien, et vous nous reviendrez, à nous les *idéalistes*, à l'instant précis qu'il sera adroit de choisir... Vous avez tant d'esprit!

ALPHONSE DAUDET

CORRUPTIO OPTIMI...

A Monsieur Alphonse Daudet.

Voici déjà quelques semaines, Monsieur, que je vis en votre aimable compagnie. J'ai lu et relu tout ce que vous avez publié, depuis le jour, hélas, lointain, où j'eus, pour la première fois, le plaisir de vous serrer la main. Il est fort improbable que vous ayez souvenance de cette courte entrevue: ce jour-là, d'ailleurs, beaucoup de mains pressèrent la vôtre, car, la veille, je crois, vous aviez reçu de l'Empereur ce ruban rouge qui fait les chevaliers, aujourd'hui que la cérémonie de l'épée et l'invocation à saint Georges sont remplacées par un petit décret inséré à l'*Officiel*.
Vous étiez très jeune, et moi aussi. Vous avez fait un beau chemin et vous voilà bientôt grand homme.

Rien n'est plus mérité que la renommée que votre talent vous a faite; vous êtes un véritable lettré, et vous avez eu la sagesse de ne pas effleurer la politique seulement du bout de vos doigts. C'est sans doute que la politique vous effraya par ses profondeurs obscures, au temps où vous connûtes M. le duc de Mora, dont vous venez de nous conter l'histoire.

Le premier de vos ouvrages que je lus était publié dans un journal à un sou, par menus fragments. Je sortais du collège.... et vous aussi. Je reconnus donc tous les personnages du *Petit Chose*, tous, croyez-m'en. Plus d'une fois, *M. Viot* m'a inspiré une salutaire terreur, et j'ai encore dans l'oreille le « frinc, frinc, frinc » de ses clefs... Je me rappelle aussi une paire d'yeux noirs.... qui étaient bleus, et qui ont joué leur petit rôle dans mon existence. J'ai partagé mon taudis avec frère Jacques, et j'ai failli vendre de la porcelaine, ce qui n'est pas un méchant commerce... Demandez à quelqu'un de vos confrères.

J'ai relu, il y a peu de jours, *le Petit Chose*. Autrefois ce récit m'a fait rire; maintenant, il m'a fait pleurer. Oh! certes, oui, je l'avoue sans honte, j'ai pleuré de tout mon cœur, parce que je vous ai compris davantage, et que *le Petit Chose*, c'est aussi bien moi que vous, et que les autres. Cependant, je ne suis pas tendre de mon naturel : si je reçois des coups, j'en donne, et mes yeux ont telle besogne qu'ils se dessèchent peu à peu.

* * *

Pour me reposer de ces effusions de larmes, j'ai

couru les aventures avec l'incomparable *Tartarin de Tarascon*. Etes-vous né aux bords du Rhône? Visitâtes-vous cette charmante cité, paresseusement étalée sur la rive du grand fleuve, avec son fier château crénelé, aux murailles dorées par cet astre nommé soleil, que les Parisiens connaissent de réputation; avec sa ceinture d'olivier gris; avec ses coquettes maisons qui regardent, par-dessus les flots, les collines dénudées de Beaucaire, célèbre par la plus belle foire de France?

Et pourquoi avez-vous fait aux gens de Tarascon la plaisanterie de leur donner un Tartarin pour concitoyen? Les Tartarins de Tarascon ne vont pas à la chasse avec des *préinces*! En fait de lions, ils n'ont aucune prétention, et se bornent à nous donner de bons députés blancs, qu'on invalide, ou, selon le caprice, de bons députés rouges qu'on n'invalide pas.

Mais vous avez travaillé à rendre Tarascon immortelle. Que ne vous plût-il de courir sus à la nouvelle *Tarasque*, tapie à l'ombre de ses créneaux, et de la pourfendre de la pointe de votre plume, si vaillante — et si acérée!...

*
* *

Je passai à *Fromont jeune*, et je sentis là un peu de répugnance. La peinture de l'adultère ne m'a jamais séduit. Savez-vous pourquoi? Je ne crois pas à l'adultère. Je dirai cela quelque jour à M. Alexandre Dumas, et lui déduirai mes raisons; en attendant, je vous permets de crier au paradoxe.

Mais l'adultère se complique effroyablement, dans votre roman, où certains chapitres sont d'une vérité saisissante, et d'autres d'un réalisme désagréable. Aussi je fais deux parts de vos observations : les unes sont réelles ; les autres sont imaginées, et pour ainsi dire *cuvées* dans le caveau. Je n'admets pas que Sidonie existe... vous l'avez inventée et vous avez eu tort. Mais Delobelle et la petite bossue, vous les avez cherchés et trouvés. J'ai leur vrai nom sur le bout de la langue.

En toute humilité, je dois dire que je n'ai pas compris *Fromont et Risler:* la moralité de votre œuvre m'échappe, et comme je suis de ceux qui exigent une conclusion rigoureuse, même quand il s'agit d'un pauvre sonnet, je vous en veux de n'avoir pas conclu. Vous avez dessiné avec une grande vigueur vos personnages, et tracé le tableau le plus émouvant des passions humaines : c'est fort bien. Mais quel bénéfice en résulte-t-il ? Qu'est-ce que vos lecteurs y gagnent ? Je vous demande compte du bien que vous n'avez pas fait.

Ces plaies hideuses, ces exceptions sociales, ces perversions infâmes, sont-elles si ordinaires dans notre société pourrie qu'on en puisse déjà parler comme de choses qu'on voit quotidiennement ? Ces types, les rencontrons-nous vraiment sur le boulevard, dans la rue ? Est-ce qu'il y a des Sidonie, des Risler ? Et s'il y en a, si de pareilles corruptions existent — je suis assez naïf pour en douter — est-il permis de les donner pour exemple, même en les flétrissant ? Et ne savez-vous aucun remède à ces lèpres, que vous n'en indiquez aucun ? Je vois le crime : où, le châtiment ?

Piètres châtiments que ceux qui frappent seulement le corps, l'inerte matière condamnée à l'inévitable destruction! Remèdes vains que ceux de l'ordre naturel! Ayez donc le courage d'aller jusqu'au bout, Monsieur. Vous qui pouvez imposer à la foule, de par votre admirable talent, une morale qu'elle repousse, cherchez le remède, cherchez le châtiment où ils sont; étudiez la loi, la loi de Dieu, et montrez qu'elle n'est point impunément violée, et qu'il faut croire, obéir, servir, pour ne point tomber, ou pour se relever, étant tombé. Vous trouverez le développement de cette thèse dans la préface de la *Comédie humaine*, où Balzac donne une excellente leçon aux romanciers de son époque... et de la nôtre.

*
* *

Jack m'a plongé dans une amère tristesse. Oh! le grand *désillusionneur* que vous êtes, comme Balzac, comme d'Aurévilly. Et vous n'êtes pas un sceptique! Vous avez, tout au fond du cœur — et mieux: plein le cœur — vous avez la foi, et ne sauriez vous en dédire. Vous croyez au bien, au vrai, au beau...

Pourquoi donc nous présentez-vous cette lamentable histoire de la fille perdue et du bâtard inexorablement poursuivi par la faute originelle? Ah! c'est qu'ici vous êtes logique, Monsieur, et je vous félicite d'avoir clamé ce cri qui est tout votre livre, et que dit une femme du peuple à la mère de *Jack*: « *Les femmes comme vous ne devraient jamais avoir d'enfants.* »

Je n'avais pas lu votre livre, quand j'écrivis dans

le *Paris-journal* une lettre à M. Jules Claretie sur la théorie du bâtard. J'ai vu, après vous avoir lu, que j'avais raison. Oui, certes, le châtiment des filles galantes est de devenir mères, et la progéniture qu'elles engendrent, contre leur gré, et dans l'oubli d'une débauche, est destinée à porter la peine, à subir le châtiment des fautes maternelles.

La Barancy, haïssable jusque dans ses airs de vertus; le d'Argenton, odieux jusque dans ses charités; Jack, méprisable à son tour pour n'avoir pas su trouver le refuge — car il y a un refuge pour les malheureux — ce *trio* d'êtres vils ou grotesques, abêtis, sans dignité, sans honneur, sans religion, sans foi, fait de *Jack* un des livres les meilleurs qui aient été publiés dans la seconde moitié de ce siècle.

Ici je trouve la conclusion, la moralité, j'allais dire la morale. Je ne donnerais pas ce livre à lire à ma fille; je le ferai lire à mon fils, pour qu'il reconnaisse quelle infranchissable ligne de démarcation la loi de Dieu a tracée entre le fils légitime et le bâtard; pour qu'il sache en quoi le concubinage diffère du mariage, en quoi la femelle diffère de la femme, et la marâtre, de la mère.

C'est donc là une œuvre courageuse, Monsieur. Mais pourquoi donc les radicaux vous l'ont-ils pardonnée? C'est que vous n'avez pas conclu hardiment à l'antidote légal de la séduction et de l'abandon de l'enfant: la recherche de la paternité. On y viendra.

*
* *

Enfin, Monsieur, il faut bien que je vous parle de

ce *Nabab* qui vient de faire si grand bruit. J'ai passé deux ou trois nuits à le lire, et ma première impression est qu'il ne rappelle en rien *Les Lettres de mon moulin* et les *Contes du lundi*. Un de mes amis, qui a dû vous dire cela dans un feuilleton, ou qui vous le dira, m'a fait remarquer que votre procédé se rapproche de celui de Charles Dickens : vous voyez la vie pas les petits faits qui la constituent, et vous êtes bien plus le peintre de la famille que le peintre des batailles. Vos *Joyeuse* sont si vrais et si beaux! On les aime, et ils reposent de tous les aventuriers, titrés ou non, qu'on voit défiler dans les pages du *Nabab*.

Mais j'ai un reproche plus grave à vous adresser : il est juste, il est pénible comme tous les justes reproches. A mon avis, ce n'est pas Dickens que vous avez imité, — je dis *imité* — : c'est M. Zola. Vous lui empruntez ses tournures de phrases, son style prétentieux, ses mots à effet, et l'on a pu dire du *Nabab* : « C'est l'*Assommoir* du grand monde. »

Et les types que vous nous présentez se rapprochent tellement des types de M. Zola que vous n'y pouvez contredire. Le duc de Mora est un *Lantier* politique; Cabassu ressemble à *Mes-Bottes*; Félicia Ruys va à l'ennui de toutes choses, comme la *Gervaise* à l'avachissement, et par les mêmes chemins. Deux figures se détachent sur ce tableau sombre : Jeansoulet et le docteur Jenkins. Nous avons tous dénoué les cordons de ces masques.

Avez-vous bien fait de créer un pendant à *la Curée* de M. Zola? Vous appartenait-il de devenir le Juvénal des corruptions impériales? Je ne suis pas bonapartiste, mais je ne jette jamais la pierre aux vaincus. Je n'aime point l'empire, mais je n'admets pas qu'on le montre comme une période d'exceptionnelle corruption : le règne de Napoléon III fut un règne de plaisirs, de luxe, de folie : les *jouisseurs* triomphaient. Soit! La République est-elle plus chaste?

Le monde va toujours mal, et les hommes ont toujours été mauvais. Votre duc de Mora, cet élégant dépravé n'est pas plus le prototype du gentilhomme de Bonaparte, que Byron ne le fut du lord anglais, ou le marquis de Custine du seigneur français, ou le duc de Richelieu de l'homme de cour sous l'ancien régime. Ces êtres-là, qu'on admire et qu'on méprise, sont les monstres de la race humaine. Leur effroyable corruption fait pitié, elle est un spectacle scandaleux, et tout honnête homme rougit de la voir jetée au vent de la publicité.

Balzac analysait les passions, et ne les choyait pas. Quand il mettait en scène un Vautrin, un Rubempré, un Rastignac, une fille aux yeux d'or, il les faisait complets et montrait l'origine, la cause et la conséquence de leur chute : on s'intéressait à ces types, mais on en avait peur, honte et dégoût. Le livre fermé, on ne se disait pas : « Voilà la société sous le règne de Louis-Philippe, » tandis qu'on dit, après vous avoir lu : « Voilà la société sous Bonaparte! *corruptio optimi pessima.* »

Ce n'est pas vrai, vous le savez bien. Nous avons connu, du haut en bas de l'échelle sociale, de 1850 à 1870, d'autres hommes que les Mora, les Monpavon, les Bois-Landry, les Le Merquier, les Jeansoulet et les Jenkins. Je vous les nommerai si vous voulez, et je me charge de retourner toute la série de vos pastels.

Il y eut alors de grands hommes de bien dont vous ne parlez pas.

Un mot encore. Ce Le Merquier, en qui vous semblez vouloir personnifier tout un parti, fait tache dans votre livre. Vous avez un trop grand mérite pour avoir besoin de ces petits moyens : vous avez trop d'esprit pour croire aux cléricaux de ce genre. S'il y a, parmi les cléricaux, des hypocrites de cette force, arrangez-vous à votre premier roman, pour qu'on les reconnaisse sous le *loup* que vous leur attacherez. De tous vos héros, Le Merquier est le seul que je n'aie pas reconnu, et je le regrette car je suis exposé à lui donner la main.

En somme, vous êtes, Monsieur, un des trois ou quatre romanciers de l'avenir. Vous avez de magnifiques dons : méfiez-vous. Et, pouvant être Balzac, ne vous amusez pas à n'être que Champfleury. Surtout, ne peignez pas le portrait, inventez, ne copiez pas. Si j'étais à votre place, j'aurais grand'peur que le fantôme du duc de Mora vînt m'offrir une cigarette, entre minuit et l'aube, et je vous avoue que les visites de ce genre, — j'en ai reçu, — sont absolument déplaisantes.

II

LES MARDIS D'ALPHONSE DAUDET

Avoir un jour, à Paris, dit Musset dans une de ses comédies, c'est prier ses amis de n'être importuns que ce jour-là. Vérité impertinente, qu'on essaye en vain de déguiser; usage excellent pour les laborieux, qui n'ont pas tous le courage d'écrire sur la porte de leur cabinet, comme tel érudit dont le nom m'échappe : « Ceux qui viennent me voir me font honneur; ceux qui ne viennent pas me font plaisir. »

M. Alphonse Daudet a son jour, ou plutôt son soir, et c'est le mardi. On y va pour voir un autre Daudet que celui du matin, un autre Daudet que celui du théâtre ou du boulevard. Ce dernier est un petit homme, à figure mélancolique, cheminant à pas comptés, salué par les uns, saluant les autres, et qui a l'air de promener un incurable ennui. L'autre est un travailleur, qui prend des notes, mentalement, qui observe, écoute, juge, et se demande si le petit bout de causerie ne fera pas bien dans un prochain roman.

Un intimiste cherche partout les choses intimes, et ne les trouve nulle part, qu'en lui-même, où il ne les prend pas.

M. Daudet les y a prises pour faire ce joyau littéraire : *Le Petit Chose*, dont la moitié est un pur chef-d'œuvre, que l'autre moitié ne gâte pas tout à fait. Il est venu, comme cela à Paris, à dix-sept ans, nanti de quarante sous, paresseux par caractère, pion de son état, poète pour avoir le droit de rester paresseux et de cesser d'être pion.

Il fit des vers, et de la poésie en prose, que Villemessant coulait dans *Figaro*, tout surpris de l'aubaine. Il fut aussi accueilli par l'ardent légitimiste Alfred Nettement, un grand vieillard, à la fois bonhomme et brutal, qui ne se consola jamais d'avoir laissé les Daudet tourner du côté de l'Empire.

C'est que M. Daudet faisait le portrait de son père, quand il écrivait ces belles pages sur les Méraut et sur l'enclos de Rey, qui sont la meilleure éloquence des *Rois en exil*, et consolent des vilaines défaillances par les naïves fidélités.

Mais le Palais-Bourbon avait un hôte séduisant, qui protégeait volontiers les jeunes poètes ; le duc de Morny prit pour secrétaire l'auteur des *Amoureuses*, qui fut, à vingt-cinq ans, presque célèbre et décoré.

Mais le bohême des jeunes années a disparu, et c'est un bourgeois, très bourgeoisant de bonne bourgeoisie, qui vous reçoit à son foyer. Un élégant, ruban rouge sur habit noir, couronné d'abondants cheveux à touffes molles, avec la barbe en fourche, qui cercle de bistre son visage pâle, et le monocle à l'œil. Parole douce, un peu précieuse, que l'accent provençal, atténué à force d'art, nuance de quelque afféterie.

Le maître du logis sort de table, et comme il devient gourmand, il est en bonne disposition d'esprit, gai, toujours un peu railleur, de cette raillerie féroce et bonasse qui a fait tant crier les gens du Midi, quand parut *Tartarin de Tarascon*, physiologie du méridional et de sa ville que d'innombrables Tartarins ne pardonneront jamais.

Le salon n'est pas grand, pas assez [1]. Quelques tableaux de l'école moderne naturaliste : un portrait d'enfant, de Renoir. L'enfant est joli, souriant, mais ce n'est pas la faute du peintre. Des tentures sombres, des meubles de toutes les paroisses, à la mode du jour, des japonaiseries, des fleurs ornent cette pièce, dont les fenêtres s'ouvrent sur le jardin du Luxembourg, avec ses grands beaux vieux arbres, ses blanches statues dans la verdure, ses parterres civilisés, où les géraniums font des mouchetures d'écarlate sur le feuillage noir.

A côté, le cabinet de travail. Peu de livres. Un divan bas, et dans un coin le fauteuil de M. Zola, qui aime à s'isoler.

On croirait volontiers, à lire les préfaces et les feuilletons de M. Emile Zola, que cet écrivain pontifie, qu'il se donne partout la préséance et qu'il porte ouvertement ses arrêts à double tranchant. Il n'en est rien. M. Zola, au lieu d'être expansif, est très fermé: sous un air assez revêche, c'est un finaud et un intelligent.

---

1. A l'époque où cette étude fut écrite, M. Alphonse Daudet habitait un quatrième étage de l'avenue de l'Observatoire. Il a repassé depuis sur la rive droite.

Les *Contes du lundi* venaient de paraître ; l'auteur de *Nana* fit un article bienveillant pour un journal avancé ; on refusa d'insérer l'article, M. Daudet passant pour un réactionnaire. M. Zola, alors bien pauvre cependant, déclara que l'article passerait ou qu'il s'en irait, et l'article passa, après être resté deux jours sur le marbre. Dès lors une amitié très vive unit les deux écrivains, que ce trait honore, et qui sont aujourd'hui rivaux, sans néanmoins s'envier.

Daudet, n'est pas un inventeur : il copie « le document humain » selon l'évangile Zola. Ce n'est pas sans danger. Le jour de la première du *Nabab*, il y avait au balcon du Vaudeville un personnage, gros, grand, gras et peut-être gris, qui voulait absolument écharper le délicat poète. « Si j'y suis, je l'assomme ! » grondait ce farouche Zoïle : il n'y était pas, heureusement. On reconnut un héros qui joue un rôle bizarre, dans le roman, auprès de la belle Jeansoulet. Ce comparse avait juré la mort de celui qui lui donnait la gloire.

Le Parnasse ne tient pas ses assises avenue de l'Observatoire. Pourtant on y rencontre des poètes : M. de Hérédia, qu'il ne faut pas confondre avec le conseiller municipal du même nom, mais pas de la même couleur; c'est le prince du sonnet. — M. Albert Mérat, que la Muse vient parfois visiter dans les bureaux du Sénat, et qui vient de publier un charmant recueil de « modernités » : *les Parisiennes;* — M. Léon Valade, qui figuré en sculpture et déguisé en tzigane, — si ce n'est lui, c'est donc son frère ou bien quelqu'un des siens — râclait sur un violoncelle colossal la marche de Rakoczy, à l'entrée de l'un des derniers Salons.

Mais voici un éblouissant fantaisiste à barbe mérovingienne : M. Ernest d'Hervilly, poète, prosateur et dramaturge : moyen âge dans le *Bonhomme Misère*, Japonais dans la *belle Saïnara*, Anglais réaliste jusqu'à l'outrecuidance dans ce malheureux *Parapluie*, où le Delaunay de l'Odéon était si mauvais que la pièce en mourut, sans dommage pour l'auteur.

Le svelte M. d'Hervilly contraste avec le corpulent André Gill [1], caricaturiste de métier, poète par goût, et qui met également son crayon et sa plume au service des idées les plus radicales. Radical encore à tous crins — c'est le mot, — le romancier Léon Cladel, *naturiste* endiablé qui a inventé le Quercy et ses paysans, comme pour étudier la question du divorce M. Alexandre Dumas a inventé la Bible.

Combien le réactionnaire Gustave Droz doit enrager des théories à perte de vue qui vagabondent d'un groupe à l'autre ! Mais il en faut prendre son parti, et se défendre avec audace des envahissements de la politique. Ne vois-je pas là un nouveau converti, M. Emile Pouvillon, qui, après un volume d'excellentes *Nouvelles réalistes*, revient à des idées moins en faveur même dans ce milieu littéraire, où l'on ne devrait avoir que le culte de l'art ?

D'autant que voici des artistes, entre autres M. de Nittis, Anglais naturalisé Parisien [2], très entiché de *modernisme*, — car à ces choses barbares il faut des noms barbares. Explique-t-il sa peinture à M. Philippe Burty, où parle-t-on du déjeuner qui réunissait

---

1. M. Léon Valade et le malheureux André Gill sont morts récemment.
2. Mort aussi l'an dernier.

récemment chez l'éditeur Charpentier le poète Coppée et l'illustre seigneur Gambetta? On venait d'inaugurer le monument de Corot, et ce jour-là on fit trêve à la politique. D'ailleurs, le Président se pique de littérature; il a de la lecture et se déclare l'ami des artistes... On voit bien Mécène; mais où est Virgile?

M. Edmond de Goncourt collabore avec une troupe de jeunes poètes dont il est fort entouré. Quel nouveau roman prépare-t-il, après cette *Fille Elisa* qui a mené si grand bruit? Ou fournit-il à M. Saint-Juirs, — un vrai jeune, — le meilleur ami de M. René Delorme, de la *Vie Moderne*, le plan d'un drame à prendre dans un de ses romans?

Parmi ces groupes divers, qui apparaissent dans le nuage bleuâtre de la fumée des cigarettes, va et vient M. Ernest Daudet, que ses livres diplomatiques ont fait mieux connaître que ses romans. La tête d'un militaire sur le corps d'un attaché d'ambassade : œil vif, démarche inquiète, c'est au surplus un journaliste inquiétant. Son œuvre politique la plus habile a été de réconcilier son frère avec la feuille du matin où venait de paraître un portrait à l'emporte-pièce, signé Pierre Quiroul [1].

Ce n'est point ici Rambouillet : on y cause à l'aise, de tout un peu; l'hôte est cordial, plein de sollicitude pour les égarés de son troupeau. A force de stratégie, on empêche des rencontres dangereuses : hier celui-ci *éreintait* celui-là dans son feuilleton. Qu'ils ne s'approchent pas, au moins, l'un de l'autre! Ce poète élégiaque mettrait flamberge au vent si ce réaliste

---

1. Pseudonyme de M. Poupart-Davyl.

adorait en sa présence le dieu Hugo, ou le sous-dieu Mendès!...

Minuit sonne : le cap des tempêtes est franchi. Les dames ont fait cercle au salon; robes de soie et traînes de satin ondoient sur les tapis; une lumière crue illumine les murailles blanc et or. Ici l'aimable et spirituelle hôtesse a traité du divorce de façon à ravir M. Dumas et à charmer M. Naquet. Paradoxes de jolie femme qu'on réfute en souriant.

Le thé, mesdames! Très confortable ce thé à l'anglaise, et servi comme chez une marquise. On dirait d'un ambigu de la Régence. On regarde les dents mignonnes croquer sandwichs et gâteaux. Mais le parler altère et dessèche le gosier, affirme Rabelais, grand apôtre du naturalisme. Et tous les causeurs de boire : les nerveux prennent du café ; les lymphatiques, de la bière : les ardents, des boissons glacées ; chacun va à son goût.

Cher Petit Chose, aviez-vous naguère, dans la mansarde de la rue Childebert la vision de toutes ces pompes? Mais que dirait le père Méraut de ne point voir, dans un ces vases de faïence à panse rebondie, quelque touffe odorante de ces lis magnifiques qui, selon la devise de France, ne cousent ni ne travaillent? Beaucoup de souvenirs, peu de regrets. Que la gloire coûte cher !

LES OLYMPIQUES

Au romancier Léon Cladel.

Parmi nos maîtres en l'art d'écrire, un des premiers qui saluèrent vos débuts, Monsieur, ce fut Louis Veuillot, qui vous décocha un maître article dans lequel il rendait hommage à votre talent, mais en signalant vos tendances, que vous jugeâtes nécessaire d'accentuer davantage en répondant, par une assez longue thèse, à cette page superbe.

Je vous croyais le champion des foules, et particulièrement l'ami du paysan. Je me suis trompé, ce qui arrive à tout le monde, même à M. Paul Bert, voire à ses chefs de file. Comme Balzac, vous méprisez le paysan. Mais Balzac, en le méprisant, le détestait. Vous l'aimez, vous, et lui en voulez de ne point correspondre à votre idéal.

Le paysan répugne aux instincts démocratiques, acharnés à lui opposer l'ouvrier : les démocrates n'admettent pas que le paysan soit du peuple, parce qu'il est résigné à son sort et soumis à une loi d'hérédité rarement violée. Ce qu'on nomme LE PEUPLE, c'est le *peuple ouvrier* : on en veut exclure le paysan, qui travaille trop pour se préoccuper des théories politiques. L'insurrection n'est pour le paysan le plus saint des devoirs que lorsqu'elle est la Jacquerie. Il se bat pour ses intérêts, jamais en vue de satisfactions platoniques.

C'est pourquoi la démocratie le dédaigne et lui fait son procès. Votre préface de la *Fête de Saint-Bartholomée Porte-Glaive*, — qui est un fort beau morceau d'éloquente littérature, — est aussi le plus violent des réquisitoires. Vous assurez que le paysan est « avide, envieux, hypocrite, fourbe et cynique, couard et brutal, » lâche et superstitieux, et par-dessus tout honteusement soumis au despotisme des gouvernements, quels qu'ils soient. A votre insu, vous rendez hommage à une vérité que vous avez toujours méconnue : le paysan n'est pas tel que vous le dépeignez; mais vous le maltraitez si fort, simplement parce que le paysan français a toujours eu horreur de la République — du mot et de la chose ; parce que le radicalisme n'a jamais pu l'asservir entièrement; parce qu'enfin les *ruraux*, — ces ruraux auxquels on reprocha, en 1871, avec tant de virulence, d'être des... ruraux, — ont fait échec, sans relâche et sans cesse, à l'influence néfaste de vos tourbes des grandes villes, où les électeurs sont enrégimentés, soumis à la tyrannie des sociétés secrètes, compagnonnages ou franc-maçonnerie, internationale ou charbonnerie. Et cela vous pèse, que l'homme des champs — dirait Berquin — échappe à votre influence, et redoute les pouvoirs occultes, plus dangereux que les jésuites, allez! qui dirigent maintenant, du fond de leurs cavernes où vont danser les filles de l'Opéra, une société qui a cru bien faire en se débarrassant de son Dieu, de ses traditions, de ses souvenirs, de son passé.

Voilà, Monsieur, le motif — le sincère, le vrai, le seul, — qui ameute contre le paysan, les révolutionnaires de la presse. En 1871, un journal radical reprochait au paysan de n'aimer que les écus. C'est peut-être son vice, mais vous savez bien ce qu'un écu représente de labeur, et votre père le savait aussi, l'humble et modeste artisan, qui voulut être enterré avec votre premier livre sur son cadavre, et vous rendit ainsi — lui qui n'avait pas compris jusqu'alors votre vocation, ni deviné votre talent, — le plus magnifique hommage qu'il nous soit donné de recevoir, à nous les ouvriers de la pensée, toujours las et jamais contents.

L'idée révolutionnaire qui fermente et bouillonne dans votre œuvre ne vous aveugle pas au point de vous faire appliquer, dans vos récits merveilleusement colorés, les faux jugements que vous portez dans cette lettre singulière à Louis Veuillot, qui sert de porte-voix à vos haines. Vous nous donnez des tableaux charmants, grandioses ou terribles, de votre Quercy. Paysages splendides, décrits avec la fougue et la *maestria* d'un *impressionniste* qui saurait peindre et qui aurait du goût. Votre réalisme est d'une poésie sauvage et superbe ; vos villages, vos champs, vos forêts, sont la copie exacte de la nature et n'ont rien d'informe ni de repoussant. Vos types, d'une étrangeté un peu cherchée, étiquetés de noms d'une extraordinaire bizarrerie, sont, pour la plupart, originaux, curieux, sympathiques. Enfin, vous aimez les scènes violentes, les péripéties dramatiques, et vous excellez à faire mouvoir les foules, à donner une vie bruyante à vos créations. Vous êtes vraiment un écrivain de mérite, point vulgaire, tenant sa bonne place au grand soleil de la publicité, et si la jalousie était un défaut des gens de lettres, — ce qui n'est pas, à les en croire, — M. Zola lui-même serait jaloux de vous, car vous êtes plus naturaliste que lui, et surtout plus naturel.

Mais ce qui vous distingue, c'est une âpreté violente dans l'étude des caractères. Vos paysans ne sont pas les campagnards futés, à visées sombres, conspirateurs de villages, politiques à la Machiavel, comme ceux de Balzac, — ou simplement astucieux et méchants comme les villageois de Sardou. Vous ne peignez pas les fougues méridionales de la même façon que Jules de la Madelène, ce conteur exquis et charmant, dont je viens de lire avec un plaisir infini l'œuvre unique, rééditée par le Mécène des poètes contemporains, Lemerre I*er*. *Le marquis des Saffras*, où vibrent toutes les délicatesses du cœur, est à vos peintures crues, à vos couleurs chargées, ce qu'une modeste violette est, en parfum et en nuance, à l'odorant, à l'éclatant œillet. On est sous l'impression d'un contentement reposé et calme, après l'avoir lu. Vous, dans *Saint-Bartholomée Porte-Glaive*, et dans l'*Homme de la Croix-aux-Bœufs*, vous enivrez le lecteur de luttes, de batailles, d'expansions virulentes, et vous laissez en son âme un regain de colère, une puissante folie de la force brutale.

C'est là que vous êtes l'intempérant, dont les moindres mouvements du cœur ou de l'esprit sont des amoncellements de passions, d'une ardeur, d'une exubérance à faire pâlir des auteurs d'épopées. Rien n'est petit dans vos héros. Tous sont énormes dans le vice aussi bien que dans la vertu : ces paysans sont d'immortels génies, découpés à l'emporte-pièce : Claude Anzelayr et Xoïotix rappellent les personnages épiques de ce bon vieil Homère : on les voit amples et vastes, à l'instar de demi-dieux. C'est fort beau : mais c'est trop beau. Ce qui est certain, c'est que vous n'avez aucune idée du paysan chrétien. Moi qui ai vécu la moitié de ma vie au milieu des rudes montagnards alpestres, durs comme leurs rochers, francs et purs comme les torrents de leurs glaciers, je ne reconnais personne parmi les vôtres. Je ne vois chez vous aucun homme qui tremble au nom de Dieu, qui prie et se résigne, qui sache aimer, et qui veuille être aimé.

Des appétits, des convoitises, des sensations, pas de sentiments : voilà, dans vos livres, vos hommes du Quercy. Ils se battent bien, boivent à miracle, mangent superbement, et font l'amour, — ce qui ne veut pas dire qu'ils connaissent l'amour. Mâles admirables, c'est possible ! Hommes ? Fort peu, et chrétiens, pas du tout. Ils sont des païens, des Celtibériens ramenés à nos proportions minuscules. Vous avez rêvé des ancêtres, et copié les descendants, — bien descendus.

Le paganisme inconscient qui vous tourmente, — car vous faites partie des « païens innocents » d'Hippolyte Babou, — est votre guide unique dans votre recherche de la question sociale.

C'est ici, en effet, le côté grave de vos tendances. Etes-vous socialiste ? Je ne sais. Mais vous estimez que la société est mal faite, et l'avez en grand mépris telle qu'elle est, — en quoi peut-être n'auriez-vous pas tort, si vous n'aviez le malheur d'être de ceux qui l'ont faite ainsi et la feront pire, si on le leur permet, — et on le leur permettra!... Question sociale, c'est un gros mot! Je la définirais mal : au fond, c'est toujours l'histoire des gros poissons qui mangent les petits, ce dont les petits enragent. Puis, les petits à leur tour voudraient manger les gros, mais n'avouer à aucun prix que, devenus dévorants au lieu d'être dévorés, ils deviendraient à leur tour haïssables. Au fond encore, car il faut aller aux extrémités, c'est la fâcheuse aventure de Caïn et d'Abel.

Vous avez écrit tout un volume de nouvelles, les *Va-nu-Pieds*, à la gloire des petits, qui veulent happer les gros; le *nommé Quouel* est un des meilleurs types de ce genre de récits. Il s'agit d'un vulgaire assassin, qui mérite la toute bienveillance de la société, parce qu'on ne sait ni d'où il vient, ni où il va, qu'il adore une fille noble, la violente et se tue. Evidemment la société est dans son tort : Pourquoi le ravissant *Quouel*, au lieu d'être bâtard, abandonné, ignorant et paresseux, n'est-il pas un de ces beaux messieurs qui épousent les Estelle? Il eût épousé la sienne, et nargué cette acariâtre : la société. Mais il est bâtard, et prend son bien où il le trouve. On s'apitoie donc sur son malheureux sort, et, sans l'approuver, on ne le condamne pas; c'est un misérable, il a droit à tous les égards.

Je déplore que vous dépensiez un talent très vrai, très remarquable, et surtout parfaitement original, à défendre des opprimés de cette sorte, qui méritent la pitié, je vous l'accorde, mais non point la tendresse.

Ils sont déshérités, je les plains. Mais faut-il, parce qu'ils sont déshérités, qu'on accuse la société entière, et parce qu'on aura lâché un *Quouel* à travers le monde, est-il nécessaire de refaire les codes et de bouleverser tout pour le sauvegarder?

Votre paganisme se fait jour plus particulièrement dans le dernier livre que vous avez publié sous ce titre fantaisiste : *Ompdrailles, le Tombeau des Lutteurs*. Je l'avais lu naguère dans un recueil littéraire, curieux à plus d'un titre, que dirigeait M. Catulle Mendès, qui vient de publier aussi la *Demoiselle en or*, comme M. de Goncourt les *Frères Zemganno* : trois livres qui sont tous les trois l'hymne délirant de la force physique, l'apothéose de la matière.

Ompdrailles est un bien singulier récit. Je n'en dégagerais pas volontiers la synthèse. En somme, c'est la vertu aux prises avec le vice, et le vice vainqueur de la vertu, ce qui arrive souvent dans la réalité des choses. Je n'y veux voir que cette adoration de la forme, ce culte du beau plastique, cet amour de la force corporelle, qui se manifestent assez ouvertement, aujourd'hui que les spectacles du cirque — moins fatigants pour l'esprit que les spectacles littéraires, sont remis en honneur. Serait-ce qu'on en veut revenir aux combats de gladiateurs? Il ne faut jurer de rien. On est sur la voie qui mène aux grands excès. Blasés que nous sommes, le sang répandu pourra seul exciter notre curiosité à une heure prochaine. Et c'est là un des signes patents de ce retour au paganisme, que nous préparent la littérature naturalisme et la République athée, qui se greffent l'une sur l'autre.

Puisque aussi bien j'ai eu le caprice de parler de

votre œuvre, trop peu connue, je le déclare, même des lettrés qui veulent connaître tout, permettez-moi, Monsieur, de vous dire que vous gagneriez à châtier mieux votre langage. Boileau appelait un chat un chat, et Rollet un fripon. Mais vous excédez la mesure : l'*expressivité* est un don appréciable. Seulement il ne suffit pas d'employer *le* mot propre : il importe aussi d'employer *des* mots propres et vous y manquez. Ce qui est sale est toujours laid, et la vidange sent toujours mauvais. Je n'insiste pas. Je ne parle même pas de la moralité des situations que vous décrivez : ce serait de l'outrecuidance. De vos livres, il est acquis que la mère en défendra la lecture à sa fille, voire à son fils. Vous n'avez pas la prétention, d'ailleurs, d'exalter la vertu de chasteté.

En résumé votre littérature est absolument dans la note chère à l'Ecole Zola ; c'est du naturalisme poétisé par des tableaux, sinon par des sentiments. C'est du matérialisme en action. C'est l'art païen, c'est la renaissance d'un Olympe où Vulcain serait roi des Dieux et messire Hercule président de la République. Il m'a paru intéressant de signaler cet aspect inexploré de la littérature actuelle, et je n'ai plus, Monsieur, qu'à vous demander pardon de la liberté grande de l'avoir fait à vos dépens.

LA BOHÊME SANGLANTE

A Louis Teste.

On raconte, mon cher ami, qu'il y a présentement, dans une des prisons de Paris, — où les prisons, comme les églises, ne sont point assez nombreuses, — un misérable, coupable d'assassinat, selon ses propres aveux: un triste hère, puant le vice, couvert de péchés, indigne de miséricorde, au jugement des hommes, qui sont toujours plus sévères que Dieu, et plongé dans une telle ignominie qu'il a mérité le mépris des êtres les plus vils [1]. On ajoute que ce malheureux, d'un cynisme redoutable, et qui se pare de ses crimes avec autant de vanité qu'une « demoiselle » de ses diamants, ne se laisse attendrir qu'à la seule pensée de sa mère, et qu'alors des larmes vraies jaillissent de ses yeux et coulent sur ses joues, flétries des stigmates honteux que vous savez.

Cette bête fauve qui poignarde les femmes, cet in-

---

1. Il s'agissait d'un criminel fameux nommé Abadie et que le chef de l'Etat n'a point voulu envoyer à la guillotine.

dividu sans sexe, presque sans âme, a gardé dans un repli de son cœur, abondamment souillé, un reste de tendresse, un atome de sensibilité : quand on lui parle de sa mère, Abadie se met à pleurer.

Dans toute cette pourriture infâme, il y a encore une place nette où Jésus pourrait poser ses lèvres afin de racheter par le baiser divin cette créature damnée dès ce monde !

*
* *

Ce fait n'est point extraordinaire, d'ailleurs, si l'on en croit les marchands de philosophie. Les criminels les plus endurcis conservent, dit-on, cet amour de la mère qui est si naturel que Dieu, en dictant le Décalogue, ne recommanda point à l'homme d'*aimer* sa mère, mais de l'*honorer*. Aimer est si facile et si doux !...

Ce temps-ci, fécond en surprises, nous réservait une révélation : un fils, toute honte bue, — non content de renouveler le crime de Cham, qui ne se moquait, après tout, que de la nudité de son père, — un fils, non pas né au coin d'une borne, et jeté là dans la boue, condamné à la faim et au froid, mais élevé au foyer familial — a cette audace inouïe d'insulter et de vilipender sa mère trois cents pages durant... aux acclamations de la galerie, et pour le plus grand bénéfice de son éditeur, — qui a ramassé ces ordures, au lieu de les balayer, — comme son père l'eût fait.

L'auteur signe Jean la Rue. Son nom véritable n'est un mystère pour personne. Le livre s'appelle *Jacques Vingtras* : les lettres initiales et les lettres finales révèlent que l'écrivain a compté qu'on le reconnaîtrait sous ce masque : J...s V...s. Et ce ne sont pas les misères, les défaillances, les colères, les révoltes de *Jacques Vingtras* décrites par Jean la Rue : ce sont les misères les défaillances, les colères, les révoltes de J...s V...s, décrites avec acharnement par J...s V...s.

Et c'est ignoble !

La grande querelle de l'école naturaliste fut quelque temps l'amusette littéraire des Parisiens. Désormais, il n'est plus permis d'en rire. M. Emile Zola n'est que l'humble précurseur de Jean La Rue : *Jacques Vingtras* est le livre naturaliste par excellence, puisqu'il paraphrase et confirme cette définition malpropre, inventée par quelque mauvais plaisant : « La mère est une prison obscure et humide où l'on est enfermé pendant neuf mois. »

Jacques Vingtras est une œuvre de patiente et minutieuse observation ; les moindres détails, les plus infimes, de l'existence d'un enfant, y sont notés avec un luxe de réalisme qui exciterait la jalousie du clan Zola. Tout n'est pas vrai : tout semble l'être. Un art perfide, guidé par une haine monstrueuse, a su rassembler dans ces pages les éléments disparates de caractères typiques, et les présenter si bien qu'on se prend à gémir sur l'infortuné polisson, victime du fouet, et qu'on s'intéresse aux déclamations vulgaires de ce méchant garnement. Le récit excite quelque curiosité dépravée, et certainement il est de ceux qui font du mal.

Jean La Rue — laissons-lui ce masque, puisque le libraire a eu la pudeur de ne pas le soulever [1] — a fouillé dans les débris de son cœur pour faire son livre, qui est, disent les critiques, dans leur jargon anti-littéraire, « une œuvre vécue. » Il a interrogé ses souvenirs, déjà bien vieux. Il a pris sa mère, il l'a dépouillée, mise toute nue, écorchée par lambeaux, déchiquetée du bout de son scalpel : il a fait l'autopsie de ce corps, étudiant les moindres fibres, ne laissant pas une seule place inexplorée... Pas une seule ! Puis il a montré cette sanglante guenille à la foule des curieux, et il a dit :

« Je suis sorti de là ! »

Ce qu'il a vu dans sa mère, ah ! Ce ne sont pas les vertus, ni les souffrances.

---

1. L'ouvrage en question, complété par deux autres volumes, a depuis lors reparu sous le nom de l'auteur Jules Vallès, mort cette année. Je ne connaissais pas Jules Vallès, en ce temps-là. Je le vis depuis, et point si terrible, ni si méchant que je l'avais jugé. Il fut une victime de cette Révolution dont il voulait être l'apôtre. Plus tard, loin de nos passions et de nos troubles, peut-être le jugera-t-on moins sévèrement.

Epiant ses gestes, ses paroles, ses regards, il a cherché les imperfections, les défauts, les travers, les ridicules de cette pauvre femme, coupable d'être une paysanne vulgaire, un peu vaniteuse, maladroite, parcimonieuse, et qui pratiquait le précepte indiqué par ce verset de la Bible : *Qui parcet virgam filio suo, odit filium suum.* Il la livre aux moqueries, aux injures... et peut-être eût-il mieux fait de la calomnier : on aurait alors le droit de la venger : on n'a que celui de la plaindre !

* * *

Cet homme vous dit :

« Ma mère!... Eh! ma mère était laide, grossière, mal vêtue, désagréable, acariâtre, avare, vindicative, orgueilleuse — paysanne, enfin! Et moi, je la juge, et pour la punir du fouet qu'elle m'a donné quand j'étais tout petit, je fais sa caricature dans un roman qui fera du tapage et qui me rapportera de l'argent. »

Le père était plus sympathique à Jean la Rue, bien que ce père, — *pion* de collège, rapetassé et de mœurs suspectes, — fût, par surcroît, mari adultère, fort brutal et d'intelligence médiocre. Malgré quelque secret penchant pour ce Vingtras qui séduit les veuves Brignolin, Jean La Rue ne lui épargne point ses déshonorantes injures, et voilà un couple bien assorti, dans un milieu où ne se rencontrent que des personnages grotesques ou odieux...

Au surplus, ce livre est sans doute un plaidoyer!

« Que vouliez-vous que je devinsse, — a l'air de dire le citoyen J...s V...s, — élevé que je fus par de tels parents avec de tels exemples, et dans une société de pervers et d'imbéciles? »

Ce n'est pas une excuse : honte à l'oiseau qui souille son nid!

.*.

En revanche, si la mère de Jacques est une abominable mégère, et son père un cuistre plat, un pleutre galantin, Jacques lui-même se juge-t-il de meilleure façon? Certes, il n'est pas si naïf que de se malmener: il confesse qu'il est gauche, rustique, peu enclin au travail intellectuel; — à part ce, il est généreux, vaillant, laborieux, sensible, dévoué, soumis: bref! une perfection, cette petite peste!... Et les défauts qu'il possède, il les doit à sa mauvaise éducation. Sa mère n'a pas su le prendre par le bon côté: elle fouette!

Il veut être OUVRIER, lui! Il veut être PAYSAN!

De quel droit le tyrannise-t-on pour le forcer à s'instruire? De quel droit l'exile-t-on, parce qu'il a pris de madame Devinol ces leçons que l'adolescent Daphnis demandait à Lycenion pour les rendre à Chloé? De quel droit lui enseigne-t-on l'économie? De quel droit, enfin, le hasard l'a-t-il jeté dans la mansarde de ces gens pauvres, au lieu de le procréer dans un palais ducal! Il souffre, il envie. Vous le lui reprochez? Attendez qu'il soit de taille! Il fera la guerre à votre société mal organisée, où les *pions* de collège n'ont pas cent mille livres de rentes; où les fils des *pions* de collège portent les vieilles redingotes de papa!...

Ouvrier, Jean la Rue? Pourquoi ne l'a-t-il pas été? Ce qu'on veut, on le peut... toujours! Mais ce n'est pas en déclamant au fond des brasseries, ce n'est pas en donnant satisfaction à ses appétits, à ses convoitises ; ce n'est pas en se rongeant les poings d'envie, qu'on arrive à gagner le pain quotidien : et *Jacques Vingtras* voulait être paysan pour vivre au grand air, ouvrier pour fuir l'école. Quant à travailler, jamais !

* *
*

Vous pensez bien, cher ami, que ce n'est pas la critique d'un livre que j'ai voulu faire. J'ai seulement vu ceci : un fils outrageant sa mère, froidement, délibérément, dans l'unique but de conquérir une place au grand soleil de la littérature naturaliste. Et c'est un signe des temps comme on disait naguère ! Cette école a tenté de peindre les mœurs crapuleuses de la populace ; la vie étrange des saltimbanques et des clowns, celle des malheureuses qui vont en journée la nuit ; les *Assommoir*, les *Zemganno*, les *Fille Elisa*, les *Sœurs Vatard*, ont blasé le goût du public, avide maintenant de ces nourritures pimentées et qui veut bâfrer à même le cloaque.

Dans quelles ordures le traîner, et que lui servir, après cela ? Par quel ragoût de Locuste raviver des sensations émoussées ? L'horrible physique ne suffit plus : les Quasimodo et les Coupeau, les Papiol et les Elisa, les Nana et les « Monsieur de Lolotte », nous ont mis en rage d'immondices. L'adultère et ses dérivés n'ont plus rien d'affriolant, et *Mademoiselle Giraud* elle-même n'est plus un morceau de haut goût !... Il semble que la littérature contemporaine ait épuisé tout ce que la Luxure a pu lui fournir de flamboyantes infamies. Alors on fait comme Jean la Rue : on donne sa mère en pâture aux affolés qui cherchent des émotions nouvelles : on « dépiote maman », et, pour une minute, on tient la corde dans cette course au clocher du « plus en plus fort de chez Nicolet! » Que ce soit immoral, nul n'en a souci. Nos maîtres ont décrété que l'immoralité n'est qu'un vain mot... Demain, Jean la Rue contera les amours lamentables de sa sœur, s'il en a une.

Il est un révolté, comme il fut naguère un réfractaire, et il s'en vante, ce réprouvé de la Bohême sanglante qui voulut, un jour, attraper d'une seule râfle toutes les jouissances dont il était assoiffé, qui ne se refusa même pas le plaisir de faire couler le sang, et qui là-bas d'où il dédie ses libelles anti-sociaux aux déclassés qu'il veut faire ses complices, doit entendre encore l'écho des fusillades de la rue Haxo !...

* * *

J'ai donc voulu, en signalant cette œuvre de mensonge et de haine, où de méprisables rancunes s'affirment à chaque page, où se trahissent la rage amère, la colère impuissante, montrer à quels excès on en peut venir quand on s'engage dans cette voie du naturalisme matérialiste, ouverte par M. Emile Zola, qui prétend en être le pionnier.

Qu'il se trouve un homme capable de diffamer sa mère par un semblable livre, cela ne saurait étonner : il y a bien des parricides!... Mais qu'un tel homme ait des flatteurs, et que son livre ait des lecteurs, et qu'on admire son talent, c'est assurément une marque de décadence; bien plus, c'est une aliénation du sens moral.

On s'en est pris, en France, à toutes les institutions qui faisaient notre gloire. On touche à la famille : défendons nos foyers! nous qui ne sommes pas des révoltés, — et ne permettons pas à ces réprouvés, qui bavent sur leur berceau, de souiller notre arche sainte. Ah! mon ami, que diraient de nos aberrations ces braves et dignes femmes, nos mères dont le portrait veille à notre chevet. De leur temps, il y avait peut-être des fils qui faisaient argent du déshonneur de leur mère, mais il n'y avait pour les applaudir que les coquins; — et les imbéciles, du moins, se taisaient!...

MAURICE ROLLINAT

Ce nom, presque inconnu, mériterait d'être célèbre depuis bien longtemps. Le poète-musicien qui le porte a eu la mauvaise chance d'être édité par un éditeur fort endormi, chez lequel il a laissé s'engouffrer ses *valses* et six *mélodies* de Baudelaire, d'un art infini, absolument étrange et saisissant [1].

Beaucoup de Parisiens, des plus raffinés, l'avaient déjà applaudi, soit chez Victor Hugo, soit chez Théodore de Banville, soit chez son ami Charles Buet, où il se retrouve, le mercredi, avec Barbey d'Aurevilly, François Coppée, Ernest Hello, Frédéric Godefroy.

Maurice Rollinat est Berrichon, tout ainsi que George Sand, qui fut la grande amie de son père, et qui lui

---

[1]. Cet article paru dans *Le Gaulois*, sous la signature *Tout Paris* ce fut le premier (à part une curieuse étude de Léon Bloy que je publiai dans mon journal *Le Foyer*), qui parut sur Rollinat au lendemain de la fameuse soirée où il conquit une célébrité dont une chronique d'Albert Wolf fut deux jours plus tard le porte-voix. Je tenais à constater ce petit fait.

prédit, à lui, sa vie tourmentée, indiciblement mélancolique, toute pleine de regrets et de souvenirs.

C'est une légende du quartier Latin, propagée par certain roman à sensation de M. Félicien Champsaur, qui a montré Rollinat comme un bohême, le bohême macabre de la lassitude et de la mort. Bohême! Il ne l'est non plus que le premier bourgeois venu. Il vit, paisible et laborieux, dans son modeste logis du quartier des Invalides, loin des bruits, des tapages et de la réclame. Il possède la médiocrité dorée qu'enviait le poète latin : il vit de peu, et content, avec son chat Tigroteau et son chien Pluton. Son intérieur est celui d'un homme de famille : il est entouré de souvenirs, et, près du portrait de George Sand, on voit chez lui celui de son père François Rollinat, représentant du peuple en 1848.

Maurice Rollinat, que parfois l'on a comparé à Edgar Poë, à Baudelaire, à Hoffmann et à Chopin, n'est ni l'un ni l'autre de ces poètes et de ces musiciens, avec lesquels il n'a que de lointaines affinités. Il est *lui*, et c'est assez.

D'une puissante originalité, d'un esprit profondément imbu des plus hautes pensées, il chante les désenchantements de la vie, les horreurs de la mort, la paix du sépulcre, les espérances futures, les déchirements du remords. La musique avec laquelle il interprète la *Mort des pauvres*, *la Cloche fêlée*, le *Flambeau vivant*, l'*Idéal*, de ce grand Baudelaire que je vis mourir, n'appartient assurément à aucune école « conservatoiresque, » dit-il lui-même en son langage singulièrement imagé.

C'est le cri de l'âme, c'est l'envolée de la conscience;

c'est une mélodie *extra-humaine*, toute de sensation, de raffinement, qui parle aux cœurs ensevelis dans le scepticisme égoïste du siècle, et qui fait, sous sa voix aiguë, jaillir la douleur. Comme poète, il est moins étrange peut-être, mais non moins puissant. Il a publié le premier recueil de tout nourrisson des Muses : *Dans les brandes*. Mais il a chez Charpentier, un beau volume sous presse, *les Névroses* [1], qui devrait être dédié à monseigneur Satan.

Il a traduit le *Corbeau*, le *Palais hanté*, le *Ver conquérant*, et qui ne lui a pas entendu dire ces trois poèmes ne sait rien du pouvoir de la parole.

Maurice Rollinat est condamné, paraît-il, à être son propre rapsode. Il dit avec un art qui s'ignore, tout naturellement, des choses surnaturelles. Il a le geste en spirale des diaboliques; il a le regard fulgurant des hantés. Nul mieux que lui ne comprend la nature; nul ne la décrit d'un pinceau plus net, plus rapide. Il a le mot juste, l'épithète *picturale*, et je crois, ma foi! que, pour expliquer ce diable d'homme, — qui est peut-être l'homme du diable, — il faudrait lui emprunter son langage pittoresquement fantastique, bourré d'images inouïes, et qui est, à proprement dire, la langue des *sensitifs*.

Sensitifs, ils étaient ses auditeurs d'hier soir! C'était chez Sarah Bernhardt, si fraîchement jeune, dans une admirable robe bleu pâle et rose, lamée d'argent. Je me garderai bien de décrire l'atelier tant de fois décrit de la grande artiste où se pressaient Albert Wolff, le peintre Alfred Stevens, Hector Crémieux,

---

[1]. Publié peu de temps après avec un immense succès, d'ailleurs mérité.

l'auteur d'*Orphée aux Enfers*, Julien Turgan, M. et madame Jean Richepin, Catulle Mendès, mademoiselle Louise Abbéma, mademoiselle Arnaud, l'auteur de *Jane Grey*,-ce chef-d'œuvre qu'on applaudira l'an prochain au Théâtre-Moderne ; M. Peyronnet et sa charmante femme, en toilette blanche ; M. Cheramy ; enfin l'inimitable Coquelin cadet, escorté de plusieurs monologues.

Poètes, dramaturges, peintres, journalistes, tous applaudissaient le *Soliloque de Troppmann*, dit par Rollinat, avec une verve enragée, et c'était, en vérité, un contraste délicieux, que cette poésie funèbre et grandiose, régnant en souveraine fantômatique dans ce rare salon.

LÉON BLOY

Tout Paris est en révolution. Mais ne croyez pas, que ce soit pour des raisons politiques. On n'a vraiment plus le temps ni le goût de s'occuper des affaires de l'Etat. Nous avons tant de gens qui mènent la barque! Et tout galériens que nous soyons, il nous déplaît de manier la rame. Cette révolution est simplement littéraire, et le tumulte est au camp d'Agramant.

Vous n'êtes pas sans avoir ouï parler de Léon Bloy? C'est lui qui fait tout ce tapage. Lui, dénommé par Coppée Bloy le Noir, et par Aurélien Scholl, Bloy le Diable, et par nous, ses vieux amis, dom Bloy, parce qu'il calligraphie à l'instar d'un bénédictin, et qu'il a, naguère, travaillé plus que de raison, ce pourquoi il est désormais soumis au joug de dame Paresse.

Or cettuy Bloy dont tout le monde parle, personne, ou à peu près, ne le connaît. Il a pourtant un domicile, mais peu de gens en ont franchi le seuil : on y voit un lit tel quel, un gigantesque crucifix, une madone en faïence, et beaucoup de livres. Il mange et boit quelquefois. Où? A l'auberge de la Belle-Etoile, et des nourritures très vagues.

On le rencontre au cabaret du *Chat Noir*, où se rédige un journal appelé aussi le *Chat Noir*; il y joue les « premiers rôles. » Ce cabaret est glorieux. C'est un gentilhomme, peintre de goût, antiquaire de savoir, anti-philistin enragé, qui vend des bocks, plus modernes que des brocs. Ce cabaretier, du nom de Salis, et de la très célèbre famille helvétique des Salis-Samade, exerce une influence notable sur la littérature contemporaine; il est très fin, très habile, très spirituel, et c'est un artiste pratique.

Donc on voit Bloy chez lui, ce qui ne veut pas dire qu'il l'exhibe. Et puisque vous ne pouvez l'y voir, je vais esquisser son portrait.

Imaginez un moine de Zurbaran, un corsaire de Goya, descendus de leur toile : un corsaire de forte stature, farouche et sombre; un de ces terribles moines à cheveux gris, à noire moustache, comme l'Inquisition en réunissait autour de feu Torquemada. Voyez ce visage basané, creusé par mainte souffrance, portant l'empreinte d'une suprême énergie vaincue, d'un violent orgueil foudroyé. Le front est celui d'un tenace, d'un entêté; le menton, court et rond, trahit la force de volonté; le sourire voudrait être amer et n'est que douloureux, quand il n'est pas bienveillant; le regard ferme, presque dur, prolongé, scrutateur, décèle parfois une tendresse inquiète, et qui se dissimule; les yeux sont noirs, sous un double buisson de sourcils très arqués; la voix est grave, nette, mordante.

C'est là un Espagnol qui a dans ses veines du sang

de Sarrasin, peut-être le descendant de quelque marana proscrit par Isabelle. Mais il est aussi de race paysanne, fort et brutal comme les laboureurs qui aiguillonnent leurs bœufs durant douze heures d'horloge. C'est un sauvage civilisé, un rustre affiné, un solitaire par vocation, enfin un de ces hommes redoutables qui devraient être tout en haut de la montagne sociale, et que la Providence, dont nous ignorons les desseins, empêche d'escalader les hauteurs et fait retomber, désarmés, à chaque effort.

Venu du Midi, comme tout le monde, et poussé par un incessant besoin de migration, Léon Bloy gagna Paris à l'âge où l'on y vient tout pimpant d'illusions et d'espérances. Un de ses frères allait en même temps explorer la Cochinchine et peut-être régner sur les Moï ; un autre encore voyageait, faisant des routes pour les fouler aux pieds : tous ces frères sont des nomades. Léon erra dans Paris, il y erre encore, perpétuellement: de même que l'oiseau, il n'a qu'une branche, pour s'y poser de temps à autre. Il aime mieux marcher.

Or, Léon Bloy, après mainte péripétie, rencontra celui qui devait le mater : Barbey d'Aurevilly, le maître qu'il idolâtre, un des plus beaux caractères qu'offre la littérature contemporaine, et certainement l'un des plus grands écrivains d'une époque où ils sont peu nombreux L'influence de M. d'Aurevilly sur Léon Bloy fut et demeure considérable. Pour celui-là, Bloy est une intelligence d'élite ; pour celui-ci, le maître est un ami dans le sens absolu du mot. Ils s'estiment et ils s'aiment, ce qui ne les empêche pas de se combattre. Bloy a donc été mêlé aux jeunes hommes du mouvement littéraire actuel: il a connu Richepin, Bourget, Rollinat, Coppée, Huysmans, et même le raté Nicolardot, assez méprisable imitateur du cynique Diogène.

Avec le talent profond que ses ennemis doivent lui reconnaître, Bloy restait dans l'ombre. Il publia quelques articles dans l'*Univers*. Il ne put s'y maintenir, trop indépendant qu'il était pour qu'on supportât longtemps ses libres allures. Il écrivit ensuite quelques articles pour *le Foyer*. Mais ce fut le *Chat Noir* qui révéla à la presse parisienne ce talent extraordinaire, qu'on ne sait à quoi comparer, et qui s'est enfin affirmé d'une façon éclatante dans le *Figaro*.

Là encore, il a été difficile à Léon Bloy de se soumettre aux disciplines du journalisme. On a pourtant admiré son éloquente apostrophe aux libres-penseurs qui renouvellent le massacre des Innocents par la corruption systématique de l'enfance, et la vigoureuse critique d'un « Savonarole de Nuremberg, » nom d'âcre ironie et de blâme indigné, infligé par le satirique au Père Didon.

Entre temps, Léon Bloy publiait un livre, le *Révélateur du globe*, où se révèlent de solides études d'exégèse, de théologie, de philosophie historique. Telle page de ce livre est un chef-d'œuvre de pensée : les idées y foisonnent, et le mépris accablant des petitesses humaines s'y décèle à chaque ligne. C'est que Bloy, en effet, est un méprisant: le monde fait de préjugés, de mensonges, de bassesses, de compromissions lâches, d'opinions surmenées, de convictions affaiblies, de goûts morbides, d'exigences malsaines, ce monde contemporain où tout semble factice, où le convenu et le médiocre, et le sentimentalisme bête, prédominent, il l'a en horreur. Est-ce nous qui lui en ferons un crime ?

Aussi de quelle raillerie impitoyable, de quel scepticisme social effréné, de quelle virulence d'expression, de quelle noire, profonde et mélancolique ironie, son dernier livre n'est-il pas empreint! Le titre même est un défi, une moquerie, presque une injure adressée à cette société qui vilipende ses anciennes idoles et se crée de nouveaux faux dieux : *Propos d'un entrepreneur de démolitions* !

Hélas ! si robuste que soit sa main, et si aiguës, ses griffes, Léon Bloy ne démolit rien, du moins visiblement. Peut-être l'avenir lui donnera-t-il sa revanche ; peut-être ce cri lamentable d'un désespéré du siècle, d'un désabusé des erreurs communes, sera-t-il, plus tard, entendu, ou reviendra-t-il poussé par l'écho qui le garde ! Mais ce livre ne serait-il qu'une protestation stérile, le satirique aurait encore mérité d'être applaudi pour son audace. Il y a du courage à remonter le courant d'un fleuve débordé : il y a de la hardiesse à jeter un démenti catégorique à la face de toute une société qui s'engloutit dans l'océan de poussière de ses propres ossements. Attaquer de front les plus fameux et les mieux famés, heurter les préjugés acquis, renverser d'un coup de pied les statues volées, chasser à coups d'étrivières les forbans du blasphème, de la luxure, du mensonge, c'est un dur métier, par ce temps de complaisances veules, de bienveillance universelle, de tolérances ridicules.

C'est l'œuvre de Léon Bloy qui, avec plus de raison que Louis Veuillot, aurait pu signer Sylvain Laspre.

C'est un âpre sylvain, en effet, l'homme des solitudes austères, des grands déserts, des forêts où il voudrait vivre seul, sous le regard des étoiles. Je vais néanmoins surprendre bien des gens, en leur avouant que ce contempteur de l'humanité, que ce farouche ennemi du xixe siècle, cet implacable polémiste à la dent cruelle, qui mord, déchire, lacère, ne trouvant jamais de termes assez véhéments, d'épithètes assez vitupérantes, d'adjectifs assez expressifs pour traduire les indignations qui bouillonnent en lui, est, au fond, un naïf et un tendre.

Cela est. Je connais Léon Bloy depuis tantôt douze ans, et je ne connais personne qui ait un plus immense besoin d'affection, qui soit plus fermé à la défiance et au soupçon. Il n'a pas la bonté vulgaire, qui sait excuser tout, pallier les fautes, déguiser les vices : mais il a cette bonté secourable et cachée, qui livre un cœur à un cœur sympathique. Il raille, mais il pleure. Il attaque, mais il défend. Et ses colères, outrées par un besoin d'expansion toujours réprimé, ne sont que l'irrésistible éclat d'une sincère générosité. Qui est-ce qui a dit que la haine est de l'amour tourné à l'aigre ?

Il y a, en Bloy, un chrétien affolé d'amour, affamé de justice, et son âme qu'aucune rosée bienfaisante ne désaltère, crie vers le Seigneur l'injustice inexprimable du siècle. Cet athlète prêt à tous les combats est écarté du champ de bataille ; cette force est inutilisée ; ce talent est dédaigné. Comment voulez-vous que la victime d'une indifférence qui la tue, ne pousse pas la violente clameur du désespoir ? Et c'est pourquoi cet homme veut démolir.

Vous parlerai-je maintenant de son style, de son

procédé littéraire, de sa forme tourmentée, de ses exagérations de langage, de l'intempérance de ses épithètes, de la recherche d'archaïsmes et de néologismes qui donne à sa phrase une certaine obscurité ? A quoi bon ? Sachez seulement qu'un très grand écrivain nous est né, et que nous ne devons pas le laisser mourir. On lui marchande une renommée, si libéralement distribuée aux charlatans de la presse? Soit ! Mais qu'il vive pour nous, les sensitifs et les artistes amoureux du Vrai et du Bien, et qu'il ait parmi nous la place qu'il devrait avoir, au-dessus des illustres médiocres et des impuissants rageurs.

LA POSTÉRITÉ DE CAÏN

A Monsieur Ernest Hello.

L'heure présente est solennelle et triste : aux fléaux intellectuels provoqués par nos dissensions, s'ajoutent les fléaux matériels, amenés par nos imprudences. Le trouble est dans les esprits, la décadence s'introduit dans les mœurs, le désarroi des intérêts terrestres grandit. Nous souffrons à la fois des maladies de l'âme et des maladies du corps : il semble que des malédictions mystérieuses pèsent sur nous. Pas un homme qui ne se plaigne !

Aussi prononce-t-on, Monsieur, — à tout propos, — le mot superbe et terrible de CHARITÉ, que beaucoup disent sans savoir ce qu'ils disent, et qui a pour quelques-uns une signification presque méprisable. Ce mot est une menace pour un grand nombre, car la misère épouvante, non parce qu'elle est la misère, — mais parce qu'elle conseille et qu'elle pervertit.

Si Paris demeurait quelques semaines encore enseveli sous les neiges, si quelques rayons de soleil n'adoucissent pas les rigueurs de l'hiver, si les travaux restent suspendus, si la misère publique augmente, n'aurait-on pas à craindre les conséquences d'une si douloureuse situation, et la grande ville ne deviendra-t-elle pas la proie des malheureux qui ont faim, à qui l'on ne donne pas, et qui prennent alors ce qu'on leur refuse ?

On verse une prime d'assurance en faisant l'aumône ; on veut éteindre sa propre responsabilité ; on veut n'être pas ce mauvais riche qui chassait Lazare, — parce que, plus tard, on pourrait devenir ce mauvais riche implorant de Lazare une goutte d'eau, impitoyablement refusée !

Mais est-ce là cette charité sublime, ce sentiment immense, divin, — le plus divin, puisque Dieu est charité ! — qui est la base de toute loi sociale, le but suprême de notre existence, et pour ainsi dire notre fin dernière, qui se résume dans ce prétexte :

« Aimez Dieu par-dessus toute chose, et votre prochain comme vous-même, pour l'amour de Dieu ! »

*
* *

Je le croyais, Monsieur, et j'avais toujours, comme tout le monde, confondu l'Aumône et la Charité. Un livre m'est tombé sous la main, récemment : un livre singulier, que je lus d'abord sans le comprendre, que je relus ensuite pour en pénétrer le sens mystérieux, et qui m'a laissé une impression mêlée d'admiration et de terreur.

Ce sont vos *Contes extraordinaires*.

De prime abord, j'avais cru y retrouver un pastiche d'Edgar Poë : la recherche des sensations les plus aiguës et des sentiments les plus subtils de l'âme humaine. Et je me demandais si vraiment Ernest Hello, conteur, poète et physiologue, était Ernest Hello, le philosophe catholique, l'auteur de l'*Homme*, du *Style*, cet observateur tenace, ce moraliste profond, qui a exploré les replis secrets de la conscience, pénétrant dans cet antre sombre, pour ensuite s'élever dans les régions sereines et pures de la philosophie mystique.

Et c'est bien le même, dans une incarnation nouvelle.

Je ne sais, Monsieur, si, à l'imitation de notre ami Paul Féval, vous prétendez au titre de « candidat à l'humilité. » Je ne le crois pas. Vous devez aimer la gloire. Vous êtes une intelligence assez haute pour l'avouer : vous avez la passion de cette gloire, qui concède le droit de faire tant de choses, et qui guérit le plus abominable mal dont l'homme soit attaqué : le mépris de l'homme !

Seulement, ne vous y méprenez pas. Le génie vit loin des foules, et les foules ne vous connaissent pas. Pas plus qu'elles ne connaissent Blanc Saint-Bonnet, dont Joseph de Maistre eût été jaloux. Vous écrivez pour ceux que tente l'analyse minutieuse des passions, et des vertus, — qui ne sont que des passions sanctifiées.

Les *Contes extraordinaires* ont une portée qui ne sera pas comprise. Ils sont la synthèse de votre œuvre, la concrétion puissante de votre pensée. Vous y montrez la créature à la recherche du nom de Dieu. C'est Ludovic, l'avare, auprès duquel Harpagon n'est qu'un pleutre prodigue ; c'est le monarque asiatique, idolâtre de lui-même, avare en esprit; c'est le baron millionnaire, qui repousse le génie en détresse, et pèche par omission.

Trois mauvais riches, qui repoussent Lazare, meurtri et suppliant.

Pour l'avoir chassé, ou même simplement oublié, l'un perd son or, l'autre, sa majesté, le troisième, sa raison.

Il semble que vous êtes inexorable, en montrant l'absence de charité comme un crime irrémissible. Vous ne consolez pas, vous frappez brutalement. Vous ne laissez rien au repentir, comme si la faute était sans remède; vous croyez au remords, qui arrache la paix, tandis que le repentir l'accorde. Le zèle de l'apostolat vous emporte, et vous n'êtes plus le chrétien *mitis corde*, mais le juge sans pitié, qui condamne toujours!

.˙.

Ce que vous dites, Monsieur, sous une forme si admirable qu'elle saisit votre lecteur, et le terrifie, — il faudrait qu'aujourd'hui tous les journalistes le dissent, en un langage moins imagé et sans fictions. La plaie immuable de notre société n'est-elle pas, en effet, l'absence de charité? Oh! je n'entends pas cette charité vulgaire, qui consiste à distribuer libéralement une part de son superflu à qui n'a pas même le nécessaire.

Notre siècle est celui des bienfaisants. Il y a beaucoup d'associations et d'œuvres charitables; — beaucoup trop, parce qu'on s'en repose du soin d'assister les malheureux sur ces associations et ces œuvres, et la charité individuelle, personnelle, fait défaut. Ce n'est pas seulement notre argent que nous devons au pauvre : c'est notre sourire, notre regard, notre parole, notre conseil, émanation apparente et visible de la bonté ! Le pauvre veut savoir que nous songeons à lui ; que notre luxe, nos fêtes, notre grandeur ne nous éloignent pas de lui ; que nous nous regardons, riche, comme le dépositaire, l'usufruitier des dons de Dieu, et que ce dépôt appartient au pauvre et à ses frères comme à nous-même.

Est-ce là prêcher le socialisme ? Je ne le voudrais pas.

Le *pauvre*, a dit David, *est celui qui est abandonné de Dieu !* Dans la vie, dans l'histoire, dans la religion, dans la Bible, partout, — vous-même l'affirmez, — le nom du pauvre est rapproché mystérieusement du nom de Dieu. Et Dieu est son vengeur !

Or, il ne s'agit pas seulement, ici, de l'indigent qui a faim, qui a soif, qui a froid. Il y a tant de besoins ! Et je répéterai avec vous :

« Quiconque sent quelque part, au fond de lui, un vide quelconque, est le pauvre dont je parle ! »

Ces besoins, notre charité les prévoit-elle ? Ce vide, qui est parfois dans le cœur, parfois dans l'intelligence, parfois dans la conscience, pensons-nous à le combler ?

Nul homme ne sait s'il est digne d'amour ou de haine ! Cette formidable sentence de l'Ecriture, vous la rapprochez d'une faute qu'on oublie ou qu'on excuse, et qui, constituée par une absence d'acte, est plus criminelle souvent que l'acte criminel : *le péché d'omission.* Vous en donnez un saisissant exemple dans ce conte étrange : *Caïn, qu'as-tu fait de ton frère ?*

*
* *

Les luttes actuelles auxquelles nous assistons, — avec la rage de ne rien pouvoir pour les terminer, — ont établi deux camps dans la société, deux armées, inégalement puissantes, inégalement courageuses; désormais la bataille est engagée entre celui qui possède et celui qui ne possède pas. Cet antagonisme, vieux comme le monde, durera autant que le monde. Mais il est, dans l'histoire, plus ou moins apparent. De nos jours, les convoitises sont cyniques : elles ne se cachent point, elles se dévoilent, et bientôt l'une des deux phalanges aura vaincu l'autre.

La postérité d'Abel n'a d'autre arme, d'autre bouclier que la Charité. La postérité de Caïn a pour allié l'Egoïsme, le vice monstrueux de la société moderne.

Et qu'est-ce donc que la postérité de Caïn?

Ce n'est pas, Monsieur, l'innombrable multitude des vicieux, des méchants, des voleurs et des meurtriers. Non, ce n'est pas la redoutable engeance qui trame et commet le crime, n'ayant que la terreur de l'échafaud, et ne voyant entre elle et le mal d'autre barrière que le code.

Les fils de Caïn sont les hommes qui pèchent par omission, qui oublient le pauvre, *tous* les pauvres : ceux qui ont faim de pain et ceux qui ont faim de vérité; ceux qui ont soif de tendresse et soif de gloire ; ceux que de nobles ambitions, d'ardentes espérances, de vastes idées, de grands sentiments, auraient faits des maîtres, et que la misère, et la jalousie, et la haine, et l'oubli, et cet énorme vice : l'indifférence, — ont condamnés à l'esclavage.

Les fils de Caïn sont ceux qui envient la beauté et la richesse des fils d'Abel, et ceux encore qui ne veulent point admirer cette beauté ou subir cette richesse, et ceux même qui ne *voient* ni la beauté ni la richesse, et passent, dans l'insouciance de leur superbe, trop au-dessus de l'humanité par leur orgueil, pour condescendre à soulager les misères, soutenir les défaillances.

Les fils de Caïn sont ceux qui crient à Dieu : « Vous ne m'avez pas donné mon frère à garder ! »

Il leur sera demandé compte de cette parole.

Ils ont passé auprès de cette fleur flétrie : un peu d'eau eût rendu la fraîcheur à sa corolle ; ils ont dédaigné de puiser un peu d'eau dans le creux de leur main, pour raviver cette pourpre fanée. C'en est assez, le crime est commis.

Oui, Dieu leur avait donné cette fleur à guérir, ce génie à glorifier, cet artiste à honorer, cet artisan à employer, ce père de famille à nourrir, ces enfants à recueillir, ces orphelins à élever, cette jeune fille à sauver, cette douleur à consoler, ces vertus à mettre en lumière !

Ils se devaient *tout* à *tous ;* leur mission est d'aimer, d'honorer, de servir. Mais enfermés dans la stupide et vaine adoration d'eux-mêmes, rejetant dans l'oubli ce qui ne les touche pas, indifférents à ce qui n'est pas leurs intérêts, satisfaits de distraire quelques poignées d'argent des trésors dont ils ont la jouissance, pour les jeter à l'infortune comme un impôt volontairement consenti, ils n'ont pas pensé aux petits, aux inconnus, aux incompris, aux méprisés.

Ils se sont crus quittes du devoir de charité, parce qu'ils ont répandu l'aumône... Et c'est le crime de Caïn, sinon dans la matérialité du fait, du moins dans sa conception et dans ses conséquences.

Vous avez écrit, Monsieur, une apologie sublime de la Charité, en rappelant qu'elle doit être non seulement active mais incessamment active, — et en toutes choses, — dans l'ordre moral, — dans l'ordre matériel. Et quel meilleur moment aurais-je choisi pour offrir ce livre, magnifiquement pensé, à tous ceux qui, péchant par omission, *sans le vouloir*, *sans le savoir*, ou le voulant et le sachant, essaieront, après vous avoir lu et médité, de se rapprocher davantage du Créateur, en assistant sa créature, dans tous les besoins de son corps, de son âme, de son cœur et de son intelligence?

LE PÈRE MONSABRÉ, FRÈRE PRÊCHEUR

N'avez-vous jamais évoqué, dans votre esprit, aux heures sombres du découragement, après quelque triste causerie sur les misères du temps présent, la figure austère ou joviale de l'un de ces grands moines du moyen âge qui prêchaient la Parole sur les places publiques, et dont la voix puissante entraînait les multitudes? C'est en nos jours de lamentable incroyance qu'il faudrait recommencer l'apostolat de la borne, et c'est quand on verra les moines semant au grand jour de la rue les vérités qu'on ne va plus entendre sous les voûtes des églises, que le salut social sera proche.

Les moines sont la milice du Christ, les soldats et les guerriers de l'Eglise. Ils n'ont jamais cessé d'occuper une large place dans cette institution incomparable où tous les besoins, toutes les nécessités de l'homme sont prévus; où le mal trouve le remède, la souffrance le réconfort, la joie un frein salutaire, l'âme un soutien perpétuel, le cœur des tendresses infinies, l'esprit les plus hautes satisfactions, et la conscience le guide infaillible. Et la place qu'ils occupent dans la société n'est pas moindre, comme le rôle qu'ils y jouent est important. Il y a beaucoup d'Ordres : chacun d'eux a sa raison d'être et correspond à une force humaine : le Jésuite enseigne, le Bénédictin étudie, le Capucin est le pacifique missionnaire du peuple, le Dominicain prêche, le Trappiste s'use aux labeurs matériels, et le Chartreux, au fond de son cloître, dans le désert alpestre, prie pour ceux qui ne savent plus, ne peuvent plus, ou ne veulent plus prier.

« Il faut bien que les bons, les innocents et les justes, payent pour le pécheur dans cette vie, s'écrie Barbey d'Aurevilly avec sa farouche éloquence ; car, s'ils ne payaient pas, qui donc, le jour des comptes, acquitterait la rançon des coupables devant le Seigneur ? » Les moines prient pour nous, et nous le savons bien, car sitôt que l'un d'eux sort du silence du monastère et paraît, fantôme blanc d'un passé trop méconnu dans notre vie et dans nos luttes, tous les regards se tournent vers lui, et la chaire, qui était le piédestal de son humilité, devient presque le trône de sa gloire.

Il suffit qu'il parle. Et que dira-t-il ? Ce que les autres ont dit avant lui. Le Père Monsabré répète ce que proclamèrent avant lui les Félix, les Lacordaire et les Ravignan ; ce que chaque dimanche, dans les quarante mille paroisses de France, quarante mille curés proclament librement. La doctrine est immuable : elle n'a point changé depuis dix-neuf siècles bientôt ; elle est intacte, complète, armée de toutes pièces. Il faut l'accepter absolument, ou la repousser absolument : c'est un cube parfait : enlevez un éclat de ce marbre, il tomberait en miettes. Mais ce marbre est dur, et dix-neuf siècles n'ont pu forger un marteau assez robuste pour le fendre!

A cette époque où l'on affecte une indifférence religieuse qui pour les deux tiers de ses sectaires est une fatuité, un intérêt étrange s'attache à ces hommes vêtus de bure, inconnus la veille, tout à coup célèbres le lendemain, et dont la voix retentit, avec une portée prodigieuse, lançant un défi plein d'audace aux rébellions de l'esprit moderne, railleur des choses saintes, que néanmoins il redoute, et qu'il ne peut anéantir, malgré tant d'efforts et tant d'alliés.

Un de ces hommes est le Père Monsabré. C'est un dominicain, un Frère-Prêcheur. Il appartient donc à l'ordre, fondé par saint Dominique pour combattre les hérésies, et qui donna à l'Eglise tant d'illustres personnages: Thomas d'Aquin, Savonarole, et en France, Lacordaire, encore vivant dans nos mémoires.

Il est jeune encore : cinquante et quelques années peut-être. *Mens sana in corpore sano:* un corps vigoureux et robuste, une âme forte, une intelligence puissante. Grâce à la vie monastique, la lame n'a pas usé le fourreau. Le visage est gai, souriant, illuminé de cette sérénité parfaite des purs, qui ne regrettent rien du passé et ne tremblent pas pour l'avenir. C'est la bonne humeur de l'homme qui vit de peu et qui méprise la *bête* ; c'est le calme et l'énergie du lion au repos. Un autre a dit longtemps avant moi : Le père Monsabré a la face léonine. Son geste trahit une vigueur mâle. Sa voix est sonore, vibrante, martelée : chaque mot résonne et porte.

Qu'ajouter de plus? A ceux qui n'ont jamais approché un moine d'admirer la robe blanche et le manteau noir aux plis « sculpturaux » ; de décrire les murs nus de la cellule, et le crucifix, et le reliquaire, et la couchette où dort ce mortifié d'un sommeil que ne troublent point les rêves. Pour nous, ce sont là choses familières et qui n'étonnent plus. Ce doux silence du cloître, cette propreté minutieuse, luxe des pauvres, ces images sur les murailles, ce tranquille repos, que de fois les avons-nous cherchés? Le couvent est partout le même. Pour le cœur, c'est un refuge ; pour l'intelligence, un laboratoire. Tous les bruits du monde expirent au seuil. Une fois entré, on voudrait ne plus s'en aller. Quand on est venu une fois, on revient.

Le Père Monsabré est un Français de la vieille France. Il n'a pas d'histoire. Ayant la vocation, il prit l'habit, et s'il devint orateur, c'est qu'il voulait prêcher. De renommée il n'avait point soif. Il ne prévoyait nullement qu'un jour sa voix emplirait les vastes nefs de la métropole parisienne. Et cependant il y aspirait. Voici comment et pourquoi.

Peu de temps avant la guerre, le Père Monsabré avait commencé une série de conférences dans la chapelle de l'Ecole des Carmes, rue de Vaugirard. Il partit de l'explication du premier mot du symbole: *Credo*. Il voulait ne faire qu'une seule conférence, il en fit quarante, dans lesquelles il traita toutes les questions de l'accord de la raison et de la foi.

Son désir le plus ardent était de faire une exposition du dogme catholique. En 1871, il devait prêcher à Notre-Dame et commencer. Paris chassait les moines, en cette année-là, et traquait les prêtres. La Commune survint. Le Père Monsabré se rendit à Metz. On se rappelle encore l'émotion qu'il y produisit. Il parla haut, ferme, et son langage où saignait le patriotisme blessé, déplut au vainqueur. On se souvient peut-être en Prusse de certain sermon du dominicain : à Metz on ne l'oubliera jamais.

Pendant ce temps-là, on fusillait à Paris l'archevêque Darboy, les jésuites, les dominicains d'Arcueil.

Le Père Monsabré revint. Il prêcha le carême de 1872 : *Radicalisme contre radicalisme*. Il obtint un succès immense. Des applaudissements éclatèrent dans le temple, et l'orateur dut réclamer qu'on l'écoutât sans l'applaudir. L'année suivante, il commença cette exposition du dogme catholique, qui sera l'œuvre capitale de sa vie, et qui demande, pour être développée, quinze années de prédication.

Ce cours de doctrine est divisé en deux parties parallèles :

— Existence de Dieu.

— Etre, perfection, vie de Dieu. OEuvre de Dieu. Gouvernement de Dieu.

— Préparation de l'Incarnation. Existence et personne de Jésus-Christ. Sa vie. Son œuvre. Son gouvernement. Sa grâce. Vie éternelle.

Toute l'histoire du monde, toute l'organisation sociale tiennent là. Et c'est en somme le catéchisme, enseigné par un des plus merveilleux orateurs qui aient paru dans la chaire de Notre-Dame. Lacordaire, disent ceux qui l'ont entendu, parlait au cœur : il arrachait des larmes. Le Père Félix raisonnait froidement, discutait. Le Père Monsabré est un logicien : il affirme et il prouve. Sa démonstration est claire, simple, ardente ; il l'émeut, mais il convainc. Il impose à l'esprit, il dompte les intelligences. Avec lui, il faut croire, ou avouer la mauvaise foi. Ceux qu'ils n'a pas ramenés encore chancellent ; ils attendent l'heure de Dieu, lui aussi. Il faudra bien qu'ils capitulent, ces grands intelligents assoiffés de vérité, mais qui ont peur de la vérité, et qui hésitent, — parce que l'humaine faiblesse les enlace.

Lorsque son exorde est terminé, quand il prend corps à corps l'objection possible, l'orateur se transforme. Son accent est chaud, sa voix passionnée profère les mots avec une force étonnante, ses mains semblent broyer un obstacle matériel, et quelqu'un disait un jour : « Il vous enfonce la vérité dans le crâne à coups de marteau ! » C'est un peu cela. On dirait d'un forgeron laminant un bloc de métal.

On conçoit ce que peuvent être dans la bouche d'un tel éloquent l'exposé et la discussion des questions les plus élevées que puisse traiter la science humaine. Le théologien, dans le Père Monsabré, s'inspire aux sources les plus pures. Le dominicain est *thomiste*. Il a pour maître et pour guide saint Thomas d'Aquin, le docteur Angélique, l'Ange de l'Ecole, celui qu'on appelait *le bœuf*, et duquel Albert le Grand disait : « C'est un bœuf dont les rugissements étonneront le monde. »

Léon XIII partage cette ferveur pour *La Somme*. On sait que ce pape a remis en honneur la doctrine et l'étude de saint Thomas. Le père Monsabré, longtemps avant l'élection du successeur de Pie IX, cherchait dans cet admirable livre la moelle de son enseignement.

Il faudrait avoir l'espace nécessaire pour analyser ici les nombreux volumes qui renferment les conférences de Notre-Dame depuis 1872. Mais comment résumer de pareils discours, où tout se tient, où tout s'enchaîne ? Et comment surtout présenter au public frivole qui lit dédaigneusement tout ce qui ne se rapporte pas aux passions et aux intérêts du moment, une étude d'une exceptionnelle gravité, que nos légèretés ne savent plus comprendre ?

Cette année [1], le Père Monsabré compte faire la vie apologétique de Jésus-Christ, en réponse aux trop nombreux livres publiés par l'école rationaliste. Il la divise en six chapitres. La première conférence, qui a eu lieu dimanche dernier à Notre-Dame, traite de l'enfance de Jésus. On la connaît peu cette enfance. Les Evangélistes, en rappellent simplement quelques faits. Cependant la mission de Jésus date des premiers jours de sa vie, et dans cette vie rien n'est inutile.

Dans la prochaine conférence, c'est Jésus Ouvrier. Là, sans doute, l'orateur chrétien effleurera ce qu'on appelle la question sociale. Il répétera certainement que le Rédempteur est venu parmi nous réhabiliter le travail, que les païens regardaient comme vil et méprisable.

Les autres conférences examineront successive-

---

[1]. 1881.

ment, dans le Fils de Dieu, le Docteur, le Thaumaturge et le Prophète, le Martyr, le Triomphateur.

Le Thaumaturge, en Jésus, est admirable. Il n'accomplit de miracles que par bienfaisance, et tandis que les autres thaumaturges opèrent au nom de Dieu, il n'invoque, Lui, que sa propre puissance et n'agit qu'en son nom. Comme prophète, tout ce qu'il a prédit a été confirmé, et tous les événements annoncés par Lui se sont accomplis d'âge en âge et jusqu'à nos jours. Il est donc impossible, entend démontrer le théologien, qu'on puisse présenter dans l'histoire de l'humanité un homme réunissant toutes les perfections que réunissait Jésus.

Strauss, Renan, Salvador, et même ce pauvre M. Soury qui voit en Jésus un *névropathe*, affligé de démence héréditaire, ont épuisé leur science positiviste à vouloir montrer dans Jésus, l'Homme, l'homme à placer sur le même rang que les législateurs et les philosophes, Moïse, Socrate, Mahomet. Ces géants aux pieds d'argile se sont cassé les ongles sur ce granit : ils n'ont perverti que les imbéciles. Il serait plus facile de soutenir que Jésus n'a pas existé !

Les conférences de Notre-Dame seront donc une joute oratoire. Un moine entre en lice contre les fiers champions du rationalisme : le nuageux Allemand, le sacrilège douceâtre et patelin, le juif plaidant la cause de ses pères, et le chrétien apostat qui, rétrécissant son intellect étroitement borné, fait un misérable malade, un fou de Celui qui, tout à coup, en trois années de vie errante, transforma soudain le monde et substitua la religion des humbles, des pauvres, des souffrants et des persécutés, à celle des orgueilleux, des riches et des heureux.

Certes la tâche est ardue. Non pas qu'il soit difficile d'anéantir les arguments de MM. Ernest Renan et consorts. Une vieille bonne femme ou un tout petit enfant y suffiraient. Mais il s'agit moins de mettre en déroute l'escadron des houzards-Renan, que de peindre, sous les aspects les plus divers, cette Divine Figure, suivie de modeste logis de Nazareth et de l'atelier du charpentier Joseph, au Temple, dans les rues de Jérusalem, sur les bords du lac de Génésareth, dans le désert, le long de la Voie douloureuse, et enfin sur ce mont Golgotha qu'ensanglanta l'agonie de Dieu.

Le plan de l'orateur est bien complet. Chaque chose est à sa place. La parole ardente du moine fera de nouvelles conquêtes ; ce sont les âmes qu'il veut ravir, plus que charmer les intelligences.

Le succès qu'il recherche est purement évangélique. Il ne s'adresse pas — comme d'autres — aux passions surexcitées de la foule; il n'est point enivré du bruit, des acclamations, du tapage : il ne s'inquiète ni de la mode, ni de l'actualité mondaine. Que lui importeraient les compliments de M. Naquet, et les éloges de M. Scholl?

Le triomphe qu'il souhaite, qu'il appelle, qu'il espère, ce n'est pas que son nom retentisse dans nos journaux, dans les salons; ce n'est pas qu'on l'admire et qu'on l'applaudisse ; ce n'est pas que huit mille auditeurs viennent se presser autour de la chaire, huit mille hommes représentant l'élite de la société la plus lettrée, la plus spirituelle de l'univers. Non, son triomphe sera de voir quelque désabusé venir à lui, s'agenouiller et dire: « Mon Père, bénissez-moi parce que j'ai beaucoup péché. »

Les larmes de cet homme le paieront de toutes ses peines. Et quand, après Pâques, il rentrera dans son lointain ermitage pour y reprendre son labeur obstiné, solitaire, bien loin de nos tumultes et de nos folies, il pensera à cette âme sauvée, et son cœur s'épanouira d'une joie que ne connaissent point les triomphateurs de ce monde !

DU BAS-BLEUISME

I

Habent sua fata....

C'est dans le *Nain jaune* d'antan que M. Barbey d'Aurevilly publia ses *Quarante médaillons de l'Académie française*, médaillons burinés avec une telle vigueur que ni vous ni moi ne verrons jamais le plus fameux dandy littéraire de ce temps revêtu de cet habit bleu à palmes vertes que le génie du peintre David inventa — et qui n'est pas beau — et que tout porte-plume espère endosser un jour ou l'autre.

C'est un rude jouteur que M. Barbey d'Aurevilly: au lieu donc de prendre pour devise ces deux mots anglais, un peu présomptueux: *Never More*; — ou ces deux mots français un peu ambitieux: *Plus tard!* — il devrait faire graver sur une belle cornaline le chardon des rois d'Ecosse, avec cette légende en exergue: *Qui s'y frotte s'y pique*. Il a saccagé bien des gloires, cet audacieux! détrôné bien des réputations surfaites, analysé les romanciers, démoli les philosophes, combattu les historiens, pourfendu les poètes, et — somme toute — il a eu presque toujours le dernier mot, laissant l'adversaire sur le carreau — et le volume au casier du libraire. Si bien que cet homme d'esprit, qui sera l'une des figures les plus originales de notre siècle et restera comme un type de force, de puissance, d'insouciance de la gloire, de courage et d'énergie — a ramassé autour de lui assez de haines pour ne pas désespérer de la vraie gloire.

Les fureurs masculines ne suffisaient plus à ce « mâle », enragé de bataille, qui vit de polémique ardente, et que l'on croit un peu matamore et mettant flamberge au vent — tandis que ce descendant des corsaires dieppois, en les veines duquel circulent quelques gouttes de sang royal (m'a-t-on dit) — est un charmant gentilhomme de haute mine et de grand cœur, trop fort pour n'être pas très doux.

Il lui fallait encore des colères féminines, colères implacables, haines qui ne s'éteignent jamais. On dit : « rancune de prêtre ». Hélas! « rancune de femme » est pire mille fois, et M. Barbey d'Aurevilly, qui ne croit pas à celles-là, croit à celles-ci, les suscite, en rit ; — je souhaite qu'il n'en meure pas : la plume est un petit instrument qui égratigne — mais sa pointe est aussi dangereuse que le dard venimeux du *cobra capello*.

M. Barbey d'Aurevilly exècre les femmes qui font métier de leur esprit : c'est pourquoi, sitôt qu'un livre de femme paraît, il y court, le happe, le dévore et met en pièces l'auteur en jupons. Voici trente portraits de femmes. — A part quelques-unes c'est une galerie de Bas-Bleus.

Bas-Bleu, madame de Staël; *bas-bleu*, madame Sophie Gay; George Sand, Daniel Stern, madame Quinet, Louise Colet, *bas-bleus*; et la princesse de Belgiojoso, et la comtesse Guiccioli — de grandes dames! de très grandes dames!! — *bas-bleus* quand même, et des plus azurés.

Et c'est, ma foi! la vérité... Toutes ces femmes ont fait marchandise de leur plume, se vendant au public pour un peu d'argent ou pour un peu de gloire, et mettant à nu devant la foule leurs sentiments, leurs passions, leurs vices, leurs pensées, leurs rages, leurs amours, leur passé. — Et je redirais ce que disait Junius: Elles n'ont donc ni père, ni frère, ni mari, ni fils, ni amant, qui les empêche de se galvauder dans cette encre?

L'influence des *bas bleus* va sans cesse grandissant: le *bas-bleu* nous enveloppe, nous assiège, nous étouffe, nous submerge : toute pensionnaire écrit son « journal », travaillant ainsi à la profanation de l'intime; toute comtesse veut écrire son roman — après l'avoir vécu; les femmes se mettent à l'histoire, à la philosophie, à l'économie politique... ma parole! Il y a même des théologiennes en jupons... ce qu'on appelait des « Matriarches » aux entours du dernier concile!

Est-ce donc que nous avons toujours été et que nous sommes toujours « *un peuple à femmes* » comme le dit M. Barbey d'Aurevilly?

Arrivons-nous à cet état d'hermaphrodisme social, où l'homme s'effémine, où la femme s'hommasse?

Je n'en sais rien, M. Barbey d'Aurevilly non plus, et vous, lecteur, pas davantage. Mais, en vérité, on le croirait, à nous voir nous baigner dans cette mer toujours montante des livres muliébriles, de ces livres féminins — dont quelques-uns sont écrits par des hommes — et qui cherchent à prendre en nous, non la tête, non le cœur, mais... devinez quoi! Livres maladifs d'une société en décadence, codes de luxure, catéchismes d'adultère, *Parfaits Secrétaires* du libertinage, où l'on trouve tout fait, tout mâché, tout empâté, prêt à servir, ce que vous appelez du nom d'amour — ô moralistes qui n'aimez pas et ne savez que souiller — et qui a pour nous un nom, comme la chose, ignoble et ridicule.

Que si l'on prétend prouver que la femme est l'égale de l'homme, je m'empresse avec M. Barbey d'Aurevilly, de m'inscrire en faux. Elle n'est pas égale puisqu'elle est soumise. Elle n'est pas libre, puisqu'elle a des devoirs, et qu'elle est asservie à des fonctions que son sexe même lui impose... Si ces femmes se mettent à philosopher, qui élèvera les enfants? Vérité banale, lieu commun, rabâché, et qui est toujours vrai. Prendriez-vous pour cuisinière une bonne femme qui lirait Locke et Spinosa?

Le *bas-bleuisme* nous envahit. Quelle étrange épopée l'on composerait avec les « vertus privées » de ces dames, qui eussent fait se pâmer le fameux Brantôme, et qui manquent à la collection de grotesques du joyeux Rabelais! M. Barbey d'Aurevilly ne nous en donne aujourd'hui que *quelques-unes,* mais il promet que, plus tard, elles y seront *toutes!* Toutes? Oui, les plus fameuses, les plus mal famées, celles qui dînent de la sacristie et soupent du boudoir; celles qui dictent leurs rapsodies à leurs amants, ou leurs mémoires à leurs femmes de chambre; celles qui font des expériences *in animâ vili*; celles qui règlent les destinées des empires, et celles qui débauchent les ouvriers des rues. Toutes! et ce sera leur châtiment d'être mises ensemble, comme des galériennes accouplées, et se jetant l'une à l'autre leurs livres à la tête.

Encore le fier critique a-t-il dédaigné les menues pécores: il a choisi « la fleur du panier, en supposant qu'un pareil panier ait une fleur! » .... Et même — que je le dise — il a été parfois injuste: il est jusqu'à deux noms que, si j'avais été lui, j'aurais effacés de ma liste : celui d'une noble gentilfemme, héritière d'un nom illustré sur les champs de bataille, et celui d'une modeste et studieuse personne, en qui l'Institut a couronné le travail, la persévérance, l'étude obstinée. La marquise de Blocqueville et mademoiselle Clarisse Bader, si le critique ne les voulait point louer, avaient, du moins, droit au silence.

Quant aux autres, je les abandonne, et c'est tant pis si madame Augustus Craven figure auprès de la citoyenne André Léo, si madame Claire de Chandeneux côtoie madame de Saman, si madame Gustave Haller est la voisine de l'auteur des *Souvenirs d'une Cosaque*: ces promiscuités désagréables sont un premier châtiment. Quand une femme entre dans un cabaret, c'est qu'elle est résignée à subir tous les contacts et tous les voisinages. C'est ce qui explique et justifie la lettre qu'on va lire.

II

LA FEMELLE DE TARTUFE

A madame Arthur de Saint-Quelque-Chose
HOMME DE LETTRES

Madame,
Je ne sais quel est le moraliste qui a dit que la bêtise humaine n'a pas de bornes, mais je suis à même d'apprécier l'exactitude de cet aphorisme, et—veuillez me pardonner de le dire si brutalement— ce siècle-ci fait l'impossible pour justifier cet outrage à notre haute raison.

Ce n'est pas certes, qu'il ne nous soit donné de voir l'esprit se pavaner même sur le trottoir, se prélasser au cabaret comme au salon, passer dans la même journée de la sacristie à l'arrière-boutique du libraire. Et vous, Madame, qui possédez si bien l'esprit du siècle, et qui avez su introduire la « pratique », dans votre vie saturée de poésie, vous êtes la vivante preuve qu'on peut tout oser... sous le manteau. Vous êtes née, Madame — il y a du temps, car les dahlias pourprés de votre cinquantième été ont déjà fleuri sur votre visage, — vous êtes née avec de brillants instincts, des penchants exquis, des qualités de grande dame.... Et vous fûtes si bien douée, que vous eûtes même — un instant — des vertus. Sans doute vos exemples édifièrent de bonnes sœurs ursulines, clarisses ou dominicaines, je ne sais plus au juste. Le couvent tout entier, — un couvent plus sérieux que celui du *Domino Noir*, — admira votre candeur, votre pur sourire, dont vous vous souvenez encore — vaguement! — avec un charme secret.

Je gagerais que vous eûtes l'idée d'être religieuse et de cacher sous le saint habit, ces diablesses de passions qui, plus tard, vous firent si séduisante, alors que vous ne pensiez plus du tout à cet habit monacal par vous dédaigné — et qui n'en est point plus humilié pour cela.

Je pense donc que, désespérant d'embrasser l'état de sainteté pour lequel vous n'aviez pas la moindre vocation, vous résolûtes de lier votre destinée à celle d'un honnête homme qui deviendrait votre esclave.

Mon Dieu! ce calcul n'a rien qui me choque. En ce monde on est dupé ou dupeur : il n'y a pas de milieu. Ce rôle de dupe est toujours sot : j'en ai su quelque chose. On tergiverse un moment — pour garder les apparences vis-à-vis de dame conscience — puis on se bouche les oreilles, et l'on prend — bien vite — l'autre rôle.

En somme vous aviez, Madame, assez d'esprit pour rendre votre mari... battu et content. Le battiez-vous? Je n'en sais rien. Fut-il content? Nul ne le sait, car le pauvre homme eut à son tour assez d'esprit pour disparaître. Il vécut heureux, quelque part, vous ne savez pas où, ni moi non plus, et quand il mourut, vous eûtes encore l'esprit de n'en point prendre le deuil.

Vous aimiez les voyages, ce qui est assez le goût des femmes indépendantes. On ne voyage pas seule : on risquerait de s'embarrasser de bagages désagréables à transporter : on cherche un ami, un de ces amis complaisants, qui sacrifient volontiers leurs loisirs à la culture des lettres, personnifiées en une jolie Muse, et l'on s'embarque pour le Monomotapa, ou pour la Russie.

Ainsi avez-vous fait.

On revient. On a vu beaucoup de choses; on a perdu... ses illusions. Le compagnon de route devient ennuyeux. Non pas qu'il s'oublie jusqu'à rouer de coups son aimable compagne, comme fit certain grand poète à certain bas-bleu, dans une auberge de Naples ! Mais il n'a qu'une somme d'esprit déterminée à l'avance à dépenser ; et quand sa bourse intellectuelle tire à sa fin, il cherche un moyen honorable de faire banqueroute. Un geste ! il est parti, et la veuve inconsolable vient demander à Paris des consolations que Paris ne refuse jamais.

N'est-ce pas un peu votre histoire, Madame? sur quel détail me trompé-je? On m'en a tant conté que je m'y embrouille, et j'ai peur de m'aventurer trop loin sur ce terrain semé d'embûches.

*
* *

Quoi qu'il en soit, vous voilà Parisienne, et lancée

dans le meilleur monde — du demi-monde. Vous enchaînez à votre char de nombreux adorateurs ; vous faites brûler, en votre honneur, toutes les cassolettes de la galanterie. Vous encouragez les arts — dans la personne des artistes, allant du peintre au sculpteur, du médecin au maçon, du poète... Ah! mais non. Je franchis trop lestement le mur que ce bon M. de Guilloutet a bâti entre votre vie privée et la mienne.

Qu'il me suffise de rappeler que si madame Emile de Girardin a pu dire de George Sand que le style, pour elle, c'est l'homme, — on peut dire de vous que le talent, c'est les hommes !

Vous en avez hanté un si grand nombre et de si charmants, que si, d'aventure, un, deux ou trois se sont fait sauter la cervelle pour vos beaux yeux, vous n'en avez eu cure. A quoi bon vous donner ce souci ? D'ailleurs, les hommes finissent par obséder. On se lasse si vite ! On a si tôt dégoût de ce dont on est rassasié ! Voici l'heure d'appeler à soi son génie inventif et de fouiller, de creuser, pour trouver une sensation nouvelle.

Comme l'on s'amuse dans Paris ! n'est-ce pas, Madame? On a le droit de varier ses plaisirs. On va au bal, au spectacle, au concert, au Bois ; on joue, on soupe ; on cause avec de gais convives, en cabinet particulier ou chez soi, en tête à tête. Un jour on feuillette saint Augustin ; le lendemain on lit Pétrone. Demandez à Jean-Jacques Rousseau de quelle façon on déguste le latin de ce Romain sans préjugés.

* *

Il va sans dire que la solitude étant fort pesante, on a une âme en qui décharger le trop-plein de son âme. On pleure dans le gilet qui habille le corps de cette âme... Bref! on se divertit de toute façon, en vraie reine Bacchanal qui a jeté des quantités de bonnets par-dessus une infinité de moulins.

Quand on a mené pendant quelque temps cette existence qu'on pourrait comparer à celle de Polichinelle — révérence parler! — on se paye d'autres joies. De grâce, Madame, veuillez me reprendre si je me trompe!

On est saisie un beau matin d'un furieux accès de dévotion. — Oh! — crie-t-on à sa camériste, — Laurence, donnez ma haire avec ma discipline! Et de s'emprisonner le torse dans un cilice! et d'agrafer des bracelets à pointes de fer autour de son bras mignon! et de revêtir la bure! et de se meurtrir les épaules — ces épaules blanches et rondes qu'on montrait la veille, émergeant d'un châle broché d'or — avec les lanières tranchantes d'un fouet très catholique...

On court à l'église, on pleure, on sanglote, on fond en larmes; on se confesse au premier bonhomme de prêtre venu; on se frappe la poitrine, on embrasse la croix avec les étreintes désespérées de Madeleine, et l'on crie au bon Dieu, — qui ne prend pas tout cela au sérieux, croyez-le, Madame! — on lui crie :

Mon Dieu! plus jamais! plus jamais!

*
* *

Après quoi l'on recommence. Car on se fatigue bientôt des élans immatériels, des longues prières, de la contrition et du ferme propos. On fait comme le chien dont parle l'Ecriture, qui revient à son vomissement.

Je ne sais pas si vous connaissez le beau mot de Balzac : « Le repentir périodique est une grande hypocrisie. » Je vous engage à le méditer, quoique vous ne soyez pas encore assez vieille pour vous faire ermite.

Cette vie entrecoupée de débauche et de dévotion a quelque piquant, ce me semble. J. Barbey d'Aurevilly, que vous n'aimez guère (je sais bien pourquoi) en a conté un épisode dans son terrible livre des *Diaboliques*. Il y fait le portrait d'une madame Henri III, qui porte un chapelet d'ivoire sur une robe de velours bleu, et que les jésuites croient un homme, voire un saint.

Aimez-vous le velours bleu, Madame ? Ce n'est pas vous, assurément, que l'on prendra pour un homme, quoique les médisants prétendent que vous jouez ce rôle dans la perfection, l'exagérant même quelque peu, ce qui se conçoit : vous l'avez si souvent fait jouer à vos pieds !

Vous prendra-t-on pour un saint ou pour une sainte ? Pourquoi pas ? l'Eglise honore sur ses autels une fille du nom d'Afra, qui exerça une profession aujourd'hui patentée, et qui, la pauvre fille, sut néanmoins répandre tout le sang de ses veines pour laver un corps souillé. Elle se repentit et gagna le ciel, ouvert à beaucoup de pécheresses comme elle. Vous avez certainement tout ce qu'il faut pour marcher sur ses traces.

*
* *

Il faudrait bien que j'abordasse la critique de vos abondantes productions, Madame, car enfin vous êtes *homme de lettres*, et je voudrais parler de vos livres, contre lesquels la critique a l'indignité de faire la conspiration du silence. Mais que je suis donc empêché! De quels de vos livres vous plairait-il que je parlasse? De ceux que vous signez X, et qui enrichissent l'éditeur Deux-Etoiles, ou de ceux que vous signez Z, et qui font la fortune de l'éditeur Trois-Etoiles?

Faut-il, de préférence, recommander ces opuscules pleins d'onction, de componction, de mystiques épanchements, où vous apprenez à vos semblables à prier un Dieu que vous êtes obligée de croire fort patient.

Que préférez-vous, de l'ascétisme ou de la gravelure, du boudoir ou de la chapelle?

Que citerai-je de vous pour vous plaire? Les pieuses élucubrations de vos matinées, les folles spéculations de vos veilles? Me direz-vous franchement: « Faites votre choix? »

C'est là ce qui m'arrête. Il m'est pénible de choisir, et je regrette précisément d'être obligé de laisser le choix à votre goût.

* *
*

Mais ce qui est drôle, avouez-le, Madame ! c'est que votre petit trafic n'est gêné par personne. Votre désinvolture le fait accepter de ceux qui en soupçonnent les mystères. Votre... habileté clôt les yeux à ceux qui ne s'en doutent pas. Vous hurlez avec les loups — excusez cette comparaison sauvage. — Vous êtes si... bon garçon avec les joyeux drilles du boulevard, qu'ils vous aiment tout plein... Vous êtes si austère, quand vous avez passé l'eau, qu'on vous coifferait du béguin sans noviciat.

Eh bien ! Madame, — par la corbleu ! (il me fallait ce dérivatif) — je ne vous en fais pas mon compliment.

MADAME LA MARQUISE DE BLOCQUEVILLE

I

Ce n'est pas sans une amère et sombre mélancolie qu'on évoque aujourd'hui le souvenir glorieux des grands guerriers de la France du passé. Non qu'on ait à rougir des événements qui nous ont rendus un peuple malheureux : la défaite noblement supportée vaut mieux qu'une victoire mal acquise, et d'ailleurs on s'en relève. Louis XIV, si grand, ne fut pas invincible ! Mais on souffre de voir le mérite méconnu, et la passion aveugle inspirer l'ingratitude officielle, cette ingratitude qui est une injure pour qui la subit, comme elle est une tache ineffaçable pour le pouvoir qui la commet.

Récemment encore, on a pu constater que la République, pour assouvir ses rancunes, satisfaire ses ressentiments et dévoiler ses craintes mesquines, frappe d'ostracisme les citoyens qui, tout en revendiquant leurs droits à la liberté de penser, à la liberté de prier, servent la France d'abord, sans se préoccuper d'institutions ou de formes nouvelles auxquelles ils ne sont attachés ni par des traditions de famille, ni par des opinions librement délibérées, ni par des intérêts personnels.

Or, c'est au moment où la nécessité de réorganiser un état social menacé d'anarchie devient apparente aux yeux les moins clairvoyants, que la passion politique jette dans l'armée, de par la volonté même de ses chefs, ou de l'un d'eux, le plus puissant des éléments de discorde. L'avenir justifiera les regrets que de telles persécutions font naître, et les appréhensions que suscite la maladresse d'un gouvernemen qui prend à tâche d'écarter de lui tous les hommes de franchise et d'énergie.

En présence de faits si pénibles pour le patriotisme sincère, on aime à revenir aux temps héroïques, à contempler une de ces grandes figures du passé, tout entourées d'une auréole de grandiose poésie, calomniées parfois, mais jaillissant plus pures et plus belles de cette fange de la calomnie qui, si elle les atteint, ne les souille pas!

Le temps est à l'étude de ces morts illustres, qui furent les héros de l'épopée du siècle, épopée en douze chants, en douze années, dont chaque page est une victoire, un triomphe, et dont le terrible dénouement, encore inexpliqué, amené, disait Napoléon, « par un concours fatal de circonstances inouïes, » reste l'origine et le germe des malheurs qui nous atteignent.

Un des beaux soldats de cette époque étonnante fut le maréchal Davout, dont la fille, madame la marquise de Blocqueville, vient de venger la mémoire, d'une façon éclatante, — car la pure gloire de Davout n'a pas manqué d'être attaquée par d'injustes imputations, — en publiant les quatre volumes de son livre si curieux et si intéressant : *Le maréchal Davout, prince d'Eckmühl, raconté par les siens et par lui-même.*

Des ouvrages de ce genre sont difficiles à analyser; les faits s'y pressent. La note caractéristique de celui-ci, c'est la sincérité : il n'y a rien de préparé ou d'artificiel; ce sont des pages intimes, où le cœur se livre avec une effusion ardente, où la pensée s'exprime en traits de feu, sans détours, sans emphase, d'une manière si libre et spontanée que le mensonge en serait déconcerté. Le style peint l'homme; ces vieux papiers exhumés de la poussière révèlent avec ses qualités et ses défauts le gentilhomme, le soldat, l'époux, le père, l'ami, qui les couvrait de son écriture nerveuse, où qu'il se trouvât, — sous la tente, dans un palais, sur un champ de bataille, près d'un bal masqué dont le joyeux orchestre emplissait d'harmonie sa retraite austère.

Le zèle filial de la marquise de Blocqueville n'a rien qui surprenne. C'est une vertu de famille, comme le courage.

La grande dame qui, par son énergie et son dévouement, sauvait le quartier de l'Institut, en 1871, des hommes de la Commune, est bien la fille dévouée, respectueuse des nobles souvenirs de sa race, et qui veut couronner, par une œuvre digne du nom qu'elle porte, une vie consacrée tout entière à l'amour du bien, du vrai et du beau.

.

Quel type d'audace militaire, de loyauté inflexible, de tendresse exquise, que ce maréchal Davout, qu'on nous dépeignait si terrible! Il est tel que le montre ce mot de sa mère, au lit de mort de laquelle il disait : « Ma mère, ayez du courage! » et qui, tournant vers lui ses yeux remplis de larmes, lui répondit en souriant : « Eh! mon fils! vous m'avez pris tout mon courage! »

Il était ce Davout de qui Napoléon disait à Essling : « Voyez ce Davout, comme il manœuvre!... Il va encore me gagner cette bataille-là!... » Jalousie de capitaine à capitaine! Et M. Thiers, qui, après avoir lu la correspondance du prince d'Eckmühl, s'écriait : « Ah! le maréchal Davout! Quel homme! Quel cœur! quel vaillant esprit!... Seul, toujours, il a osé dire la vérité à l'empereur, et la vérité sans détour! » Henri Heine compare Davout et ses compagnons aux héros de l'*Iliade*.

Ce héros d'Homère, ce laborieux qui avait une prodigieuse puissance de travail, n'en était pas moins d'une délicatesse presque féminine dans ses rapports avec sa femme et ses enfants. Son âme semble imprégnée de ce charmant proverbe : *Ne frappe point une femme, fût-ce avec une fleur.* Et lorsqu'il querellait la sienne sur sa santé, qui l'inquiétait constamment, il le faisait avec une douceur incomparable, trouvant de ces mots d'amoureux qu'il plaît de rencontrer sous la plume d'un si rude compagnon.

Les relations de Napoléon avec ses généraux n'étaient pas toujours empreintes d'une urbanité cordiale. On sait que l'empereur ne châtiait guère son langage et n'épargnait à personne les traits de satire. Qui ne se souvient du mot que Talleyrand dit au comte de Rambuteau, après une séance orageuse du conseil d'État, où le prince avait été malmené brutalement : « Quel dommage qu'un aussi grand homme soit si mal élevé. »

Le livre de madame la marquise de Blocqueville fait connaître dans les plus petits détails la fameuse affaire de Hambourg, au sujet de laquelle le prince d'Eckmühl dut adresser, en 1814, un mémoire au roi Louis XVIII, qui l'éloignait de Paris jusqu'à ce qu'il se fût justifié. Ce mémoire est cité intégralement, il est la plus éloquente réponse aux détracteurs du maréchal, qui parle avec respect, mais fièrement et dignement. Il ne renie pas, lui, au souverain qu'il a servi, les titres qu'il lui donnait au temps de sa splendeur. Il ne l'appelle pas Bonaparte, honteusement, comme s'il voulait flatter le roi légitime en dénigrant l'usurpateur déchu. Napoléon reste à ses yeux l'Empereur!

Cette fidélité d'un soldat qui n'avait pas été apprécié toujours à sa valeur est touchante. Elle dévoile une âme vraiment au-dessus des misères et des faiblesses humaines.

Le soin que madame de Blocqueville prend de la gloire de son illustre père est le plus bel éloge, en lui-même, qu'elle puisse désirer. C'est un monument qu'elle élève à la patrie, dont le maréchal fut le défenseur, et qui gardera éternellement le souvenir des hauts faits d'armes accomplis pour elle, en l'honneur de Dieu.

*
* *

C'est par la correspondance même de l'éminent homme de guerre que nous sommes appelés à le connaître, et nous le voyons revivre, en effet, dans ces pages familières, où l'esprit et le caractère se dévoilent à chaque ligne, où rien n'est caché; ces pages sont le tableau fidèle autant qu'intéressant d'une vie qui n'eut pas de faiblesses. Colligés avec un soin extrême, placés dans un ordre parfait, commentés avec une éloquence vigoureuse, ces documents composent un livre des plus curieux, dont l'attrait ne consiste point, comme il arrive trop souvent des *Mémoires*, dans les indiscrétions et les médisances.

Le maréchal Davout n'était pas un courtisan, et ne s'occupa guère d'intrigues de cour. On ne voit aucune trace dans sa correspondance, de ces bavardages que nos curiosités blasées recherchent si avidement, et qui firent, par exemple, le succès du livre mauvais et méchant de madame de Rémusat. Fidèle à son prince, reconnaissant des faveurs qu'il a reçues, Davout ne parle jamais qu'avec mesure de l'Empereur, encore qu'il n'ignore pas les sentiments jaloux qui provoqueront sa disgrâce. En revanche, madame la marquise de Blocqueville ne paraît point une admiratrice *quand même* du grand homme, et ne manque pas l'occasion de faire ressortir ses petitesses, ses mesquineries et surtout son avarice : avarice italienne, qu'il tenait de sa mère, et qui devient, paraît-il, un vice de certaines races royales.

Davout, à en juger par ses lettres, était un esprit

vif quoique réfléchi, d'une extrême délicatesse, bon, dévoué, généreux, très soucieux de sa dignité, et dont l'ambition légitime s'alliait à des goûts simples.

Il aime les fleurs ; il s'en préoccupe beaucoup ; il envoie des plantes, des graines à sa femme, pour son jardin de Savigny-sur-Orge. Tout ainsi qu'un propriétaire campagnard, il s'inquiète de ses terres, de ses biens ; il a de l'ordre : il dirigerait volontiers son ménage ; c'est l'homme de la famille. Joseph de Maistre, vers la même époque, écrivait souvent à sa fille Constance, qu'il n'avait jamais vue. Davout n'écrit pas à sa fille, mais il en parle dans toutes ses lettres, avec l'accent ému d'un père ; et qu'il sorte fumant de la bataille, ou qu'il vienne de recevoir *in fiocchi* la visite d'un roi, il écrit à sa femme et veut savoir si « Joséphine a une dent. » Adorable humilité dans tant de grandeur !

Le maréchal, le prince, l'Altesse, oublie titres et gloire, pour ne se souvenir plus que du petit enfant qui sourit dans son berceau et dont toutes ces dignités l'ont éloigné. Il est alors un père, oubliant, dans les joies puériles et charmantes de la paternité, l'étiquette sévère et les devoirs de dignité auxquels il est soumis par la volonté du maître.

Ces héros du premier empire étaient traités par Napoléon comme de petits écoliers par un maître d'école ; il ne les faisait si puissants que pour mieux les dominer et se grandir : César ne voulait attacher à son char que des rois, ou des princes devenus presque les égaux des rois. Il ne les enrichissait que par fantaisie. Davout se plaint, à plus d'une reprise, de ses embarras d'argent. Cependant, en Pologne, il menait grand train ; un jour même, l'empereur se plaignait au duc de Narbonne de l'attitude royale du maréchal, et le duc répondit : « Mais alors, pourquoi le comblez-vous ? Aucun de vos généraux n'a d'aussi immenses dotations, une telle existence !... » L'empereur haussa les épaules et riposta avec humeur : « *Il faut bien lui donner, à celui-là, puisqu'il ne prend rien !* »

Le grand patriote vénitien Carlo Zeno eut la gloire de se voir ériger une statue de son vivant. Cet honneur fut aussi décerné à Davout, par le Conseil municipal d'Auxerre, en 1806.

Madame de Blocqueville s'est complu à faire ressortir en son père les vertus de l'homme privé, notamment l'amour passionné qu'il témoignait à la maréchale, dont le caractère nous apparaît fort sensible, mais peut-être un peu fantasque. Ces sentiments très vifs n'empêchaient nullement Davout de ne laisser prendre à sa femme aucune influence sur ses affaires et de lui donner même des leçons assez dures. Un jour, entre autres, qu'étant à sa toilette, elle avait fait attendre des officiers qui sollicitaient l'honneur de lui être présentés, lorsqu'elle parut, brillamment parée, le maréchal s'élança vers elle, la conduisit devant les officiers et lui adressa ces paroles : « Je vous prie de vous souvenir, dans l'accueil que vous ferez à ces Messieurs, que si vous êtes maréchale et duchesse, c'est à leur vaillance sur maints champs de bataille que vous le devez. »

La bataille d'Auerstaëdt, gagnée par vingt-six mille Français contre quatre-vingt mille Prussiens, est un fait d'armes appartenant à Davout *seul*. Ce fut là qu'il fit cette belle harangue à ses soldats : « Le grand Frédéric a dit que c'étaient les gros bataillons qui remportaient les victoires : il en a menti. Ce sont les plus entêtés, et vous le serez comme votre maréchal. »

Le général de Trobriand, témoin oculaire de la bataille, écrit à madame de Blocqueville que, à Depheun, ayant rencontré le maréchal Ney, qui lui demanda où il allait, il lui répondit : « Je vais annoncer à l'empereur que l'aile gauche des Prussiens est enfoncée par mon maréchal, (Davout). — Votre maréchal, répondit Ney en tournant le dos, enfonce toujours tout. » Le mot était brutal, mais flatteur.

On sait qu'il fut question un moment de faire le maréchal Davout roi de Pologne. On pressait l'empereur de rendre à ce royaume son indépendance, mais il répondit : « César n'a fait de rois qu'après sa mort..., et encore, était-ce prudent? » Le maréchal répondit à cette boutade « qu'une alliée valait mieux qu'une esclave » ; et comme l'empereur l'accusait d'aspirer à la couronne, il lui déclara que le trône de Pologne revenait de droit au prince Poniatowski, et que, pour lui, ayant eu l'honneur de naître Français, il ne voulait pas cesser d'être Français.

Le cadre forcément restreint de cette étude ne nous permet pas de dire le rôle que Davout joua en Pologne. Il prit en main les intérêts de ce malheureux pays avec une telle fermeté, que Napoléon s'en plaignit amèrement dans plusieurs lettres. Mais les souvenirs qu'il y laissa, le bien qu'il y fit, lui gagnèrent à ce point les cœurs que, en 1831, il fut question, au sein du gouvernement national polonais, d'offrir la couronne à la postérité de Davout, et, à défaut de son fils, à une de ses filles.

Madame la marquise de Blocqueville se montre, à juste titre, fort sévère envers les détracteurs de son glorieux père et, en particulier, envers M. de Vaulabelle, l'historien de la Restauration, qui le calomnie odieusement. La seule réponse que la noble *authoress* ait cru devoir faire à la diatribe de M. de Vaulabelle, est la publication d'une lettre de Tenaille-Vaulabelle, son père, à Davout, lettre qui est une condamnation terrible pour le père et pour le fils.

Comme le livre de madame de Rémusat, mais à un point de vue plus élevé, plus digne surtout d'une plume féminine, le livre de madame la marquise de Blocqueville nous fait connaître sous un jour tout nouveau l'époque impériale, encore si peu connue, malgré tant d'historiens. Les figures nous y apparaissent plus vraies, plus réelles, dans une sorte d'intimité ; et pour peu qu'on sache lire entre les lignes, bien des petits secrets se découvrent...

Ce livre est composé avec une habileté de politique, avec un tact de grande dame. On y a mis juste ce qu'il y fallait mettre, et le style net du commentateur s'harmonise à merveille avec le style solide, ferme et franc du héros.

De sorte qu'on peut répéter ce mot que disait de sa bienfaitrice une des protégées de la marquise de Blocqueville : « C'est bien *sa* fille ! »

II

A Francis Maratuech.

Ne vous est-il jamais arrivé, mon cher ami, de trouver dans un vieux manoir de votre Quercy, le portrait d'une altière duchesse du temps des Valois, ou l'agréable pastel d'une coquette marquise de la cour de Louis XV, avec les cheveux poudrés à la maréchale, avec des roses, des liserons bleus et des coquelicots en guirlande, attifée de dentelles précieuses, et souriant avec une grâce infinie ?

Et si l'une ou l'autre de ces images vous est apparue, ne vous est-il pas arrivé d'évoquer le joli modèle, de rêver longtemps, *sub tegmine fagi*, à la beauté noble de la châtelaine du seizième siècle, à l'aïeule du siècle passé ?

Votre rêve, je l'ai fait aussi, mais il s'est réalisé pour moi, merci aux bonnes fées qui m'ont servi de marraines ; et, plus heureux que la plupart de mes contemporains, j'ai l'honneur de connaître une véritable grande dame, comme il n'en n'est plus guère, en ces jours de démocratie, où des duchesses s'habillent de serge carmélite et vont à pied dans les rues d'un faubourg Saint-Germain effrontément haussmannisé.

Or, cette grande dame, fille d'un maréchal de l'empire, qui fut prince et duc, fille du glorieux et intègre Davout, est la marquise de Blocqueville, dont le salon, sans rival, est un des derniers salons littéraires. A ses lundis, vous rencontreriez des écrivains et des artistes, ceux qui sont de l'Académie et ceux qui en seront ; des érudits et des grands seigneurs, de brillants généraux et des poètes : E. Caro, Octave Feuillet, François Coppée, Emile Montégut, le comte de la Ferrière, Edouard de Barthélemy, Paul Perret, Louis Diémer, j'en passe, car il faudrait citer le tout Paris des « premières » de l'Opéra et de la Comédie-Française, une bonne partie de l'Armorial, en un mot l'élite de cette société parisienne, qui a la prétention, fort souvent justifiée, de représenter la quintessence de l'esprit français.

Chacune de ces réunions où règne le plus charmant entrain, car ce n'est pas là le « monde où l'on s'ennuie, » est une fête, non seulement pour les yeux, mais encore pour l'imagination et pour l'intelligence. On y retrouve les façons discrètes et les traditions polies du siècle de Louis XIV, et ce n'est pas ici un vain et inutile compliment : il faut bien dire ces choses en un temps où l'urbanité et l'art du beau langage deviennent des exceptions.

Chaque fois que j'entre dans ce beau salon, plein d'œuvres d'art magnifiques, ou dans le salon japonais d'un goût si moderne et si raffiné, dont les tentures de satin noir et les broderies d'or font valoir les mille bibelots de l'extrême Orient, il me paraît qu'un enchanteur, cousin de Merlin, m'a transformé, et j'ai peur souvent de ressembler à Sancho Pança chez la duchesse espagnole qui le fit gouverneur de Barataria.

Dans la haute et vaste salle à manger, il me semble

aussi percevoir le profil délicat, l'œil ironique et la bouche malicieuse de Mazarin. Le grand cardinal, rival de Richelieu, vécut en effet dans cet hôtel, et son ombre sans doute, inspira quelque diplomatie à la marquise de Blocqueville, lorsque, en 1871, elle en chassa les communards et les fit reculer à force d'habileté et de courage.

Cette causerie tout aimable et si subtile de la marquise, qui pénètre et fait oublier le temps, on la retrouve dans ses livres, car elle a écrit, beaucoup écrit, et c'est même au sujet de son dernier livre que je vous transmets ces impressions au courant de la plume.

Si, dans les *Papiers et correspondance du maréchal Davout*, madame de Blocqueville a élevé un monument à son illustre père, monument moins fragile que le bronze ou le marbre, exposés aux outrages des iconoclastes de la révolution ; si dans *les Soirées de la Villa des Jasmins*, elle a effleuré, d'une main délicate, tous les systèmes philosophiques, toutes les théories de l'art le plus raffiné, édictant les lois du goût somptuaire, cherchant le trésor intellectuel comme les alchimistes du moyen âge tentaient de dérober aux arcanes de la Kabbale, la transformation de la vile matière en or ou en élixir de vie ; si dans *Rome*, elle a décrit, avec un charme infini d'expression, la splendeur de la Ville Eternelle, son symbolisme chrétien, le mystique trait d'union qui unit la capitale de la chrétienté à l'impériale cité païenne... la marquise de Blocqueville a dépouillé, pour ses *Roses de Noël* tout un parterre de pensées...

Fleurs d'hiver, dit-elle. Non. Mais fleurs de l'automne mélancolique, de couleurs moins chatoyantes, mais plus solides, de parfums moins violents, mais plus suaves que les fleurs du printemps.

Hélas! qui ne préfère, maintenant, à l'éclatante parure de mai, les pampres roussis, les feuillages striés d'or, et les fleurs un peu pâles, mais si belles de septembre?

Ce tout petit volume carré, aux pages encadrées d'un filet vert, est un joli bréviaire féminin : c'est le *sélam* du mystérieux Orient où chaque fleur a son langage, depuis l'orchidée qui donne le « frisson de l'immensité » jusqu'au grêle et frêle saxifrage qui pousse dans les roches.

La marquise interroge donc, ou plutôt effeuille un étrange et superbe bouquet, composé de cyclamens et d'épines roses, de noires scabieuses, d'édelweis à la blancheur de neige, d'héliotropes, esclaves du soleil, de jasmins, étoiles de la verdure, de lotus sacrés par les antiques traditions des bords du Nil et des bords du Gange, et de bizarres orchidées qui semblent fabriquées par la fantaisie d'un mage un peu fou.

Chacune de ces fleurs commande à tout un bouquet de pensées, des plus nobles, des plus subtiles, des plus inattendues. Et quand on ouvre le livre, c'est comme si l'on consultait l'oracle. Voyez plutôt : je viens de tourner une page et je lis :

« *Le sentiment hybride que l'on nomme amitié, — plénitude et essai du cœur dans la jeunesse, union de forces ou consolation dans l'âge mûr, se fait, pour la vieillesse, une douloureuse occasion d'indulgence.* »

Ce livre exquis est fait pour les cœurs blessés, pour

les désabusés et les tristes. Il y règne une douce mélancolie, compatissante et qui ne répudie pas le sourire. C'est l'émanation d'une âme délicate qui, au lieu de se refermer, s'ouvre pour laisser voir sa calme et sereine candeur. C'est une consolation aux souffrances qui ne s'analysent ni ne se définissent, aux intimes douleurs que rien ne guérit et qu'on ne confesse jamais, sinon en cherchant Dieu dans le ciel, aux lueurs des astres, par une de ces magnifiques nuits d'été où il semble que le paradis s'entr'ouvre par delà les espaces d'azur.

Roses de Noël, ce mignon volume qui porte pour épigraphe : « *Au large, mon âme* », et l'adage persan : « *Tout est dans tout* » m'explique un peu l'une des devises de la marquise de Blocqueville, ces deux mots éloquents : ALTAM SOLITUDINEM.

Il trahit en même temps, ce goût affiné, cette recherche minutieuse du beau, qui sont l'apanage des intelligences d'élite. Il n'est pas banal d'aimer la couleur orange, de préférer l'argent à l'or, — Diane à Zeus! — et de choisir pour emblème le bleu myosotis ou le jasmin, petite croix immaculée, d'une si pénétrante senteur, que Dieu jette, comme une broderie d'étoiles, sur le vert sombre de ses feuilles déliées.

Madame la marquise de Blocqueville a écrit l'histoire ou plutôt l'a commentée d'une plume hardie, ferme et presque virile. Elle a touché, sans dédain, avec une hauteur tranquille, aux problèmes philosophiques les plus ardus ; elle a traduit, avec une vigueur d'artiste qui *sait voir* et *sait dire*, les impressions, point banales, que la grandeur de Rome a laissées dans son âme religieuse.

Il ne manquait à son plaisir que la forme ou la formule poétique. Elle s'en empare dans *Roses de Noël*, et ce poème en prose, fait uniquement de pensées, écrites sans doute au jour le jour dans un de ces cahiers intimes, où il n'y a presque pas de mensonge, est un bijou de bibliothèque, à garder dans le bon coin où se cachent les livres qu'on veut relire toujours.

Que d'histoires j'écrirais avec chacune de ces pensées pour épigraphe, en tête de chaque histoire, si le temps ne m'était mesuré ! Que d'énigmes à résoudre, que de sentiments à observer, que d'événements à pressentir ! Mais la vie est courte, bien trop courte, hélas ! et tel qui garde encore les illusions de son printemps, se refroidit déjà aux brises de l'automne, et voit venir, avec terreur, les glaces de décembre qui enfermeront son cœur, son âme et son esprit dans un bloc de cristal, transparent et limpide comme le diamant, il est vrai, mais aussi dur et quasi infrangible.

Il ne restera alors que les fleurettes éparpillées au bon temps du soleil, des claires journées, des joyeux caprices, et que le parfun âcre, presque effacé, des lointaines souvenances !

QUAND MÊME!

I

*A Mademoiselle Sarah Bernhardt,
de la Comédie-Française.*

Le matin de la reprise de *Ruy-Blas*.

Comme je rentrais en mon pauvre logis, Mademoiselle, on me remit hier une lettre toute parfumée, dont un filet gris-perle bordait l'enveloppe, timbrée à votre chiffre avec cette fière devise : *Quand même!* — Je reconnus votre écriture — que je n'avais jamais vue, et j'ouvris le message — qui me désappointa un peu! Jugez! Il ne contenait que cette phrase, passablement difficile à interpréter:

« *Les yeux de Marie de Neubourg regardent dans les vôtres. Dites! Que pense Sarah Bernhardt?*

※

Daignez-vous me permettre de chercher avec vous le sens de ces mots? M. Barbey d'Aurevilly — votre amical ennemi — ou votre ami *quand même*, si vous voulez! — m'a donné un de ses livres, orné de sa griffe — à l'encre rouge, — et la dédicace accole à mon nom obscur cette épithète : L'*Enigmatique*, avec un grand E...! Enigmatique, soit! Je veux l'être: ne l'est pas qui veut, et rien n'est plus amusant que de passer pour ce que l'on n'est pas, si ce n'est d'être le contraire de ce pour quoi l'on passe.

Mais le vrai sphinx, Mademoiselle, c'est vous.

※

Que pense Sarah Bernhardt?
Voilà une question presque impossible à résoudre, et je rendrais les armes du premier coup, si je ne m'imaginais que vous pouvez penser beaucoup, longtemps et très bien — ou très mal, selon que le vent souffle au nord ou au sud. Vous ne pensez pas, assurément, que la vie est « une ironie amère » pour un grand nombre de tristes hères, auxquels rien ne sourit et qui, sur les bancs du parterre, pleurent avec *Andromaque*, et rêvent à *Marie de Neubourg*, l'idéale beauté aux yeux plus chatoyants que les perles de son collier.

Vous pensez peut-être aux joies calmes et pures que vous ne connaissez point: aux frais ombrages, aux vieux chênes dont l'orgueilleuse frondaison couronne les troncs crevassés, aux pâquerettes étoilant l'herbe verte, aux sentiers de la forêt ; aux lacs d'opale, aux torrents écumeux, bondissant en cascades ; à toutes ces choses de la nature sur lesquelles — touriste ennuyée — vous avez peut-être jeté en passant un regard fatigué, mais dont vous n'avez compris et senti l'éclatante poésie que par la poésie conventionnelle des versificateurs à la mode.

Vous pensez peut-être qu'il serait bon de courir dans les bois, loin du gaz de la rampe, des coulisses fumeuses, des toiles de fond barbouillées, des planches poussiéreuses, des couloirs empuantis d'huile rance, et d'apprendre enfin qu'il y a des fleurs non maquillées, des vallons incultes, des sites où la nature est vraiment — *nature,* dirait un de vos confrères d'atelier.

.*.

Que pense Sarah Bernhardt ?
Peut-être que le tourbillon où elle est entraînée ne suffit pas à occuper un esprit intelligent... Que Paris est une fournaise où tout se réduit en cendres ; qu'il serait doux, à certaines heures, d'être loin du bruit, et même de ce bruit importun qu'on appelle — hélas ! — la GLOIRE... *La gloire,* fille qui se donne à tous et n'appartient à personne, et qu'on paye bien cher, et qui ne vaut pas ce qu'on la paye.

Vous êtes, Mademoiselle, de celles — ou de ceux — qui s'ennuient. J'en suis aussi. Et pourtant je ne vous dirai pas, comme Louis XIII à Bassompierre : *Ennuyons-nous ensemble!* Vous fuyez ce dévorant ennui qui nous ronge tous tant que nous sommes; vous le combattez résolument, et vous ne l'avez pas encore vaincu, le terrible fléau, si meurtrier, si insatiable, qui pousse tant de femmes à la rivière, et tant d'hommes à l'hôpital! Votre pinceau le chasse un instant. Lasse de peindre, vous plantez votre ciseau dans un bloc de marbre; vous pétrissez de vos fines mains un morceau de terre glaise — qui valait dix sous tout à l'heure — et qui vaut maintenant presque son poids d'or... Lasse de sculpter, vous prenez une plume — une plume de colibri, je suppose?... et vous écrivez... ou mieux encore, vous relisez un de ces chants mélancoliques et tendres que tant de poètes ont refaits... en pensant à vous. Art, poésie, souvenirs, soudaines tristesses, joies bruyantes, rien ne vous charme, qu'un fugitif instant, et l'ennui revient, pesant, inexorable.

*
* *

Que pense Sarah Bernhardt?

Qu'elle a passé, un jour ou l'autre, bien près de ce bonheur si follement cherché. Il était là, tout près d'elle. Elle n'avait qu'à baisser ses yeux hautains. Elle n'avait qu'à laisser tomber sa main blanche. Elle n'a point vu : et l'oiseau bleu couleur du temps s'en est llé à tire-d'ailes, pour ne plus revenir.

Qu'importe le bonheur à qui désire la gloire? Les flatteries, les applaudissements, la renommée, tout ce qui étourdit, enivre et affole, n'est-ce pas assez? Faire à son gré trembler, palpiter et pâlir deux mille auditeurs; suspendre tant de cœurs à ses lèvres; exciter des transports d'émotion et de terreur; provoquer des rivalités ardentes et d'incurables jalousies; être adorée pour le moins autant qu'on est haïe, c'est bien plus qu'il n'en faut pour guérir la plaie de l'âme, cette plaie si petite, si petite! que l'on cache là-bas, tout au fond, qui fait tant souffrir et ne se cicatrise jamais.

Never more! « Jamais plus, mon Dieu! » criait une des maîtresses de je ne sais quel roi de France, un jour que grondait le tonnerre, dont elle avait peur. On dit cela, et on l'oublie. Mais la plaie ne se laisse pas oublier. Au milieu d'une fête, au fracas des acclamations, dans les enchantements de l'orgueil satisfait, on sent tout à coup une douleur aiguë, très rapide et très poignante, on est traversée d'un coup de poignard... on est brûlée d'une flamme, aussitôt éteinte.... C'est la toute petite plaie qui se révèle. Elle s'ouvre, elle se ferme. Elle avertit qu'elle est là et qu'elle y est pour toujours!

*
* *

Que pense Sarah Bernhardt?
Que le mieux est de n'avoir aucun regret du passé, aucune crainte de l'avenir, et qu'à chaque jour suffit sa peine? Peut-être! L'éternel « peut-être » vient constamment sous ma plume, car enfin, Mademoiselle, je ne raisonne — ou ne déraisonne, s'il vous plaît! — que sur des hypothèses.

Il ne m'est pas venu un instant à l'esprit que vous pussiez penser quoi que ce fût de celui à qui vous faisiez l'honneur d'écrire, en lui posant cette énigme. Je suis très orgueilleux — comme tous les hommes qui savent valoir quelque chose : je n'ai donc aucune fatuité.

Vous êtes une très grande artiste et je n'entends pas dire par là que vous soyez seulement une très grande comédienne. Vous aimez l'art, je crois, sous toutes ses formes, et vous en avez le culte — pour vous distraire — seul culte que vous pratiquiez, supposé-je. Toutes les manifestations de l'art vous séduisent, de même que toutes les manifestations de la beauté, si j'ose m'exprimer de la sorte. Vous auriez voulu être Phidias et Zeuxis, et d'autres encore, et ne pouvant être Raphaël, vous eussiez été la Fornarina. Présentement, vous êtes Alcibiade — Alcibiade-Femme, car l'Alcibiade du pauvre temps où nous vivons ne peut être que de votre sexe — et je n'en loue pas notre temps...

**

On parle beaucoup de vous — beaucoup trop! — En bien quelquefois, en mal souvent. Je crois qu'il se faut tenir à égale distance de l'un et de l'autre. Vous avez trop d'esprit pour ne pas mériter d'être calomniée.

Est-il vrai que vous dormiez dans un cercueil! On n'y est bien que quand on est mort, et vous aurez le temps d'y dormir à l'aise quand on vous y aura clouée. En attendant, je préférerais le moindre grabat.

Je ne crois guère d'ailleurs à ces excentricités funèbres, dignes tout au plus d'une Anglaise attaquée de *spleen*, ou de ces prétendus artistes qui, faute de talent, se donnent les gants de l'étrangeté. On m'a parlé d'un bas-bleu qui achète, pour s'en faire des divans, les matelas des suicidés. Vous n'êtes pas un bas-bleu, et vous avouerez que ces « moyens de réclame » sont du dernier ridicule.

On ne pardonne pas volontiers à une femme d'être tout ce que vous êtes, et d'accaparer à son profit l'attention publique. On a dû vous dire bien souvent, tout bas en enveloppant ce mauvais compliment de flatteries les plus sucrées :

Soyez plutôt maçon, si c'est votre métier!

ou encore le fameux.

Ne sutor ultrà crepidam.

Je ne traduis pas ce dernier adage, persuadé que vous savez le latin mieux que moi, et le chinois aussi, et même la langue des Sélénites, s'il vous a pris fantaisie de l'étudier. Je crois que cela veut dire : « Jouez la tragédie... et mêlez-vous de vos cothurnes! »

Conseil impertinent, que je vous engage à ne point écouter. On se fatiguait d'entendre appeler *le juste* un certain Aristide. On se fatiguera de vous harceler, de dire que vos tableaux, vos statues et vos livres ne sont vôtres que par la signature; que vous n'avez ni la beauté de mademoiselle Mars, ni le génie de Rachel;

et mille autres choses désobligeantes qu'il me serait cruel de répéter.

On le dirait encore, que vous importe?

* * *

Quand même! Ces deux mots sont la plus éloquente réponse. Une véritable devise de lionne! hardie au moins, et qui ne craint pas de laisser tout deviner.

La mienne est très courte et très simple, comme la vôtre — excusez la comparaison. La voici : *Et après*.

Avez-vous parfois songé à ce terrible APRÈS, qui suit le QUAND MÊME? Non pas. La vie est si courte, si pleine, si follement dépensée, et dispersée, que les réflexions philosophiques n'y peuvent tenir aucune place. L'*Après* est un sombre mystère, très noir, et qui effraye les âmes les mieux trempées... Soit! Eh bien! *Quand même!* C'est du courage — un courage que je n'aurai pas.

Vous voilà, Mademoiselle, au comble des félicités humaines, distraite de l'ennui, acclamée de la foule, entourée d'ennemis, fêtée de quelques amis, glorieuse, couronnée de ce diadème espagnol sur lequel vous pourrez faire enchâsser la seconde larme de M. Victor Hugo, pour faire pendant à celle qu'il envoya à *dona Sol*. On viendra chaque soir pleurer à vos hymnes d'amour, gémir sur le sort de cette reine infortunée qui meurt pour un laquais. Les *yeux de Marie de Neubourg* feront d'atroces ravages, ces yeux profonds comme la mer, et scintillants comme des étoiles!

Puis lasse *quand même*, vous reviendrez à votre palette et à votre ébauchoir ; puis lasse encore,— et non rassasiée — *quand même!...* vous finirez un beau jour par envisager le néant de toutes ces splendeurs au milieu desquelles vous resplendissez... Et alors, vous laisserez peut-être tomber de vos lèvres ces deux mots désespérés : *Et après ?...*

II

Un an plus tard.

Vous rêvez, à cette heure, sur les bords de l'insondable océan aux mugissantes colères, Mademoiselle, et, contemplant les vagues d'opale et d'émeraude qui se creusent en abîmes perfides ou s'élèvent en montagnes cristallines, vous pouvez murmurer de cette voix d'or qui apaisait naguère de si grosses tempêtes et soulevait de si glorieuses acclamations.

Rome n'est plus dans Rome, elle est toute où je suis !

Rome est à vos pieds. C'est une clameur désespérée, et de toutes parts on entend dire : « Elle s'en va ! mais les ministres restent ! »

C'est le premier mot qui ait frappé mes oreilles, après qu'un poète m'eut conté votre fuite, qui n'est peut-être qu'une fugue. Oui, l'idole déserte le temple et dédaigne l'encens de ses adorateurs, alors que ceux qu'on espérait voir prendre la clef des champs se cramponnent à leurs places, et ne veulent entendre ni aux conseils ni aux critiques.

En vérité, vous fûtes bien prompte à vous irriter. On en a fait bien d'autres à M. Jules Ferry, qui est Excellence et sa haute dignité n'en a pas souffert! Faut-il disparaître, parce qu'on est comparée à la grande Virginie, quand tant de gens ne disparaissent point, que l'on compare à Coupeau, à Lantier, et autres héros de l'*Assommoir*?

Une loi des royaumes d'Espagne punit de mort quiconque touche à la reine. Serez-vous si cruelle aux audacieux qui ont porté la main à votre diadème, et le tenez-vous pour si mal assuré qu'un si léger choc le puisse faire tomber de votre front superbe? *Quand même!* crie votre devise, impérieuse et vaillante, qu'un caprice et une irritation vous ont fait oublier trop vite!

*
* *

L'événement est en soi de mince importance. On vous fait jouer une dona Clorinde insuffisamment étudiée, selon votre aveu ; assez préparée au sentiment de l'auteur. Le public vous applaudit ; quelques journalistes vous critiquent. Vous vous emportez. Vous fermez portes et fenêtres, vous fuyez, vous jetez la Clorinde par-dessus les moulins. Paris s'émeut. La presse vous attaque, on est fatigué de vous admirer. On saisit l'occasion qui, d'aventure, a pour cette fois une robuste chevelure, et voilà que l'on ne pense plus aux ministres qui n'ont pas donné leur démission quand ils la devaient, pour ne plus penser qu'à la tragédienne qui la donne quand elle ne la doit pas.

C'est bien votre faute, Mademoiselle, et ne vous en prenez qu'à vous de ce désagrément. Quoi! non contente d'être une incomparable artiste, dont les défauts mêmes sont applaudis, et qui règne en souveraine sur la première scène du monde, vous vous avisez de moissonner des lauriers en d'autres jardins! Quoi! vous faites le buste du sergent Hoff, vous peignez cette toile étrange et forte : *la Jeune fille et la Mort*, qui sera une des attractions du prochain Salon? Quoi! vous triomphez en Hollande? Vous vous surmenez, vous ne refusez à aucune œuvre charitable le concours de votre grâce et de votre talent?

Mais vous abusez, ce me semble, des dons qui ne vous appartiennent plus, et du temps qui vous appartient encore. A quoi bon travailler tant pour les autres? Et pourquoi dépenser une activité folle à poursuivre le succès? Vous deviez être partout et en tous lieux l'*Aventurière* : il se trouve que le rôle vous déplaît, s'il le faut jouer hors du théâtre. On ne vous pardonnera point d'avoir conscience de votre valeur, et de rester indépendante, voire quelque peu volontaire.

On n'aimait point qu'Aristide fût appelé le Juste. On redoute également Alcibiade, quand il coupe trop souvent la queue de son chien, et songez à ce qu'il y a, en France, de chiens que vous avez privés de cet utile ornement.

* *

Mademoiselle Croizette ne sculpte rien, que je sache, madame Favart ne monte point en ballon, mesdames Brohan gardent leur esprit dans une boîte, mademoiselle Samary ne montre que ses dents, et beaucoup de dames ne font de la peinture que sur leurs joues et sous leurs yeux.

Que n'imitez-vous ces illustres exemples? On vous pardonnerait peut-être l'éclat de votre gloire, faite de trop de rayons, et M. Emile Augier ne se plaindrait pas de vous voir également supérieure dans des arts différents.

Je voudrais être sévère, comme tout le monde, et juger inflexiblement une équipée qui n'est pas sans dandysme. Je suis contraint à l'indulgence : que méchant ne faudrait-il pas être, ne vous épargnant point, pour ceux qui font leurs équipées à nos dépens ?

Vous n'avez pas le droit de dépareiller les couples d'amoureux que Victor Hugo présente à nos admirations. Vous n'avez pas le droit d'abandonner Hernani, Ruy-Blas ou Fabrice, et le pauvre master Clarkson sera bien empêché sans vous !

Mais comme on se passerait bien, place Beauvau et rue de Grenelle, des matamores qui s'y prélassent dans nos meubles, et comme on voudrait que leur comédie fût tôt achevée !

D'autant que cette comédie, point amusante, et fort sotte, au contraire, tourne au drame. Le tyran s'y pavane, le traître y rugit, les comiques y abondent, et aussi les confidents, les sous-confidents, et des myriades de comparses. Voilà tous ceux qu'il fallait emmener, mademoiselle, et nous eussions alors applaudi à votre départ... quitte à vous aller quérir *in fiocchi* aux pays désolés de l'exil !...

Mais vous partez sans tambour ni trompette, et nous laissez tout un lot de politiciens qui eussent figuré si bien dans vos bagages ! Et voilà pourquoi, n'usant d'aucune indulgence, je donne ma note dans ce petit concert qui vous ira éveiller en Normandie.

.*.

Vous nous reviendrez *quand même* ! et vous serez *quand même* applaudie. Le public n'a pas à s'immiscer dans vos démêlés avec la Comédie-Française ; il ne prend que ce qu'il veut des jugements de la critique. Nos oracles, jamais infaillibles, sont rarement écoutés. Le vrai mérite s'impose et votre réputation n'est pas plus de celles qui s'achètent que de celles qui se vendent.

Quitter le théâtre où chaque soir une foule enthousiaste vous acclamait, ce n'est pas faire pièce à M. Perrin, désobliger M. Augier ou mécontenter le feuilletoniste. C'est — excusez ma franchise — offenser le public intelligent et lettré qui vous admire.

Votre intention n'est point telle. Ce public, soumis au charme de votre voix, à la puissance de votre talent, vous l'avez conquis, mais il vous possède.

Vous ne devez pas lui manquer. Un contrat vous lie au passé comme à l'avenir, et le rompre, ce serait une ingratitude à coup sûr, et peut-être une imprudence. Vous nous reviendrez donc!

Et puisque vous avez, Mademoiselle, trahi votre fière devise ; puisque vous n'êtes pas restée *quand même*!... souvenez-vous du vieux proverbe gaulois, qui s'applique aussi bien aux reines de tragédie qu'aux ministres de la République : « Bien faire et laisser dire! »

FIN

TABLE

MÉDAILLONS

LES VIVANTS

Jules Barbey d'Aurevilly 3
François Coppée. 47
Léon Gautier 75
Paul Féval 97

LES MORTS

Madame Paul Féval 127
George Sand 149
Louis Veuillot 179

CAMÉES

Émile Zola. — Du Naturalisme. 213
Réalisme et Réalistes 226
Triomphe de « Mes-Bottes ! ». 234
Alphonse Daudet. — Corruptio Optimi 241
Les mardis d'Alphonse Daudet 250
Les Olympiques. 257
La Bohême sanglante 265
Maurice Rollinat. 275
Léon Bloy. 279
La postérité de Caïn 287
Le père Monsabré, frère prêcheur 295
Du Bas-Bleuïsme 305
La femelle de Tartufe. 310
Madame la Marquise de Blocqueville 319
Quand même ! 335

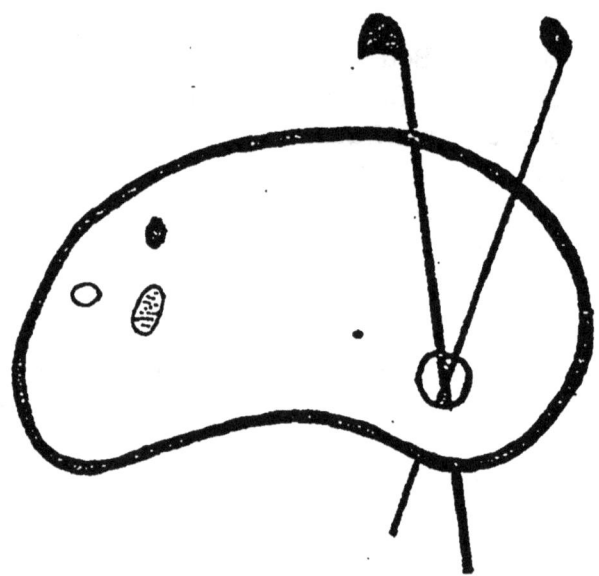

ORIGINAL EN COULEUR
NF Z 43-120-8

www.ingramcontent.com/pod-product-compliance
Lightning Source LLC
Chambersburg PA
CBHW050750170426
43202CB00013B/2371